[法] 米歇尔·维沃尔卡
Michel Wieviorka 著

王鲲 黄君艳 章婵 译
王鲲 审校

社会学
前沿九讲

（第 2 版）

中国大百科全书出版社

图字：01-2016-9030

©Éditions Robert Laffont, Paris, 2008
Simplified Chinese edition arranged through Dakai Agency Limited

图书在版编目 (CIP) 数据

　　社会学前沿九讲 / （法）米歇尔·维沃尔卡著；王
鲲，黄君艳，章婵译 . —2 版 . -- 北京：中国大百科全
书出版社，2025. -- ISBN 978-7-5202-1846-7

　　Ⅰ. C91-53

　　中国国家版本馆 CIP 数据核字第 2025SN3786 号

策 划 人　曾　辉
责任编辑　程　园
责任校对　齐　芳
责任印制　李宝丰
封面设计　金亮后声·齐云枫
出版发行　中国大百科全书出版社
社　　址　北京市西城区阜成门北大街 17 号
邮政编码　100037
电　　话　010-88390635
网　　址　www.ecph.com.cn
印　　刷　北京市白帆印务有限公司
规　　格　880×1230 毫米　1/32
印　　张　10.75
字　　数　211 千字
版　　次　2025 年 1 月第 2 版
印　　次　2025 年 1 月第 1 次印刷
书　　号　ISBN 978-7-5202-1846-7
定　　价　68.00 元

本书如有印装质量问题，可与出版社联系调换。

再版序

在今天这个时事为王的时代，认为某些社会学分析能够经得起时间的快速磨洗，抗得住当代世界的跌宕变化，似乎有些自大。当年《社会学前沿九讲》是为了阐明千禧之初的变化而撰写的，十五年或二十年之后，这本书除了可以被当作轶闻来读，对读者还有什么意义呢？

并不是因为变化来得迅疾，我们就该放弃从长期维度去审视时代，还有些重大的趋势、连续性和要素持久地决定着集体生活的结构。20世纪四五十年代，年鉴学派——特别是费尔南·布罗代尔（Fernand Braudel）——邀请我们在由短到长的多重时间性中，考察经济、社会、文化和政治问题。他们的教诲在今天仍然值得我们重视。

没人能说《社会学前沿九讲》所研究的转变最终必然地走到历史的终点。本书核心的分析工具既不一定能一劳永逸地稳定下来，也不一定都能适应最新的发展。这些工具当然也需要在必要时进行打磨、补充和修改，但它们带来的洞见依然保有真正的恰当性。

20世纪60到80年代，主导人文社会科学的是结构主义研究方法，而有关主体、自由和个体责任（也可以说是让-保罗·萨特式的个体责任）的研究主题逐渐收缩。本书的第一讲便展示了80年代，特别是在法国，社会学家阿兰·图海纳和哲学家米歇尔·福柯如何结束了结构主义主导的时代。在这一讲中，我强调了主体化（subjectivisation）（不仅仅是主体）的用途，以避免任何本质化（essentialisation）的倾向，这就是为什么我呼吁针对个体和集体的进程（processus individuels et collectifs）展开研究。我还恳请人们既要关注一切破坏主体的事物，也要注意那些导致其主体对立面的进程——个人层面的反主体（anti-sujet）、集体层面的反运动（anti-mouvements）。今天，为了更进一步，就有必要关注中间形象（des figures intermédiaires）：在当代社会中，这些形象自身也变得越来越显而易见。正如，新型冠状病毒疫情大流行凸显了集体的脆弱性，并让研究者关注脆弱、易感的主体——老年人、病人。病毒的流行也敦促我们越来越清晰地将"主体"与"伦理"这两个主题联系起来。因此，当意大利、法国的卫生系统因新型冠状病毒疫情大流行而不堪重负，以致没有办法再为感染者提供急救服务时，就产生了关于生命终结、安乐死或辅助自杀问题的激烈辩论。同样地，疫情也彰显了一些国家高龄老人经常被遗弃或被忽视的灾难性命运，人文社会科学重新关注高龄老人问题，许多国家的人口老龄化也支持了这一转变。

此外，科学进步和文化变革日复一日地更新关于性与性别的辩论，现在必须考察这些十五年前几乎没有被讨论过的现象，如跨性别身份人群（transidentités），特别是跨性别人群（transgenres）。

《社会学前沿九讲》中的第二讲，是关于"全球思维"的邀请，强调了思想运动是如何加速苏联解体、强化西方霸权的。关于这个问题，西方更愿意相信弗朗西斯·福山的傲慢预言，福山谈及了历史的终结，以及民主与市场无可争议的胜利。然而，今天美国的霸权地位正在受到质疑。相比于昨天，如今的世界让人们很难再如此思考。更具体地说，这一讲的内容邀请我们比以往任何时候更多地考查不同层次的分析是如何纷繁复杂地交织在一起的，以求把各种逻辑——全球逻辑、区域逻辑、国家逻辑和地方逻辑——纳入考量范围。2022年2月，俄乌冲突凸显了世界各国和各区域之间存在的形形色色的关系，众口一词地支持西方所定义的民主、进步、法治或理性等价值观的情况已经不复存在。这场冲突还强调了新地缘政治分析的作用，特别是要考虑到美国与自2000年以来实力明显增强的中国之间日益加剧的对抗关系。在世界各地，民族主义（nationalisme）洪波涌起，其时常有掌握权力的情况，且与威权甚至独裁政体联手。这使我们认识到，国家（Nation）还远未终结，且民主不是唯一可能的政治前景，情况恰恰相反。

本书的第三讲分析了人文社会科学参与的可能概念，并在结尾处，以研究者的角度，回顾了社会学干预方法（méthode de l'intervention sociologique），我认为这是必要的。今天，人文社会科学正在寻找自身失去的合法性，这种合法性的丧失至少有两个主要原因。首先，数字化、社交网络、人工智能及所有与数据收集和处理相关的一切都飞速发展。相较数字领域企业的强大能力，研究者的传统参与显得微不足道。这些企业能够实时访问并处理数十亿条信息，以加强其对经济和金融的影响，抑或是它们给威权或极权主义权力提供社会控制手段。此外，在人文社会科学研究领域内，激进化的逻辑有不断发展的趋势，并且其对研究者将自己锚定在普遍价值上提出了质疑，理性价值观首当其冲。尤其是在性别或种族等问题上，研究者们逐渐卷入"种族之战"或"性别之战"中。他们表现得与普遍价值愈远，加入的战斗便愈局限，缺乏普遍影响，属于一种对集体生活没有实际影响的决裂逻辑，并且相应地激起对"唤醒主义"（wokisme）的过度控诉。后殖民或去殖民研究（études post-coloniales, ou dé-coloniales）潜在的偏差，如从一个本身很有趣的"交叉性"（intersectionnalité）出发，让概念产生了歪曲。这引发了人们的担忧，不知道人文社会科学能否重新赋予参与观念以意义与合法性。

《社会学前沿九讲》中提到的新社会运动的观点（第四讲），在我看来，在最近的现实中得到了验证。许多重大的社会动员，无论是关于环境问题、性别问题（如 Metoo 运动），还是种族问题[如"黑人生命至上"运动（BLM）]，都是全球性的、跨国的行动。在各个民主国家，我们都可以看到：一方面是将社会问题与文化问题联系起来的困难，另一方面则是将社会问题与政治问题联系起来的困难；一方面是抗议和运动，另一方面则是对其要求进行政治和制度层面的处理。从那时起，不仅民粹主义和民族-民粹主义（national-populistes）现象不断加剧，而且威权主义的倾向也甚嚣尘上。这些现象以不同形式体现出将民众期待反映到政党层面是多么困难。这也是为什么参与式或协商式民主的各种形式不断发展：其试图弥补代议制民主（即传统民主政治体系）的缺陷。但在过去的几年中，其实并没有取得大的进展。

《社会学前沿九讲》的第五讲专门讨论了在各种可能的形式下的文化差异问题。在我看来，只要强调一个重要现象，这一讲就依然有意义，那就是少数群体的成员的激进化倾向。他们将贬低他们的侮辱性、刻板化标记拿过来，将其本质化，调转矛头攻击他们认为的敌人。由此，在许多情况下，少数族裔的身份倾向变得异常突出，例如我刚刚提到的以种族对立或者性别对立的方式。这些对立中的行动者们不是为平等、正义和认可而斗争，而是踞守一种身份，不与社会或政治对手进行任何妥协、任何协商、任何谈判，并认为他们面对的只有敌人——不可调和的那种敌人。

《社会学前沿九讲》的第六讲提出了一个重大问题：历史能否成为国家叙事以外的其他东西，记忆能否在相反的方向上产生影响？随着记忆的不断丰富、增多，记忆、历史和政治之间的关系愈发值得人文社会科学进行深入的研究。当今世界上的大规模地缘政治对抗，甚至战争，无论是俄乌冲突，还是美中对抗（美国和中国之间的对立），都让国家-历史的重要性变得更为突出，每个国家都动员其国家叙事来为自己的行动辩护。我们能否构想出一种真正普遍性的历史呢？它能否不再是某一个国家的历史，而是既科学地综合、概括、吸收多个国家历史的内容，又不让步于其偏见的历史？

2015 年，我启动了一项关于走出暴力的重要研究项目（第七讲的主题），这个项目的缘起是两个非常不同的现象。第一个现象是一系列特别血腥的伊斯兰恐怖袭击，这些袭击汇聚了两个来源：袭击者处于法国社会逻辑和全球逻辑的交汇点上，法国社会逻辑是说他们是来自欧洲某些国家的阿拉伯穆斯林移民，全球逻辑是说他们与中东的基地组织和极端组织"伊斯兰国"有联系。第二个现象是南美最后一支成规模的游击队——哥伦比亚革命武装力量（Fuerzas Armadas Revolucionarias de Colombia，FARC），我对它是如何与哥伦比亚政府谈判，以结束武装斗争非常感兴趣。然而，尽管暴力是人文社会科学研究的对象，但消除暴力作为一个特定的领域，却鲜少被人研究。通常专家、外交官、人道主义组织成员、法学家等提供了宝贵的知识，但离真正意义上的研究还有差距。我当时发起的此项国际计划恰恰希望填补这一空白。我们动员了来自世界各地近 200 名研究人员，并举办了多次研讨会，出版和发表的成果颇丰。这促使我创办了一本杂志——《暴力：一本国际期刊》（Violence：an International Journal）。我主要关注政治和社会暴力，但自那时以来，俄乌冲突及其与以往战争的不同之处，鼓励我们重新思考，不仅针对战争，更应该针对如何结束战争：通过外交途径？用武力？通过交战方的国内变革？依靠盟国的制裁和经济措施？等等。

伊斯兰全球恐怖主义肇始于20世纪80年代初，明晰于90年代，通过大规模袭击——首当其冲的是"9·11"事件——给全世界带来了创伤。随后，这一现象发生了变化。这正是我在《社会学前沿九讲》第八讲中初步分析的现象。自本书出版以后，这一现象一直在变化。恐怖袭击的主要行动者已经换人，2015年左右，这些行动者从基地组织成员变为极端组织"伊斯兰国"成员。继而，这一现象成为撒哈拉以南非洲生死攸关的议题。尤其是，原初动机和创始效应让恐怖主义现象将两股力量杂糅：一个是来自欧洲某些国家的阿拉伯穆斯林移民的社会偏差行为，另一个是较远的穆斯林世界中的宗教激进行为。这些动机现已衰弱。比起千禧十年，如今全球范围的恐怖主义已不那么普遍，而更多地限定于地区或国家范围。恐怖主义也变得更多样化，特别是囊括了：极右翼分子的袭击和屠杀，如2011年发生在挪威的安德斯·贝林·布雷维克事件①；反犹行为，如2018年在费城②；反穆斯林行为，如2019

---

① 指2011年7月22日在挪威于特岛发生的恐怖爆炸枪击事件。——译者注
② 原文似有误，作者指的应是2018年10月27日在美国宾夕法尼亚州匹兹堡市发生的犹太教堂枪击事件。——译者注

年在新西兰基督城①。我认为，本讲中提出的分析框架仍然有效，但需要将其应用于不断变化的具体历史事实当中。

最后，如我在第九讲所指出的，种族主义并没有从当代世界消失，而且我认为本讲中提供的研究方法仍然是有用的。新的情况是，这种现象在意想不到的圈子里左冲右突，然而这些圈子里的人正是种族主义的受害者。因此，尽管一些少数群体的成员遭受着种族仇恨，却发展出了各种形式的种族主义，如在某些西方社会中，或者在少数群体之间，发展出针对白人的种族主义这种情况并不新鲜，其所宣扬的反种族主义却变成了某种种族主义。因此，我们看到了"歧视白人种族主义"，它专门针对"白人属性"（blanchité），不是为了要求白人结束对其他群体的歧视、排斥或统治，而是将白人视为不可避免的危险人群。

总的来说，《社会学前沿九讲》的方法并没有从根本上受到最近的社会、政治、地缘和宗教文化变化的冲击。这其实是正常的：它提供了分析工具，用于理解现实；它不是一种追求被事实证伪的社会学理论，也不是一种不可证伪的、永远正确的意识形态。就像汉娜·阿伦特所说的："追求一种理念，无论现实如何，都必须成为现实。"如果说我们正处于一个变革的时代，那么我们就必须发明出适合变革的智力工具、新的范式，无论如何不能

---

① 指 2019 年 3 月 15 日，新西兰克赖斯特彻奇（基督城）发生的针对两座清真寺的枪击事件。——译者注

怠惰地满足于使用那些本就是被用来思考工业社会或殖民主义时代的工具。这样的努力方向是《社会学前沿九讲》的缘起，我相信，明天其他人也将心怀这个信念，朝着这个方向继续前进。

米歇尔·维沃尔卡

2023 年 8 月 26 日

译者序

2015 年深秋，巴黎遭受恐怖主义袭击，一地血迹，一片哀鸿。听到消息时，我正在审校《社会学前沿九讲》一书的译稿。惊悸之余，凝视手底下这一摞稿纸，耳畔响起图海纳的问题："我们能否带着差异共同生存？"本书的作者在书中恰恰探讨了这个问题。

米歇尔·维沃尔卡是一位行动社会学家。他从 20 世纪 70 年代起开始研究消费运动、工人运动、民族身份认同、社会科学的定位与发展等问题。他的社会学研究以引入全球化维度、个人身份建构和行动者主体性为特色。他曾经与阿兰·图海纳共事，并于 1993 年接替图海纳领导社会学分析与干预中心（CADIS）。2009 年起，他成为人文科学之家基金会（FMSH）负责人，并在 2006—2010 年担任了国际社会学协会（AIS）会长。

米歇尔·维沃尔卡是波兰裔犹太人。二战期间，他的父亲在瑞士，母亲在格勒诺布尔躲过了屠杀，而祖父母却死于奥斯维辛集中营。从某种意义上讲，家庭承载的沉重历史让这位社会学家的研究最终聚焦于种族主义、反犹主义和暴力。他在社会学界的声誉主要得益于他 1989 年获奖的著作《社会与恐怖主义》。他在罗贝尔·拉封出版社主编了"世界本如此"丛书，并应法国高等教育与研究部长贝克莱斯的邀请撰写了《法国多元性报告》。

本书虽然名为《社会学前沿九讲》，但不是一本教材，而是九堂费孝通先生所说的"习明纳"（séminaire）。作者以教师的身份和读者讨论了一些在如今大学课堂里仍较为陌生，却具有重大现实意义的问题。在书中，作者只是和读者探讨了理解当下问题的视角与方法，并未强加任何结论。因此，这本书可以说是一本非典型性的学术著作，它以社会学为名，却横跨社会科学各个学科。作者以深厚的学识和开阔的视野深入浅出，带读者纵横于社会科学的各个维度。他本人也在书中承认，在国际社会学协会工作的经历让他倾向于用比较方法研究各国的异同。

在本书中，作者在全球化背景下集中探讨了社会科学是如何研究主体性，全球化，知识生产者的参与，社会运动，文化差异，历史、民族与国家的关系，身份认同，暴力，恐怖主义，种族主义等问题，并通过这些探讨，让读者对社会科学研究方法与视角有了更深层次的认识。

第一至三讲为第一部分，研究了主体性问题。他首先在历史维度中探讨了主体的产生、回归、独立性问题，并很有见地地提出了反主体性问题，将主体性问题推到了一个新维度，并为第三部分埋下了伏笔。在第三部分他对暴力行为中的主体性作了细致的分析。作者的视角转换自如，既关注主体性在时间维度上的建构，也关注空间维度如何影响主体性。"不识庐山真面目，只缘身在此山中。"在全球化的世界中，经济、传播、移民、制度等被现代性打上深深烙印的问题都深远地影响着传统意义上的主体。"工欲善其事，必先利其器。"作者还对学者的角色和参与作了有趣的观察，探讨研究学者自身的主体性和能动性。随着作者的目光，读者对研究行为的认识好像经历了电影《黑客帝国》当中不断旋转的三维立体镜头。读者观察问题的视角不再是单一的"你在桥上看风景"——社会学学者看问题的视角，而是忽地变为了"看风景的人在楼上看你"——观察社会学学者研究社会问题的行为立场。还有什么能比这更能激发读者的想象力呢？因为这些看似边缘的事情，却从根本上左右着未来社会科学知识的生产，这才是作者真正的落脚点和暗藏的深意。

第二部分的三讲，即第四至六讲，作者从分析社会运动入手，让读者看到了社会科学对社会运动这一社会学经典课题的研究方式是如何演进的。随着西方社会从工业社会蜕变为后工业社会，社会运动的意义、诉求、模式、范畴都发生了变化，其主体性也从社会层面走向了个体层面。与其说传统工人运动衰落了，毋宁说社会运动在全球化背景下从旧的政治社会框架中脱胎而出了。对于如何理解这种失去了民族国家框架，掺杂了多元文化差异性，陷入身份认同困境的社会运动，作者在第五、第六讲中，着重关注了差异和身份认同问题。作者通过梳理人类学、社会学、政治学、法学等社会科学各个领域的研究成果，考察了差异带来的张力、个人与体系的关系、差异的再生产模式、差异的存在方式；通过考察历史学的发展，探讨了历史与理性，历史与民族、国家的关系，记忆对历史的影响以及未来历史学发展的特点。

第三部分的三讲，即第七至九讲，作者回顾了社会科学对暴力现象的认识和研究过程。他顺理成章地将主体性引入分析当中，区分了暴力行为者的五种不同的主体性。从这个视角出发，作者以恐怖主义为例，尽量客观地展示了其研究现状，分析其构成维度，区分传统模式和全球模式，将全球化对主体性的影响作为解释这种特殊暴力行为的有力工具。至此，作者并未收手，而是将更为广泛存在，也更难以厘清的种族主义问题作为这九次讨论的结尾。他通过制度、伦理、文化身份认同、歧视、多样性、全球化的视角来剖析种族主义问题，并强调了社会科学能够在这方面起到重要的作用。

在本书的结论部分，作者对社会科学的未来给出了一些建议，他认为社会科学所面临的问题是不断变化的，而社会科学学者要更多地研读经典，反思学科演进中的局限性，更新理论工具，以更好地思考现实问题。

作者语言精练，却能做到旁征博引；视角客观，对复杂问题又总能一语中的。总而言之，这本书体量不大，却可以说是一本集大成之作，很适合专业学者和非专业但对社会学感兴趣的人阅读。应该说，这是一本面向未来的书。它为我们揭示了一个宏观存在却难以被广泛接受的根本问题：包括社会科学研究自身在内的用以了解世界的原有框架的崩塌。本书似乎探讨了许多现实问题（全球化背景下的主体性、学者参与、框架崩塌、身份认同、暴力回归等），但核心是梳理了社会科学发展的路径，让我们更容易看到过去的不足，一起思考社会科学该向哪里去，学者应当扮演什么角色。社会科学研究者一旦接受了这个基本观点，就要拿出更多的魄力和创造性，随作者一起去直面全球化的未来。

在本书出版之际，首先要感谢潘鸣啸老师推荐我翻译这本书。本人水平有限，诚惶诚恐，勉力为之。这本书的翻译过程并不顺利，随着翻译工作的深入，翻阅相关资料以确认观点和译法的次数也越来越多，成稿后又对一些译法反复斟酌，对全稿作了两次通读和修改，深感想要忠实反映作者的理论水平和思想高度实属不易。本书第二、第三部分的主要翻译者是我的好友黄君艳、章婵两位老师。她们二位不辞辛苦，在暑期克服了许多困难，完成了翻译初稿。没有她们的大力支持，这本译著就不会如此快地与读者见面。因此我要对她们的付出表示诚挚的感谢。我还要感谢中国大百科全书出版社的曾辉老师，在策划、编辑等环节付出了辛勤的劳动。理想总是比现实更丰满，我们曾计划 2015 年末推出这本书，但是由于本人的原因，到现在才与读者见面，深表歉意。在此我也要感谢我的家人在我翻译本书过程中的理解和支持。

本书专业性强，涉及领域广泛，翻译难度大。本人尽了最大努力，不求能复现作者高屋建瓴之气势，但求言辞达意，不掩作者渊博之才华。虽然如此，受个人水平和精力所限，学术功底与作者乃燕雀鸿鹄之分，这本书的翻译难免有疏漏之憾，存在错误和不到之处均为我个人责任。恳请广大读者批评指正，不吝赐教。在阅读过程中如发现任何问题，请向出版社提出勘误，也可以直接向我反馈（wangkun@bfsu.edu.cn），以待再版时修正。非常感谢！

王鲲

2016 年 3 月

于京西魏公村

目录

导言

　　巨大的转型改变着这个星球，而人类所拥有的用以思考这些现象的工具也飞速地演进着。有谁会质疑这一点呢？在短短几年间，我这一代的社会科学研究者经历了功能主义的崩塌、结构主义的兴起和衰落、马克思主义在西方出现的巅峰（从其功能主义与结构主义版本开始）与式微、象征互动主义的胜利、方法论个人主义不同变体的兴起、关于"主体"议题的回归等。一些研究范式濒临破产，另一些东山再起，还有一些被创造出来或者被彻底更新。

变革

　　这里发生的并不是一次危机，而是一次变革，是我们思考和研究变迁中的世界的方式的变革。这种变革涉及所有的知识领域，而不只是社会科学，只不过社会科学处于最前沿，并且要扮演核心角色罢了。本书的目的并不是要对这个现象进行梳理和澄清——我们在另一本刚刚完成的集体著作里做了这件事，即《变革中的社会科学》①。本书的首要目的是推出最有潜力的分析工具——那些能够更好地帮助我们理解我们所生活的世界的分析工具。

本书可以被视为集成之作，是自20世纪70年代肇始的研究经验的成果，而自那时候起，历史背景已经发生了显著变化。但是，本书可能只揭示了一部分事实，这也并非作者的本意。的确，本书吸收了过去一些著作的研究成果，我不懈地追求将这些理论与经验研究结合起来。我吸收了其中的一些分析与观点，正如我将学者生涯中的教训收集进来一样。但我的兴趣并不在于研究、梳理过去的得失，而在于构想未来，并将恰当的工具提供给我的读者，鼓励他们也能够同我一样构想未来。

本书的九讲没有一讲是完全终结的，就好像提出一个完整的理论那样。相反，每一讲都提出了一些远没有定论的争辩。我希望展现我所研究问题的复杂性和它们之间的细微差别，而非提供稳妥的证据。如果读者阅后感到心中有了更多的问题，我丝毫不会感到失望或不悦。正如皮埃尔·阿斯内尔所写到的②，社会科学

① 米歇尔·维沃尔卡（主编）：《变革中的社会科学》，人文科学出版社〔Michel Wieviorka（dir.），avec la collab. d'Aude Debarle et Jocely Ohana，*Les Sciences sociales en mutation*，Auxerre，Sciences humain Editions，2007〕。

② 皮埃尔·阿斯内尔：《暴力与和平·前言》，思想出版社（Pierre Hassner，dans l'introduction de *La Violence et la Paix*，Par Editions Esprit，1995）。

所带来的自省，不正在于提升了读者思想的困惑程度吗？

空间与时间

如何理解现在、面向未来？我们生活在最具有瞬时性的现实当中。今后，随时随地、无处不在的讯息洪流都会将我们淹没。我们还借助互联网、手机、摄像头来自己生产讯息，这些工具让普通人能够与记者竞争，传播某一事件，或者对它发表评论。在赋予这个现实性某种意义的时候，在将其定位于某种观点的时候，我们犹豫了，力图谨慎行事，确保自己的设想的确是面向未来的。因此，我们对完成计划的信心大打折扣，或者说我们完全放弃了"美好明天"的诺言，而对乌尔里希·贝克在 20 世纪 80 年代提出的"风险社会"[①] 概念更为敏感。

与此同时，我们清楚地意识到，转型的影响是长远的，我们担忧下一个世纪气候异常，我们接受了可持续发展的理念，我们努力——包括对我们自身——采取更为负责任的行为。20 世纪 70 年代，环保还是处于边缘地位的、乌托邦式的质疑声音，今天却贯穿了所有的政治体系，成为主要议题。

[①]　乌尔里希·贝克：《风险社会——另一种现代化的道路》，弗拉马里翁出版社（Ulrich Beck, *La Société du risque—Sur la voie d'une autre modernité*, Paris, Flammarion, coll. 《Champs》, 2003［1986］）。

我们的平均寿命越来越长，对时间与空间的观念随之转变。因为移民、旅游等原因，更不必说因为工作的原因，我们中的许多人越来越频繁地出行，去的地方也越来越远，遍及世界各地。本书并不想歌颂，也不想批判这些现象，它们被新的或者翻新的行为模式所改变，它们改变着我们全部的观念。这意味着人们要接受一些新想法来认清这些现象，或者提出一些手段来分析这些现象。

个人与世界

我们很愿意接受这样的观念，即我们的存在是处于全世界范围内的，经济全球化影响着我们的存在。我们必须要应对这样的情况，甚至可能参与其中。昨天，我们可能梦想着成为世界公民，今天我们成为世界消费者。我们日渐发现，全球性的逻辑和我们对一些群体的归属感——一些或多或少"想象"的、全球范围内运作的群体，在很大程度上影响了我们的就业（或失业）、我们的文化坐标、我们的品位和我们的价值观。

与此同时，我们不断强调个人或集体的主观性，借此抵制这些逻辑和归属感对我们的压迫和动摇，特别是当它们将符合最强者利益的标准强加给我们，当他们试图控制我们——对我们自身主体性建立的控制、对我们作出自我选择的控制——的时候。

世界或者全球的视野和作为主体的我们对自身生活的关切——我们承受着这二者之间的张力。正如安东尼·吉登斯①自20世纪80年代开始所认识到的,我们只有在较大的距离之下才能思考这些张力。昨天,米歇尔·克罗齐耶和埃阿尔德·费埃德贝格等社会学家的诘问是:行动者与系统是如何结合的?② 今天,他们提出问题的空间已经扩得相当之大。我们应当自问:如何从最私密的、隶属于我们每一个人的自身的主体,走向最为广泛的、对我们生活影响如此之深的全球化?思考的框架也扩大了,同时应当质疑那些植根于民族、国家概念的社会思想所提供的经典的思考框架。

在这个巨大的空间中,文化、宗教身份认同带来了个体和人群的坐标系——无论是为了自我保护,以应对那些似乎威胁了他们完整性的全球化力量,还是为了创造性地将自身投射于未来。因此这本书也是一份请柬,邀请读者参与一次巡游,即以最严谨、最严密的思考方式,在个人主体观念和整体、全球化观念这两极之间所作的一次巡游。这就是为什么本书第一讲提出了对主体概念的批判,第二讲鼓励进行"全球"思维;这也是为什么第二部分的主要内容是关于全球化世界中行动者的文化导向问题,这些

---

① 安东尼·吉登斯:《社会的构成》,哈马当出版社 (Anthony Giddens. *La Constitution de la société*, Paris, L'Harmattan, 1987 [1984])。

② 米歇尔·克罗齐耶、埃阿尔德·费埃德贝格:《行动者与系统》,门坎出版社 (Michel Crozier, Erhard Friedberg, *L'Acteur et te Système*, Paris, Le Seuil, 1977)。

行动者恰恰在努力寻找方向与身份认同——个体的和集体的身份，而自身又总是背负着强烈的主体性。

冲突与暴力

昨天的大规模冲突已经离我们远去。总体上，冷战在三十年间成为全球的稳定因素，然而，两大阵营内部的结盟游戏，其中任何微小的局部战争都会使核威慑的原则受到质疑，让超级大国有被卷入最残酷的全球暴力冲突的风险，却没有人能为这场冲突负责。今天，各种形态的战争正在发展，打着公民-人道主义旗号的多国干预也日渐频繁。

去殖民化运动基本上尘埃落定，随之而来的民族解放运动亦如是，还经常反过来使得独裁者成为国家的领导人。这就存在一个尖锐的问题，特别是在近东地区，这些地方的去殖民化运动往往采取了极端暴力的形式。在其他地方，包括在旧殖民国家内部，去殖民化运动也留下了后殖民问题，这个"遗产"是过去那段既有光明面（文化创造力），也有阴暗面（种族主义特别突出）的历史留下来的。种族主义与一段不太久远的历史遗臭混合，而社会的种族歧视变得越来越族群化。

在工业化社会，工人运动的发展使得反抗的行动者与劳动的主导者发生核心冲突，方式往往很暴力，并通常引来镇压，导致流血牺牲。但运动自身并非暴力性的，当抗议的最极端表达变成暴力，甚至是恐怖活动时，一般而言都是假借工人运动之名，而非工人运动之实，其参与者则是一些多少有些造作地自称代表工人运动的政治行动者或知识分子。在一个不再是工业化的社会中，最具悲剧性的社会问题不是对无产阶级的剥削，说得极端一些，是对那些被市场所抛弃的无产阶级的"不予剥削"，或者是处在劳动市场边缘的人从事不稳定的非法工作，包括打黑工。于是，后工业化社会与其他社会（昨天的被奴役或被殖民的社会）一样同流合污：南方问题浸入了北方国家，正如舒默尔·艾因施塔特所言，现代性变得多元①。

这些被排斥的困窘的人们完全不能够自发地建构行动以捍卫自身利益，他们最多能够杂乱无章地借助于政治活动家、知识分子、宗教、慈善运动、非政府组织，然而这些运动又会以他们的名义，采取极端暴力的方式来活动。

制度化冲突的终结或者缺失，通常体现为无法采取谈判式的处理方式来应对来自社会的诉求，以及那些来自无法自己组织斗争以争取权利或无法借助其他体系组织斗争的人们的期待。在所有的层面上——超国家的、区域的、国家的、地方的，世界上充满了这样的情况：由于缺乏管理冲突的原则（un principe de

---

① 舒默尔·艾因施塔特（主编）：《多元现代性》，交易出版社〔Schmuel Eisenstadt (dir.), *Multiple Modernities*, Piscataway, Transaction Publishers, 2002〕。

conflictualité），暴力正啮噬着和平。

这就是为什么这本书的第三部分要考察当代暴力和种族主义——并不是为了描述和梳理情况，而是要展示本书开始所建议的分析工具是如何能够清晰地分析当今全球化世界中这些撕裂、断裂、仇恨和大打出手的现象的，全球化并不意味着我们进入了秩序与和谐的新纪元。这部分并不是在确立规则，而是旨在通过这样的分析，找到政治解决方案——如何有效地行动并应对这样的挑战。

本书的读者不应仅限于我的同事、教师、研究者和社会科学的学生。这不是一本社会科学教材，而更像是一本"反教材"。它涉及的问题在大学的课程里几乎没有地位。然而，正如我们将在第三讲中看到的，这些问题却是核心的，包括这样的思考：学者是否应当参与郊区问题的争论？学者所应用的研究方法、所展示的论据是否具有科学性？如果本书可以拉近研究与科普之间的距离，拉近知识生产与教学的距离，那么就达到了它的一个重要的目的。

这本书能否涉及整个社会科学研究，而不仅仅是社会学？它能否不囿于法国社会的专门分析，而在全球层面进行思考？我有幸在法国社会科学高等研究院工作了三十多年，在这里工作的有社会科学各个领域的学者，多学科研究在这里不是一句空洞的口号，而是一个事实。另外，幸运的是，我总是能够将植根在我自身社会（法国）的研究实践、我在其他国家的田野研究和我参与国际知识分子生活的经验（2006 年我被同事们推选为国际社会学协会的主席便是对我最好的认可）结合起来。本书也可能会有不少来自学派的和民族中心主义的偏颇之处，我仅希望读者能体会到我为减少这些局限、欠缺和失误所作的努力。

社会学前沿九讲

第一部分

主体的批判

主体（Sujet）的概念并不新鲜，在知识生活中，它十分常见，也经历着起起伏伏。在某些历史时期，主体是霸权主义的；在其他一些时期，主体是被遮蔽或受虐待的，甚至是被剿灭的。正如在战后的年代里，以让-保罗·萨特为代表的自由与责任的思想获得了巨大的成功，他的作品旗帜鲜明地站在了主体的一边。对他来说，"人的特点首先是超越情境，能够对别人给他的定位做出反应，即便他从没有认同自身的客体化"①。在 20 世纪 60 年代，结构主义的兴起标志着时代进入了新的阶段，主体的影响开始衰落，没有给行动者任何主体化地位的研究方法盛极一时。那个时代的风云人物是列维-施特劳斯，他的作品收录在

---

① 让-保罗·萨特：《方法的问题》，伽利玛出版社（Jean-Paul Sartre, *Questions de méthode*, Paris, Gallimard, 1960, p. 17）。

1959 年出版的《结构人类学》当中。还有雅克·拉康（Jacques Lacan）、罗兰·巴特（Roland Barthes）、诺姆·乔姆斯基（Noam Chomsky）、米歇尔·福柯（Michel Foucault）和许多其他人，他们都以一种方式或另一种方式宣示着"人之死"，即主体之死。

　　这个时期已经成为历史。自 20 世纪 80 年代开始，主体的回归已经是无可辩驳的事实。正如阿尔伯特·赫希曼在其某部经典著作中所解释的那样，或许我们看到的只是一个钟摆运动。他认为，各国社会规律性地经历了巨大的变动，从"私人的幸福"到公共的行动①，反之亦然——我们也许正处在一个有利于个人主义发展的世界历史阶段。不过二十多年来，我们依然很容易地在社会科学领域里观察到大规模的主体概念的回归。正因为这个现象是如此具有戏剧性，我们应当批判性地考量它。既要客观地评价主体概念所做的贡献，同时也要认识到使用这个概念可能会带来的局限性和问题。现在已经不再是与主体的敌人作斗争的时刻了——它们已经失败，至少目前是这样，而是要通过辩论来丰富这个概念。

---

　　① 阿尔伯特·赫希曼：《私人的幸福、公共的行动》，法雅出版社（Albert Hirschman, *Bonheur privé, action publique*, Paris, Fayard, 1983 [1982]）。

主体的地位

让我们暂时接受阿兰·图海纳所下的定义。在 20 世纪 60—70 年代，面对结构主义的胜利，这位社会学家坚守其对主体的观点。而且自 80 年代起，图海纳比其他学者更充分地代表了主体在当代的回归："我所称的**主体**，是通过将自己已获确认的自由，与经历过、接受并再诠释的经验相结合，来实现个体（或群体）作为行动者的建构。主体是为了改变一个情境所作出的努力，这个情境是在行为自由的条件下所经历的。"①

这个定义下的主体，也就是行动者的主观性，成为社会科学中无法回避的内容。以下是几个例子。

研究宗教现象的学者注意到行动者将他们的信仰解释为一个高度主观的、个人的决策。比如法国许多"郊区青年"认为，"如果说我是穆斯林，那是我的选择"，而不是简单重复从父辈和先人那里继承来的宗教。更普遍而并非悖论的是，现如今的文化与宗教身份在很大程度上取决于声称具有这些身份的人自身的主体性：这些身份是生产出来的，而不是再生产的。它们

---

① 阿兰·图海纳：《民主是什么？》，法雅出版社（Alain Touraine, *Qu'est－ce que la démocratie?*, Paris, Fayard, 1994, p. 23）。

是个体选择的集体表达。用传统的话语来说，这些身份源自个人的**成就**（achievement）、自我的实现，而不是**归属**（ascription）、先定身份的确认。这样的观察不仅来自社会学家，也来自人类学家或历史学家，因此早在20世纪90年代，艾瑞克·霍布斯鲍姆和泰伦斯·O.兰格所主编的一本重要著作就开始谈论"传统的发明"①。

　　研究身体、人与身体的关系、体育、舞蹈、肢体表达、文身、整形外科等问题的学者指出，再也不能像过去那样，将身体和思想、自然和灵魂分割开来研究了。身体属于"自我"，所有锻造、改变身体，提升身体价值的活动，即便是伴有痛苦的活动，都属于主体性。大卫·勒布雷东的著作很好地展示出在不同领域，超越变成了一种自我超越，超越自我可能会置自己的身体于风险之中。在我们的社会生活和我们的分析中，这种颠倒关系不断发生，而这样的颠倒是要通过重视和理解一些事情来实现的，这些事情将思想的锻炼和身体的锻炼、将探索自我和探索自身极限的活动联结起来，而不是分割开来。我们借用勒布雷东所举的例子：冒险家的形象并不是传统意义上抱着对政治或者科学的热情探索世界和未知领域的人，而是变成了平凡的个体，他投身于一种极端的经验，考验自己的耐力、意

---

① 艾瑞克·霍布斯鲍姆、泰伦斯·O.兰格：《传统的发明》，剑桥大学出版社（Eric J. Hobsbawm. Terence O. Ranger, *The Invention of Tradition*, Cambridge, Cambridge University Press, 1992）。

志和勇气。这个"新冒险家"形象，比如独自划桨横渡大洋的人，所考验的，既是他的身体也是他的灵魂，既是他的体力极限也是精神极限。[①] 同时身体也可以像安娜斯塔夏·美达妮所说的那样，被视作是"行动着的自我的场所"（Le lien d'un soi agissant），这样就变成了"市场和商品化的事情"[②]——这让我们思考将这一点与经济全球化的主题连接起来：全球化及主观经验控制了身体；身体活动遵从了金钱、媒体、广告和经济知识的逻辑，身体也成为主体化与主体加工的场所。这样的加工并不一定能带来身体的增值，相反它也可以带有危机色彩，甚至是自我毁灭的色彩，比如导致肥胖症或厌食症。

今后，研究健康与疾病的学科拒绝将患者与疾病分开来看待，给病人及其身心痛苦留出了可观的空间。菲利普·巴塔耶的著作就是这样更新了关于死亡研究的社会与文化方法。在现代社会中，诸多为了加强（特别是在医院中）临终者、亲友以及医疗、社团环境之间关系的努力初见端倪，他指出这是极为重要的一件事。[③] 对于伦理问题的研究也越来越敏感。比如在病

---

① 大卫·勒布雷东：《风险的偏好》，梅泰利耶出版社（David Le Breton, *Passions du risque*, Paris, Métailié, 2004）。

② 安娜斯塔夏·美达妮：《身体的制造厂》，勒米拉耶大学出版社（Anastasia Meidani, *Les Fabriques du corps*, Toulouse, Presses Universitaires du Mirail, 2007, p. 14）。

③ 菲利普·巴塔耶：《死而不去——临终者的身份窘境》，收录于米歇尔·维沃尔卡（主编）：《变革中的社会科学》，见前注〔Philippe Bataille, Mourir sans partir, l'impossible statut de mourant, in Michel Wieviorka（dir.）, *Les Sciences sociales en mutation*, op. cit., p. 91-101〕；《癌症与生活——面对疾病的患者》，巴朗出版社（*Un cancer et la vie. Les malades face à la maladie*, Paris, Balland, 2003）。

人无法表明其选择的时候，该如何作出生死抉择。再比如有关领养或者医疗辅助生育这样的重大议题，社会该如何抉择。法国全国保健和医学研究所（INSERM）伦理委员会主席、生物学家让-克洛德·梅桑（Jean-Claude Meissen）会怎么说？"在其永不间断的重组过程中，伦理努力试图重新发明、保持一个概念，即主体是自己生命的行动者。"正如阿兰·艾伦贝格所说，精神痛苦、抑郁、紧张、"做自己的疲惫感"等研究视角就要求考虑到主体的作用。①

主体作为分析工具无处不在，这种观察结论可以推广到许多其他领域。家庭研究是社会学的经典领域，也因受到对个人主体分析的影响而得以更新，如出现了弗朗索瓦·德·辛利②所说的"民主"家庭。在当代社会科学中，孩子已经不再是一个未成年的存在，一个未来的人，一个随着"初等"（家庭、学校中）、继而"中等"（工作氛围内、社团活动中等）社会化进程的深入将成为完全成年个体的人。孩子越来越成为一个完整意义上的行动者，能够对行动赋予意义——一个主体。③ 教育社

① 阿兰·艾伦贝格：《做自己的疲惫感》，欧迪耶·雅各布出版社（Alain Ehrenberg, *La Fatigue d'être soi. Dépression et société*, Paris, Odile Jacob, 1998）。

② 弗朗索瓦·德·辛利：《共享自由》，纳当出版社（François de Singly, *Libres ensemble*, Paris, Nathan, 2000）。

③ 参见希瑟·贝斯·约翰逊所建议的研究总结：《从芝加哥学派到新儿童社会学——美国儿童及童年社会学，1900—1999》，收录于《生命过程改善研究报告》（Heather Beth Johnson, From the Chicago School to the New Sociology of Children: the Sociology of Children and Childhood in the United States, 1900-1999, *Advances in Life Course Research*, 1999, no.6, p.53-93）。

会学将学生或者教师视作个人经验的主体。① 种族主义社会学关心种族歧视受害者是如何作为其存在主体而被否认、被禁止，人格受到讥讽的。这是一条充满希望的研究路径。

女性主义研究仍旧深深浸淫于结构主义思想中。在美国，那是被人们称为"法国理论"（French Theory）的东西。这个研究遇到了"性别麻烦"的问题，这也是朱迪斯·巴特勒的一本重要著作的书名。这个问题研究的是行动者们（包括女性和男性）为了颠覆身份认同，是如何摆脱决定论和那些被指定用来塑造性别的规范的。朱迪斯·巴特勒从结构主义丰碑式的学者那里汲取养分，却又至少部分地摆脱了他们的影响，思考"作为女性主义主体的'女人'"②。

在劳动领域里，主体变为一个不可或缺的分析工具，这个话题值得我们细说。黑格尔的直接继承人马克思认为，劳动是人的高级创造性活动，说到底是人的本质，是人类解放、进步和个体自我实现的神奇力量，但是生产资料私有制导致劳动受到剥削和异化。对于马克思和其他许多人来说，这正是公共行动的宗旨所在，即去除劳动的异化，结束对劳动者的剥削。在整个工业时代，劳动社会学都围绕着劳动当中的统治关系、劳

---

① 弗朗索瓦·杜别、达尼罗·马图切里：《在学校——学校经验社会学》，门坎出版社（François Dubet, Danilo Martuccelii, *A l'école. Sociologie de l'expérience scolaire*, Paris, Le Seuil, 1996）。

② 朱迪斯·巴特勒：《性别麻烦》，发现出版社（Judith Butler, *Trouble dans le genre*, Paris, La Découverte, 2005, ［1990］, p. 59）。

动组织模式和行动者之间的博弈展开研究，并从中得出了阶级的策略；劳动社会学始终批判泰勒主义（taylorisme）和其他所谓"科学的"组织形式，用乔治·弗里德曼那句精辟的话说，它们导致劳动的"碎屑化"①。

但是，自20世纪70年代中期开始，新的方法更加重视影响劳动的那些变化：劳动变得更人性化，以参与化的方式组织，让所有劳动者今后都对自己的工作有一个全局的视野。自主性接替了异化，劳动分工不再存在。每个人都能够在劳动中实现自我——这个观点有待商榷②，但是至少有一个优点，那就是关注主体——这里说的是一个社会意义上的主体，如劳动者。在这种后泰勒时代的背景下，一些人甚至谈到了劳动的终结，或者至少是呼吁人们不再把劳动置于社会核心，不再通过劳动看清人的本质，或者社会关系的本质。比如多米尼克·梅达所要求的"破除劳动幻想"时刻没有到来，与充满各种希望、期许、乌托邦的概念对我们施加的诱惑决裂的时刻没有到来。没有到来的时刻还包括"自问还有没有别的方式，允许个体获得诸如社会交往、有用性、融入等所有劳动可以和将会给予我们的东

---

① 乔治·弗里德曼：《碎屑化的劳动》，伽利玛出版社（Georges Friedmann, *Le Travail en miettes*, Paris, Gallimard, 1956）。

② 赫斯特·科恩、米歇尔·舒曼：《劳动分工的终结？工业生产中的理性化》，人文科学之家出版社（Horst Kern, Michel Schumann, *La Fin de la division du travail? La rationalisation dans la production industrielle*, Paris, Éditions de la MSH, 1989）。

西，当然给予的方式将肯定是越来越排他的"①。

　　社会科学当然不能抛弃它们所必然拥有的批判的自省的特征。人的完整性超越劳动之上，却又是在劳动中实现。在全球化资本主义转型的背景下，社会科学越来越重视人的完整性是通过何种方式受到影响的。对我而言，这就是理查德·塞内特对灵活资本主义（capitalisme flexible）所作批判的意义。② 他认为，领薪员工今天所受到的压迫不再是劳动组织负责人那种可见的权威，就像泰勒主义盛行的那个时代一样，也不是经理的权威，如我们在 20 世纪 70—80 年代所认为的那样，而是受到股东权威的压迫，是股东构成了一个遥远的非个人化的世界。其实，今天的企业一旦达到了一定的规模，就可能变成压力巨大的不稳定的空间，信心在其中难觅踪迹。员工找不到自己的坐标，建立不起自信，正如拉美的一个说法，他们是"一次性的"，是那些用完就扔的"纸巾"：雇佣你的人可能早已被解雇你的人一脚踢出门去，而这个家伙迟早也会被炒鱿鱼。在这种状况下，个人在工作中的痛苦、压

---

　　① 多米尼克·梅达:《劳动——正在消失的价值》，奥比耶出版社（Dominique Méda, *Le Travail. Une valeur en cours de disparition*, Paris, Aubier, 1995, p. 300)。参见杰里米·李珂芬：《劳动的终结》，发现出版社（Jeremy Rikfin, *La Fin du travail*, Paris, La Découverte, 1997)。

　　② 理查德·塞内特:《无质量劳动——灵活度的人性后果》，10/18 出版社（Richard Sennett, *Le Travail sans qualités. Les conséquences humaines de la flexibilité*, Paris, 10/18, 2004 [1998] ）和《新资本主义的文化》，阿尔班·米歇尔出版社（*La Culture du nouveau capitalisme*, Paris, Albin Michel, 2006)。

力、被骚扰——无论是性骚扰还是其他①，所有这些穿越社会或人际关系的东西，最终都会质疑作为主体的人本身，而主体今后却极其重要。现代个人主义渗透到劳动中，让最脆弱或最贫困的群体忍受巨大的困难，这些人因而成为受害者，成为可能罹患抑郁症或自我封闭于羞耻之中的个体，经常走上自杀或自我毁灭的道路。个体的存在被否认，他接受的定义不再是为企业做出的贡献，甚至不是他的贡献与所得不成比例所蒙受的不公平待遇，他被剥夺的劳动成果并没有那么多，远小于个体自身（在他的内心深处，作为主体）受到的剥夺。

因此，随着时间的推移，劳动发生了巨大的变化，20 世纪80—90 年代，对劳动在社会中的地位和劳动者的生存条件的研究总体上是悲观的——"劳动者的境况"（condition des travailleurs）这个词已经显得有些过时了，今天变得毫无力度。在这样的背景下，主体话题的引入是通过最灰暗的形象或视角，通过劳动的副作用和对人的完整性的否认来实现的。但是这只是事情的一方面，而且还没有人们所相信的那样绝对。因此，米歇尔·拉勒芒在进行完一次广泛的订正后指出："劳动并没有在某种后现代性的蒸汽中溶解，或者溶化在越来越'液态'的社会中。劳动仍然高踞在欧洲国

---

① 参见玛丽-弗朗士·伊利格瓦彦:《道德骚扰》，西罗出版社（Marie-France Hirigoyen, *Le Harcèlement moral*, Paris, Syros, 1998）。

家价值体系的顶端。"① 有数据为证，拉勒芒指出，在今天，劳动"作为确立自我地位的手段越来越突出"，并且在很大程度上与幸福联系在一起。他列举了一项问卷调查，第一个问题："对您来说要想幸福，什么最重要？" 27%的受访者立即回答是劳动。② 将主体的视角引入对劳动的分析，不应仅仅局限在对个体的异化和毁灭上。人们还应该对劳动所意味的或者可以意味的自我实现和创造性的实现感兴趣，只有这样才不违背黑格尔或马克思所创造的方法。

从宗教到劳动，我们通过这些例子可以看到，从各个角度，社会科学都给予了主体一个重要的地位，主体成为许多分析的中心环节。诚然，主体从来没有从社会思想中完全消失，即便在结构主义的巅峰时期（20世纪六七十年代）也没有。社会科学的主要脉络中始终都保留了主体的鲜活灵感，在法国也如此。当然，法国是世界上结构主义占据空间最大的国家。对结构主义的抵抗更多的是潜在的而非理论化的。我们提到过，这抵抗来自阿兰·图海纳以及所谓临床社会学派以埃德加·莫兰（Edgar Morin）为代表的一群人。还有克洛德·勒弗尔（Claude Lefort）、乔治·巴朗迪耶（Georges Balandier）、亨利·勒费弗尔（Henri Lefevre）等，以及20世纪70年代偏重于倾听和"生活史"（récit de vie）

---

① 米歇尔·拉勒芒：《劳动——当代社会学》，伽利玛出版社（Michel Lallement, *Le Travail, Une sociologie contemporaine*, Paris, Gallimard, 2007, p. 545）。

② 同上书，p. 546。

的方法兴起——意大利社会科学在该领域扮演了决定性的角色。[①]

从今往后，主体从边缘走到了中心，在诸多理论设置中，在诸多具体方法中，处于核心地位。这样的变化仅发生在几年的时间里，是如此具有戏剧性，其来源并不局限于思想的运动——思想运动好像是独立的，至少和社会运动没有关联。同样地，个人主体性的萌发在所有的领域都是一个现代个人主义全面兴起的决定性因素，这个现象在集体生活的各个领域都能观察到。这也为人们与乌尔里希·贝克谈论"第二种现代性"提供了理由。还有，在社会融入与社会化问题上，从社会概念出发的传统方法似乎越来越不适用，以至现在越来越需要考虑放弃这个观念，或者说放弃"社会性"的观念。这个观点比较极端，但是受到思想大相径庭的社会学家的认同[②]，如阿兰·图海纳和布吕诺·拉图尔。

---

① 参见达尼埃尔·贝尔托:《关于法国社会学中主体问题的不同概念》，收录于罗贝托·齐普里亚尼（主编）:《法语和意大利语社会学探源》，阿尔马当出版社〔Daniel Bertaux, Alternatives conceptuelles sur la question du sujet dans la sociologie française, in Roberto Cipriani, (dir.), *Aux sources de sociologies de langue française et italienne*, Paris, L'Harmattan, 1997〕。该文谈到其本人的研究，还有蒙达勒迪（Montaldi）、雷维礼（Revelli）、佩拉罗蒂（Perrarotti）、坎特佩里（Cantpelli）、齐普里亚尼（Cipriani）、马乔里（Maciori）、达马托·卡瓦拉罗（d'Amato Cavallaro）等的著作。

② 参见阿兰·图海纳:《换个方式来思考》，法雅出版社（Alain Touraine, *Penser autrement*, Paris, Fayard, 2007）；布吕诺·拉图尔:《改变社会——重建社会学》，发现出版社（Bruno Latour, *Changer de société*, *refaire de la sociologie*, Paris, La Découverte, 2006）。

主体的回归

总的来讲，纯粹而简单地指责主体概念构成了形而上的幻想，因此将其抛弃，今天已经难以做到了。然而，恰恰是建立在这个基础之上，结构主义思想才能反对"人能够对其行为有意识、负责任"这个观念。

在整个 20 世纪 60—70 年代，结构主义思想视主体为敌人，对其围追堵截，剿杀殆尽，希望宣布主体的死亡，并宣称结构性因果关系的创生。正如哲学家路易·阿尔都塞（Louis Althusser）和阿尔都塞式的马克思主义者所言，结构主义思想主张"终审判决"般的超级决定论（surdéterminations），并用客观矛盾替换了行动者的主观冲突。结构主义还经常幻想着危机的到来和革命的宫缩，在某些极端的情况下，甚至支持武装斗争和恐怖主义。对受了结构主义启发的思想大师们而言，社会的运作和演进是受抽象的机构、结构、工具、机制所左右的，承认主体的观念是错误或者天真的：人从来不只是外在力量的玩偶。研究的目的是依照索绪尔语言学那样的模式，找到规则、体系、条例，而绝非观察和理解行动者。在结构主义的最极端变体中，是"无主体的审判"。路易·阿尔都塞将先前作为马克思主义者的声望带向了反人道主义，皮埃尔·布迪厄强调惯习（habitus）的概念，并借此排斥了主体：在这个视角下，通过个体社会化过程中的一些对惯习的设置，他们的观点、思想和行为都被无意识地决定了。[1]

结构主义思想没有完全消失，直到今天依然滋养着一些政治运动和政治倾向。这些运动和倾向由怀疑逻辑和纯粹批判的立场所决定，或多或少地鼓动着吹毛求疵的极左主张（gauchisme hypercritique）。在这样的主张里，一切非黑即白，鼓吹绝对的变革，反对所有通过渐进式改革、谈判和社会或政治行动者博弈所获得的民主变革的计划。我们在许多重要的作品或文章中还能看到其印记。正如布迪厄最近的一本著作——《男性统治》在很大程度上还显现着结构主义的痕迹，与主体概念南辕北辙。根据该书的叙述，女性受到男性的统治，以至她们只能将男性对这种社会统治结构的认识内化。她们囿于受害者的角色，不能构成主体。符号暴力（violence symbolique）阻止主体的自我构成。女权主义支持者在这本书出版的时候，激烈地批判了这个概念，并强调女性行动的意识和能力是存在的，这也是阿兰·图海纳最近一次调研的核心主题，听起来就像是一个对布迪厄的响亮回应。[2] 这恰恰是因为行动者是存在的，而结构主义思想有时候很明显地把行动者从可观察到的事实中剔除掉了。

---

① 在皮埃尔·布迪厄那里，惯习的概念通过场域的概念获得细微的差别，因为在一个布迪厄式的"场域"当中，为行动者竞争游戏保留了空间。参见达尼埃尔·贝尔托：见前注。

② 皮埃尔·布迪厄：《男性统治》，门坎出版社（Pierre Bourdieu, *La Domination masculine*, Paris, Le Seuil, 1998）。阿兰·图海纳：《女性的世界》，法雅出版社（Alain Touraine, *Le Monde des femmes*, Paris, Fayard, 2005）。

再也没有比昨天反对整个主体概念的阵营中那些人的观念更为决绝的了，也许是因为从他们的角度来看，捍卫主体视角的人对主体也莫衷一是。这就是德孔布所解释的："昨天的明确立场再也没有市场了。一方面，主体的对手在哲学上为主体让出位置，只要它看上去更加接近人类经验，只要这个我应该成为的主体是分裂的、碎片化的、无法了解自身的，有时候如我现在一样是残废的。另一方面，主体的支持者要求人们不将主体视为一种幻象，并且承认主体只存在于分裂的、碎片化的、不透明的和残废的世界中。简言之，所有人都似乎认为主体被设计出来时，就带有两个它本不应有的特征：透明和主权。"① 因此，德孔布认为，今天"形而上"的主体可能被抛弃了，并且被"后形而上"的主体所取代。

主体的自主性

主体在词源上的意义（拉丁文 subjectum，即"置于……之下"）与它今天所承载的意义相矛盾。在当下的意义中，主体不再是君主权威之下的臣民——这是古典的定义。我们已经从奴役

---

① 樊尚·德孔布：《主体的补充——自发性行动调查》，伽利玛出版社（Vincent De-scombes, *Le Complément de sujet. Enquête sur le fait d'agir de soi-même*, Paris, Gallimard, 2004, p. 8）。

过渡到了自主，这自然值得调查一番。主体也不像 20 世纪 50—60 年代的实验心理学所说的那样——屈从于观察的结果。主体的定义依赖于它的自主能力，这个能力是它自我呈现和行动的源泉。阿兰·雷诺说，主体是它自主能力的基础和行动者。^① 对于当代社会科学而言，主体有两副面孔。

一副面孔是防御性的。主体是指抗拒系统、君主、上帝、群体及其法律的逻辑，或逃离这些羁绊的那个人；站在这个视角看，它也指人类自身生存、自我拯救的那种能力。例如，心理分析学家让·贝尔日莱解释说，如果人们想要理解法国郊区青年的狂怒与暴力行为，首先要视其为一种求生行为，面对被视为威胁其生存的社会的一种求生行为。^② 主体是一个人反抗、拒绝、抛弃外界强加的角色、法则、限制的行为。主体在阿兰·图海纳的词汇中首先是"空洞"（vide），是"面对经济、消费、大众文化和社群主义（communautarisme）的巨大压力的一种生存抗争"。因此，它是脆弱的，永远受到镇压和威胁，在某些情况下倾向于致死或自毁行为——自杀、酗酒、毒品、人格错乱等。

另一副面孔是建设性的，也可以说是积极的，是作为行动者的能力——建构自身经验的能力，是德国社会学家汉斯·约阿斯所

---

① 阿兰·雷诺：《个体的时代》，伽利玛出版社（Alain Renaut, *L'ère de l'individu*, Paris, Gallimard, 1989, p. 53）。

② 让·贝尔日莱：《弗洛伊德：暴力与抑郁》，法国大学出版社（Jean Bergeret, *Freud, la violence et la dépression*, Paris, PUF, 1995）。

说的"人的创造性特点"①。主体不是某种精华或者物质实体，在这个观念中，主体是变得自主的能力，是控制自身经验的能力。

这里涉及的是自主，而不是独立，因为相对于社会生活，主体没有外在性（extériorité）。这个定义强调了主体参与现代生活，作出选择、决策，对自己行为负责的能力。这样，主体的定义和萨特的哲学就结合了。这个定义认为每个个体都能够构成主体，即表现出他们自身个性的意愿，他们赋予其他个体相同的能力，所有人都能够被视为主体，都拥有参与个性化进程的能力。换言之，主体社会学并非不关心共同生活的政治的一般性问题：在该学派的视角下，主体通过与之相关的城市来定义自我，这是一种与自我的关系——与自我的映射关系。这样看来，作为主体就是要做一个会思考的公民，对城市生活和自身感兴趣；引入了主观、映射的关系后，我们还必须引入主体与城市的关系。

因此，主体社会学不是一种非政治化、非历史性、非社会性的心理学。主体的观点涉及思考社会事物、社会中面对体制的个体等问题。我们可以说主体社会学是人文主义社会学，但是这里要引入一个经验观察：当代社会中的主导趋势是担忧个人自主性，而不是责任或者互助问题。主体的观点是面对系统的、社会运作的、融入的观点而确立的，从集体的意义出发，后者的观点更容

---

① 汉斯·约阿斯：《行动的创造力》，雄鹿出版社（Hans Joas, *La Créativité de l'agir*, Paris, Cerf, 1999 [1992]）。

易获得认可。这也是那些从主体上只看到个人主义和自私色彩的人担忧的原因。

主体的概念应当与行动者的概念相区分。后者只出现于从行动能力到行为的过渡过程中。这让人思考产生这种过渡的有利和不利条件，即只有在某些情况下，这样的过渡才会发生，而在另一些情况下，这样的过渡会显得有问题和困难，甚至不可能实现。主体能够成为行动者，它有可能成为后者，但这并不必然发生。让我们再补充一点，行动者（acteur）一词也值得讨论——哪怕只是因为这个类别涵盖了诸多面孔，形态各异，从领导人到执行者，从决策者到底层活动家等。行动对于所有参与者而言并不代表着相同维度的自主性。

同理，主体应当与个体相区分。个体类别更加宽泛，涵盖了主体，但是也涵盖了参与现代生活、消费、赚钱、工作、教育、个人健康和安全的事实或欲望，这些与行动不能画等号。现代个人主义包括个人的主观性，但是并不局限于此。此外，我们还可以自问，到什么地步，主体的概念可以和个体的概念相整合或相联结，在哪种程度上不能将二者分开。

最后，主体社会学不排斥关于主体间性的方法（approche en termes d'intersubjectivité），但是主体间性是另外一种属性。譬如，于尔根·哈贝马斯（Jürgen Habermas）邀请我们思考关于个体之间论证式的辩论——他称之为与民主精神不可分割的、沟通式的行动（l'agir communicationnel），当时，他并没有向我们建议一个主体的理论，却也去之不远，因为在哈贝马斯式的讨论中，有一个环节，即每个人都要作出理智的选择，根据选择来采用相应的论据，这样的讨论不仅是集体的，也是内在的、个人的、主观的。

主体的两种概念

主体在当下的胜利并不应掩盖其概念的内在理论困境，有必要澄清这个概念。有必要为澄清概念作一些努力，因为如果我们近距离考察研究主体所可能使用的方法，就会迅速发现现有的方法并不一定能勾勒出一个同质与逻辑严密的主体。我们可以对主体采用马克斯·韦伯对个人主义所下的那个论断，即这个概念包含了"人们能够想象的最不相同的东西"[①]。

一个合适的出发点能够帮助我们表述这个问题。在阿兰·图海纳的社会学中，主体作用于社会的上游。主体甚至首先扮演着抵抗社会的角色："能够说'我'成了一个主要力量，限制着社会对行动者的影响。"[②] 但是主体是如何建构的？它从哪里来？它如何确立？长期以来，社会科学思考社会的或群体的构成条件，

---

① 马克斯·韦伯：《新教伦理与资本主义精神》，J. -P. 格罗森译本，伽利玛出版社（Max Weber, *L'éthique protestante et l'esprit du capitalisme*, trad J. -P. Grossein, Paris, Gallimard, 2003, p. 107）。

② 阿兰·图海纳、法拉德·霍思罗哈瓦尔：《愚人研究》，法雅出版社（Alain Touraine et Farhad Khosrokhavar, *La Recherche de sot*, Paris, Fayard, 2000, p. 149）。

但是很少关注个人主体的构成条件，除了阐明它直接源自社会关联、整体、体制或社会化的进程。如果主体是非社会性的，这是否意味着它存在和成立于所有社会关系或者人际关系之先？主体似乎是每一个人所带有的潜在属性，只有在某些条件得到满足时，才转化为具体行为和行动。这样的话，主体是否应被视为"会思考的、永恒和先在的"物体？这让人想起圣奥古斯丁的神学。这与达尼洛·马尔图切利①的随着经验、证据的积累所带来的思想进步而逐步建构、逐渐形成的主体概念是相悖的。

这不是一个新问题，它主要是由乔治·赫伯特·米德提出的。汉斯·约阿斯指出："他毫无保留地接受康德提问的普世主义导向，但他认为康德给出的答案是不够的。如果客观知识的条件先验地存在于主体中，这些条件将处于所有共同导向之外，先于主体的所有演变而存在。如果一个负责任的行为的可能性不能够建立于事实基础之上，而成为一个纯粹的假设，我们将陷入一个永恒的自我幻觉的风险之中。"②

在我们开始区分的两个主流构想之间作出抉择实在不容易，然而两者应当截然对立，尽管理论上可以试图将两者在可能的互补性条件下进行关联。在社会科学和哲学中，主体实际上可以被

---

① 达尼洛·马尔图切利：《考验锻造》，阿尔芒·珂兰出版社（Danilo Martuccelli, *Forgé par l'épreuve*, Paris, Armand Colin, 2006）。

② 汉斯·约阿斯：《乔治·赫伯特·米德思想的当代重新评价》，经济出版社（Hans Joas, *George Herbert Mead, Une réévaluation contemporaine de sa pensée*, Paris, Economica, 2007, p. 46）。

定义为在所有行为之先、在所有社会经验之先起作用的原则——或者尽管不完全矛盾，但是非常不同。主体被定义为随着行动或者经验逐步建构起来的、随着主体化和去主体化进程逐步解体的原则——这个过程可能走向极端，一边是极端主体化，主体性的过剩或者过载，另一边是自我毁灭、自杀、以身殉道。

主体是一个建构物，还是每个个体的一种近乎人类学的属性？它是与某种实践（praxis，让我们重拾这个老词）相关联，还是一种专属于所有人类的潜在属性（virtualité）？它自身是建立于实践、行动、经验之上，还是它就是某种预设的条件？如果我们承认主体在社会的上游起作用这一原则，因而也承认这一原则是自然性的、人类学意义的，而非社会性的，就会冒险背离“通过社会来解释社会”的公设，而这是许多人眼中的社会学常识，也是涂尔干最原初的思想遗产。在我们看来，恐怕此举的理论挑战不可小觑：褒扬主体的方法甚至会威胁整座涂尔干社会学大厦，我们将在本书中数次遇到这个问题。

这个问题导致了德孔布所称的“恶性循环”现象：“行动者（agent）通过学习理性行为（说话、计算、测量、归类等）和自我的管理技术而变得独立。这个观念中似乎有一个恶性循环，但是如果这个表面现象是真实的，这就是说，行动者除非一直是自主的，否则现在不能变得自主，这就是承认我们将无法在现在的世界中找到独立的行动者……于是乎，只有已经独立的行动者才可以被培养成独立行动者，看起来培养行动者自主性的行为从逻辑上是行不通的。我们可以说主体的哲学在假设以自主的个体采取自我定位的行动时，已经注意到了恶性循环的威胁所构成的困境。"① 要建立的东西必须是已经建立的，否则不可能建立——我们能打破这个怪圈，解决这个疑问吗？

是否应当已经是主体才能成为主体？

这个问题萦绕在所有哲学辩论之中。德孔布在他对米歇尔·福柯的评论中这样写道："为了成为主体，应当已经是主体，但是正是这样，人们只有将自己变为主体后，才能成为主体。"② 为了超越这个问题：解决这个问题，我们是否能够拒绝将两种思想，即主体先于自己存在的思想和主体通过经验建构的思想对立起来，承认问题的两个阶段是相互结合而不是对立的，并划清各自的界限？在这个视角下，存在着人类学的潜在性，人的才华——成为主体的能力——取决于主体化的进程，主体化的进程又存在于个人开展的自我转变的进程当中。这样一来，每个人都是行动者，或者是自身主体化的主体，可能非常依赖其他人——那些在进程中帮助或引导过他的人，例如负有改变别人使命的教育者，

① 樊尚·德孔布：见前注，p. 21。
② 同上书，p. 263。

很清楚这个任务如果没有受教育者是不能实现的。

当我们接受别人的教育，就变为了教育的共同生产者，我们不是被动接受的容器，我们经由他人的干预而转变自我，因为与此同时我们也在操作着自身。这就是科尔内里乌斯·卡斯托里亚迪斯所发展出来的道路。他谈到"自省和协商"的主体性并解释道："（主体的）自主性只有通过利用才能进行创造，这就从某种意义上预先假设了自主性限于自身实现而存在。"① 在这里我们可以向前再迈一步，根据自我主体化（autosubjectivation）或异主体化（hétérosubjectivation）、他人的帮助或者外部强加的干预——甚至是以强迫限制的形式进行的，来区分主体化的两种互补性逻辑。或许需要区分主体化的多种模式，我们在米歇尔·福柯那里找到观点：一些模式通过放弃来实现，属于自我主体化；另一些模式通过努力成为自我来实现，属于转型主体化（transsubjectivation）。②

以放弃为主体很重要，因为它让我们能够理解关于主体以及是什么区分了当代社会和传统社会。根据路易斯·杜蒙的人类学观点，在印度"整体论"（holiste）社会中，个体只有走出社会生活才能组建自给自足的实体，成为主体。杜蒙根据马克斯·韦伯的用法，称

① 科尔内里乌斯·卡斯托里亚迪斯：《被分割的世界》，门坎出版社（Cornelius Castoriadis, *Le Monde morcelé*, Paris, Le Seuil, 1990, p. 218）。
② 参见米歇尔·福柯：《主体的阐释学》，伽利玛出版社/门坎出版社（Michel Foucault, *L'Herméneutique du sujet*, Paris, Gallimard/Le Seuil, 2001）。

之为"放弃者"①。在这里，主体通过放弃、脱离来实现自我建构或自我确立，而不是进入社会生活。在这种意义上，传统社会的主体（Sujet）是非常特殊的，因为它获取存在的条件是通过脱离社会生活，而不是归属来实现的。然而今天，正相反的选择显得更具有决定性：成为主体，或者是更广泛地成为个体，都不是要脱离社会生活，而是要完全参与社会生活，在其中找到自我实现的条件，找到并非外在性的自主性。现代个体在其主体的维度中，与马克斯·韦伯或路易斯·杜蒙式的"放弃者"迥异，现代个体是社会化的，而非去社会化的（désocialisé）。

现代主体化是一种社会化，而不是去社会化——一种特殊的社会化，因为它抵制规则与权力。但是，我们还没有厘清刚才讨论过的那两种主要类型，其中一种认为主体先于行动而存在，另一种认为是自身的行动构建或者毁掉了主体。我们在这里看到了两个分析工具，在我们实践过程中大可以尝试使用，用来澄清和明确具体的历史的经验。德孔布的"恶性循环"不应该成为阻滞的源头和分析的绊脚石，我们可以将它视为一柄双刃剑，两个剑锋都能够让人更好地理解现实。

---

① 路易斯·杜蒙:《个人主义论集》，门坎出版社（Louis Dumont, *Essais sur l'individualisme*, Paris, Le Seuil, 1983）。

一个阴暗面？

至此，我们记住了主体的定义以及它所引起的争论，它们是否太过狭窄？它们所带来的观念，在两个刚刚被区分开的逻辑张力之间呈现，尽管还不稳定，但都对它的光明面感兴趣——它合法的或者可理解的自卫能力，以及可能导致行动的创造能力。在此处所保留的概念中，我们强调了相互性原则：作为主体意味着承认所有人类都能够成为主体。但是，能不能够将这个概念扩大至我所称的（在缺乏更好的词汇的情况下）"反主体"（anti-Sujet）领域——主体的阴暗面，它毁灭性的一面，特别是包括残忍、为了暴力而暴力和否定他人作为主体的一面？[①]

我们仍旧可以从阿兰·图海纳的探讨出发。当他被问及关于主体"负面"维度的假设之前，他一直都在鼓吹主体的"正面"形象。这个问题困扰着法拉德·霍思罗哈瓦尔（Farhad Khosrokhavar），他问图海纳："为什么主体自身就没有阴暗的一面呢？"[②] 伊朗革命的恐怖经历让这位社会学家对杀戮的逻辑非常关注。下面似乎是图海纳的想法，作为关于种族主义、郊区暴力和恐怖主义

---

① 详见第三部分关于这个问题的专论，米歇尔·维沃尔卡：《论暴力》，阿榭特文学出版社（Michel Wieviorka, *La Violence*, Paris, Hachette-Littératures, 2005）。

② 阿兰·图海纳、法拉德·霍思罗哈瓦尔：见前注，p. 135。

的回应，他提出："去主体化（désubjectivation）吸引了您的注意力。"①

但是使用去主体化的概念并没有完全覆盖对他者主体性的破坏和否定行为的问题。关于将快乐建立在使他人痛苦之上，或者面对他人受到的痛苦麻木不仁这种完全无意义的行为，事实上行动者有能力做这样的行为，而去主体化回避了这个问题。对意义的寻找并非总是无处不在，当没有意义可供寻找的时候，并不如图海纳想象的那样是一个空缺。他曾说："我认为没有一个根本的理由说应当总是而且必须有意义。相反，当没有意义的时候，还有意识和对意义缺乏或丢失的痛苦。"② 但是，还可能有虐待狂、无端的暴力、侮辱或毁坏中获得的快感，这使得在分析中有必要加入一个原则，其运作方式更为直接，是负面的、构思主体的一个新的维度，即它的阴暗面——扮演邪恶的或者寻求纯粹的、毁灭他者的乐趣的能力。让我们补充一下，所有与性（sexualité）相关的问题，绝不会被直接视为邪恶或负面主题，而是根据莫里斯·郭德烈所建议的③，在主体复杂概念的启示下进行研究：不把与性相关的问题简化为某个维度，如对权力和规则或者其创造性的抵抗，也不会在更广泛的层面上，将之简化为社会维度。

---

① 阿兰·图海纳、法拉德·霍思罗哈瓦尔：见前注，p. 98。
② 阿兰·图海纳：见前注，p. 188。
③ 莫里斯·郭德烈：《人类社会的基础——人类学教会我们什么》，阿尔班·米歇尔出版社（Maurice Godelier, *Au fondement des sociétés humaines. Ce que nous apprend l'anthropologie*, Paris, Albin Michel, 2007）。

"图海纳式"的去主体化将问题又带回到无法存在的主体概念："当我谈及主体，我开始谈论空泛的主体，被市场和社群世界所倾轧的主体，非个人的主体，抑郁的主体。"[1] 但是应当给主体加入其他的面孔，以此呈现其冷酷的一面、为了暴力而暴力的一面，如普里莫·莱维在其最新著作[2]中所描述的那样——以奥斯维辛集中营纳粹看守所使用的那种方式，像对待非主体、非人类一样地对待他人、驯化他人、物化他人、畜化他人，并以之取乐的一面。推到极致的去主体化是一种反主体化，它导致了真正的逆转，而不仅仅是缺乏主体性。此处，它导致了反对主体形象的邪恶人物的诞生，这些人物可以被称为反主体。相比将主体缩减在空洞和丰满之间、能够成为行动者与无能力成为行动者之间摆动的东西，在我们的分析当中采用复杂、更丰富的定义是完全有意义的。这个定义中包含了主体的对立面，每个人变为反派行动者的能力或潜在可能，如积极参与反派运动（antimouvements），就像今天我们的世界毫不缺少那些恐怖主义、社群主义等。

　　社会学如果接受了自己不仅仅是一门善的社会学，并将大门向反主体领域开放，就能够避免陷入某种浪漫主义，不会认为主体是一个必然好相处的人，有时开心，大多数时候不开心；社会学将自己所有的理论的和实践的领域都留给了人类最黑暗的方面，

---

　　① 阿兰·图海纳、法拉德·霍思罗哈瓦尔：见前注，p. 115。

　　② 普里莫·莱维：《溺水者与被救者》，伽利玛出版社（Primo Levi, *Les Naufragés et les Rescapés*, Paris, Gallimard, 1989）。

并拥有一套理论工具来对一些现象展开具体的研究，这些现象与种族主义、暴力或者反犹主义同等重要。

主体与无意识

一场很少公开进行的争论将一干心理分析学家和主体社会学的掌门人对立起来。初看上去，人们会期待社会学家口中的"主体"和弗洛伊德及今日心理分析学家所用的"自我"有某种重要的关联。因此，科尔内里乌斯·卡斯托里亚迪斯认为心理分析学者的目的只是帮助患者成为主体。[①] 他认为的主体就是弗洛伊德所称的"自我"（Ich）。德孔布提醒说，卡斯托里亚迪斯引用了弗洛伊德的一句名言："本我所在之处，自我也应生成。"

此外，我们注意到，主体这个词本身越来越多地被心理分析学家所使用，至少在拉康学派里是这样。但是拉康那里的主体并非"无意识主体"，这是一个模糊或者"晦涩"（obscure，卡斯托里亚迪斯语）的概念，因为意识和随之而来的个人责任被排除在主体性之外，最终有利于被内化的外在诉求或者预先存在的诉求（自然、社会及其限制或规则）。

---

① 科尔内里乌斯·卡斯托里亚迪斯：《今日主体之现状》，讲座全文收于《被分割的世界》，见前注，p. 189–225。

然而根据其他学者的研究，心理分析学并非都如此。弗洛伊德本人应该会明确回避这个概念。米歇尔·彭帕尔-波尔特指出，"sujet"这个词在弗洛伊德的著作中难得一见（总共只用了20余次，而且几乎全都是作为语法中"主语"的意义来使用）。①在弗洛伊德派的视野中，主体的概念是被抛弃的，他们认为这个概念恰恰是"其所发源的一神论的化身和帮凶"，这种概念使人看不到弗洛伊德式的"自我"试图澄清的多元性、复杂性、心理动机和心理过程。

　　在这种批判中，主体是一个缩减式的类别，它假设某种作为行动源头的心理统一性。主体在"自我"展现多样性的地方进行统一。然而米歇尔·彭帕尔-波尔特具体解释道，心理人格具有异质性和他律性，心理人格是由"每个个体交往的系统发育遗传构成的，系统发育遗传可以是动物的或人的，或在个体发育期间建立起来的，是与神经生理学发展相关的"②。诚然，这里受到批判的是哲学上的主体，它成为一个新的上帝，并被认为在可能引入复杂性的领域里是统一的，哪怕只是我们刚刚看到的和反主体的关系方面。在这些批判的背后，还有一个非常微妙的问题：社会学家那里的主体是否拒绝给无意识留有空间？社会科学里的主体

---

① 米歇尔·彭帕尔-波尔特：《主体》，L'Esprit du temps 出版社（Michèle Bompard-Porte, *Le Sujet*, L'Esprit du temps, 2006）。
② 米歇尔·彭帕尔-波尔特：见前注，p. 67。

是通过意识和自省来定义的，图海纳说，这是"思考自身的能力"①，是"使我的生活成为**我的**生活（……）的能力。我所说的主体并非理想，不是英雄，而是这样一种东西，它让人在最艰苦和最优越的条件下，继续做人，或者成为人"②。社会学意义上的主体只能是有意识的，与任何无意识的进程都没有关系。忽视它们，主体存在于任何心理人格的性欲本能范畴之外，难道它不是只存在于且表达于理性、笛卡尔的"我思"（cogito）、自由试验的实践中吗？主体是否形成于思考，思考自我，正如米歇尔·彭帕尔-波尔特在谈论弗洛伊德时所假设的，她说，弗洛伊德认为"这是一个必要的假设，在个体中，一开始就不存在一个与'自我'可比的统一体。'自我'需要进一步发展吗？"

这样的诘问与两次世界大战之间初见端倪的旨在结合马克思主义与心理分析的诘问可以形成呼应，特别是威廉·赖希（Wilhelm Reich）的提问，其思想在今天显得特别过时。总之，这些诘问向我们指出了主体社会学必须两线作战才能前进：一方面，在它的右翼，是结构主义的残余，否认主体，鼓吹制度、机构和规则；另一方面，在它的左翼，是心理分析学派，追问主体为无意识保留了什么位置，并指责（米歇尔·彭帕尔-波尔特）它是"倒退"或者"方法论的孤芳自赏"，指责它将自己囿于意识（conscience）与

---

① 阿兰·图海纳、法拉德·霍思罗哈瓦尔：见前注，p. 50。
② 同上书，p. 70。

自省（réflexivité）。

与主体意识的问题同样引发争论的，是行动者具体观察问题、田野研究，例如关于社会运动的研究，总是使得一个关键点显现出来：行动者对自身行动的意义永远没有完全的认识，但他们也从未完全失去这种意识。如果他们是有全面意识的，社会科学将失去主要的用途——只需要倾听行动者的话，就能够了解他们行动的意义了。如果他们是完全无意识的，那么他们对自己的行为和话语将不负责任，他们的行为只能通过参照完全外在的力量、逻辑、结构等信息来理解——历史上，这种想法经常被用来证明前卫派的合理性，这些派别拥有意义注释的垄断权，并且准备行使独裁或专制主义的权力。

主体与现代性

最后，主体的概念涉及一个历史和哲学范畴的问题：它是现代的吗？必然和绝对是现代的吗？它是否是前无古人的？如果是这样，这意味着在非现代或前现代的传统的、用路易斯·杜蒙的话说是"整体论"的社会中，主体是没有位置的——除了如我们所看到的那样，"放弃"或脱离社会生活。米歇尔·福柯在自己生命的最后一个阶段，通过确认古代哲人也提出过这个问题，提出了主体的哲学史。他探讨了柏拉图的《亚西比德》中苏格拉底的名句"应当有对自我的关怀"。对福柯而言,现代人没有发明思考自我的概念。当时的流行观念认为在古代时期的晚期社会中,产生了一种个人主义退缩的现象。他对这一流行思想的批判带来了一种分裂的形象,个人主义概念被分为三个子概念:对个体特殊性的颂扬,给予了个体(而不是群体或制度)绝对的价值;(与公共生活相对的)私生活价值的提升;与自我关系的紧密度增加——人们不仅仅将自我视为认识的对象,而且变为自我转变的对象。后者的概念与主体化概念非常接近,并与主体的概念契合。用社会学的话语表述并应用于当代社会,第一个概念更多地指对参与当代生活、消费、享受、获得身份地位的忧虑。第二个则是指摆脱公共生活的局限(当涉及通过摆脱局限来实现自我建构,这一点可以被视为主体化)。

现在,主体的概念深植于当代社会科学之中,它呼唤辩论和细节研究。它的定义不一而足,我们对这个概念的考查也留下了许多问号。主体并不是一个封闭的理论,而是分析的工具,它不会先验地、一劳永逸地解决我们所提出的问题。这个工具是否有巨大的启发性价值?让我们对所有权威性的论据保持警惕:在本书后文中,当我们使用这个工具来研究当代世界的大问题,如身份、记忆、种族主义、恐怖主义等时,结论自有分晓。

全球思维

正如"主体"这一类别一样，"全球化"成了社会科学不可回避的话题，而这是从 20 世纪 80 年代开始的。与"主体"一词不同的是，"全球化"一词并没有被强加于集体话语、媒体以及研究领域。这个词的主要特点：它的使用符合两种不同的逻辑。一方面，它的确是描述性的，被用来描述世界过去和现在的状况。人们能够用它描述历史事实："全球化"在第一个维度里，是一个具体现象，既是经济的也是文化的现象，甚至是环境的现象，它是过去变化的产物。而针对这些变化的属性和密集程度，还有变化的时间周期性问题，存在许多争论。另一方面，这个词也有一个概念性的用法，它被用来分析当代世界的问题，用来思考新兴的或者重新来过的进程，思考集体生活的组织方式或去组织化方式。"全球化"因此也是一个概念，一个理解我们时代的事实的工具。

全球化既是社会科学研究的现实，也是从事这些研究的一种工作模式；既是对象，也是研究这个对象的工具。然而这个概念、这个工具，人们经常认为它是世界通用的，是某种一般性理论的替代品。它被浓缩为一个词，拥有了魔力，无须更多解释，足以描述和理解不平等现象、社会不公正、文化单一化和文化碎片化、国家遇到的困难等问题。

"全球化"的两面，即描述性或历史性的，以及概念性的角色，在科学上拥有的地位是不同的。在一种情况下，全球化是了解的内容；在另一种情况下，全球化是了解的方法。第一种情况下，它是属于诊断范畴，并且结论不统一；第二种情况下，它属于了解世界的一种途径和方法。两个方面截然不同但又难以分割：世界全球化程度越深，我们越应当学会"全球"思维。

全球化概念的史前史无疑在费尔南·布罗代尔那里，而继他之后，伊曼纽尔·沃勒斯坦创造了"经济体-世界"（économies-monde）这一概念[1]，希望在整个人类历史中，任何时期都能够构建出一些"经济体-世界"，这种经济体系远远超越

---

[1]　费尔南·布罗代尔：《十五至十八世纪的物质文明、经济和资本主义》，LGF 出版社（Fernand Braudel, *Civilisation matérielle, économie et capitalisme, XV*ᵉ*-XVIII*ᵉ *siècle*, Paris, LGF, 3 vol., 2000 [1979]）；伊曼纽尔·沃勒斯坦：《15 世纪至今的世界体系：重商主义和欧洲"经济体-世界"的巩固（1660—1750）》（卷二），弗拉马里翁出版社〔Immanuel Wallerstein, *Le Système du monde du XV*ᵉ *siècle à nos jours*, tome 2: *Le mercantilisme et la consolidation de l'économie-monde européenne (1600-1750)*, Paris, Flammarion, 1984〕。

地方的框架或者如市中心区这类有限的、有明确区划的地域局限。但事实上，早在 20 世纪 80 年代，全球化的思想就已经占据了中心地位，用来指代相互依赖的全球经济空间的创立，也用来指代全能的、在全球运作的、各国和各个边境之间的金融与商业资本主义。

唯经济体（le tout économique）

20 世纪 70 年代，自由主义思想的崛起为经济全球化做好了铺垫，首个以国家为单位的重要试验发生在智利。在 1973 年军事政变后，皮诺切特启用了"芝加哥男孩"，即美国经济学家米尔顿·弗里德曼的学生们来治理国家。因此，智利成功的经济可以被视为一个窗口，展示了政治独裁与市场可以很好地并存。① 1980年里根主政美国，1979 年撒切尔夫人当选为英国首相，这清楚地象征着自由主义经济学派的成功，这个学派支持的政策为发展中国家创建了大型国际金融机构（世界银行、国际货币基金组织）。首个"结构调整"计划涉及 1979 年的塞内加尔，而 1989 年柏林

---

① 因此，20 世纪 90 年代中期，后共产主义俄罗斯的新企业经常要求了解智利的经验，建议在政治上实行专制，在经济上实行自由。参见阿力克谢·别列洛维奇、米歇尔·维沃尔卡：《下层的俄罗斯人》，门坎出版社（Alexis Berelowitch et Michel Wieviorka, *Les Russes d'en bas*, Paris, Le Seuil, 1996）。

墙的倒塌导致了"休克疗法"的实施，如在莱舍克·巴尔采罗维奇领导下的波兰。

这些经济政策及其思想动力的实质，仍然隶属于主权国家范畴，哪怕是国家在接受国际机构援助（限制）的情况下。问题的关键在于这些政策结束了国家大规模的再分配，对东欧国家中存在的国家福利进行清算或使其缩水，借此促进市场（主要是国内市场）发挥作用，并严厉打击通货膨胀。

这个自由主义的时代在意识形态上为后续作了准备，但是还不属于任何形式的"全球化"：所有行动都在民族国家的框架内构思，有待解放的经济力量在国内是受到压制的。需要以内部清洗的模式来弱化被视为有害的国家的社会角色，减少国家对经济的直接干预——全球经济力量将带来"全球化"，并从国家外部对其施加影响。从自由主义到新自由主义的过渡就发生在这里。

起初，全球化让人想到的是一个由金融与商业资本主义力量带来的、与新自由主义意识形态崛起相结合的不可避免的经济现象。全球化是一种无疆界资本主义的胜利，它藐视国家，以建立开放的全球性的市场。金融强权在其中所向披靡，毫无政治阻拦。比如，对于达尼埃尔·耶尔金和约瑟夫·斯坦尼斯劳来说[1]，全球化意味着撒切尔和里根推动的市场对国家的报复，意味着私有化、

---

[1] 达尼埃尔·耶尔金、约瑟夫·斯坦尼斯劳：《制高点》，西蒙·舒斯特出版社（Daniel Yergin et Joseph Stanislaw, *The Commanding Heights*, Londres, Simon and Schuster, 1997）。

放松监管、自由化，意味着《布雷顿森林协定》① 以来的全球经济体系的制度性崩溃。在这个视角下，全球化是在经济力量的作用下，在全球发生的去制度化进程。这种去制度化也影响了诸如国际货币基金组织和世界银行等机构的运行，即使是仅就提供和强推了一种经济学说而言。1989 年，经济学家约翰·威廉姆森（John Williamson）称之为"华盛顿共识"②。

随着苏联阵营的坍塌，思想的运动向着对此类图景有利的方向加速前进，在戈尔巴乔夫主政苏联（1985）以及他的两个政策——透明（Glasnost）与变革（Perestroika）出台后，这个进程有了清晰的表达。因此，弗朗西斯·福山说，就在 1989 年柏林墙倒塌的那一刻，他有了这样一个想法，他坚信民主与市场全面胜利的时代已经到来，即"历史的终结"，后来他以此命名的书获得了巨大的成功。在这个背景下，一个强大的思想运动被更广泛地建立起来，或者说被加速建立，宣告着世界摆脱了冷战，进入了一个新秩序。那个时期，许多人都相信全球市场的统一，但是也相信国家不可避免地过时了。同时人们看到，资本的自由流动使得企业能够根据自身的经济利益需求将他们的生产活动安置于全

---

① 1944 年 7 月 22 日的《布雷顿森林协定》大体上确定了战后国际货币金融体系的运作方式。

② 约翰·威廉姆森的"华盛顿共识"这个说法获得了广泛认可，特别是极端左派的认可。他用此说法来指那些为了使危机困境中的国家推进经济改革，美国国会、国际货币基金组织、世界银行和各个智库所一致同意的学说的总称：紧缩财政、开放金融贸易市场、私有化、放松管制等。

世界任何地方。

在整个20世纪90年代，充斥着以全球化为主题的文章和著作。首当其冲的作者是经济学家，他们中一部分是新自由主义者，另一部分是批判和忧虑派。罗伯特·莱许（克林顿的助手，曾任劳工部长）出版了一本《全球化经济》来描述这个世界：经济无国籍，没有落脚国；国家失去了主权，政治权威无法与资本主义无边的力量抗衡，无政府主义、暴力、法治缺失已经成为威胁。法国记者维维安·福莱斯特（Viviane Forrester）所著的《经济恐惧》是一本警世之作。该书虽被经济学家们大加挞伐，却给公众舆论带来了可观的影响。

其次是历史学家，他们也参与到这个思想的进程，特别值得一提的是保罗·肯尼迪 ①。根据他的观点，在我们所生活的业已终结的世界中，挑战不再是军事的和意识形态的，而是人口、环境、技术和金融的。在他看来，国内政治为主、唯国家意志而动的时代过去了。政治学家也参与到对这些变化的分析当中。詹姆斯·罗斯诺在他的一本经常被引用的书中谈到"漩涡"②（turbulences），即在外交和强国行动基础上的源自"威斯特伐利亚秩序"③（ordre westphalien）的国际政治传统舞台上，增加了一个新

---

① 保罗·肯尼迪：《为二十一世纪作准备》，奥迪勒·雅各布出版社（Paul Kennedy, *Préparer le XXIe siècle*, Paris, Odile Jacob, 1999［1994］）。

② 詹姆斯·罗斯诺：《国际政治漩涡》，普林斯顿大学出版社（James Rosenau, *Turbulence in World Politics*, Princeton, Princeton University Press, 1990）。

③ 源自《威斯特伐利亚条约》（1648），该条约确立了主权民族国家是国际法的基础。

舞台，它也可能是来取代旧秩序的。这个新舞台不排斥政治，而是在一个跨国公司、非政府组织以及负责协调关系的权威机构相互交错的空间内上演跨国政治。社会学家、人类学家也不甘落后，引入了全球化的不同形象，作为他们分析的核心。分析这个进程的出发点和描述工具多种多样，包括文化的、政治的，而不仅仅是经济的。

　　所有这些并不意味着"全球化"的概念毫无争议地被接受。因为在同样的历史背景下，一个似乎很遥远的形象走来了。根据经济全球化的事实，并没有提出全球统一的想法，而是形成一个碎片、断裂和最终成为主要冲突的观念——"文明的冲突"（choc des civilisations）。这一观念由美国政治学家萨缪尔·亨廷顿在他的一篇影响广泛的文章中提出，在他 1996 年的一本同名畅销书中得以阐释。[①] 2001 年"9·11"恐怖袭击后，这个概念又在 21 世纪的前十年得以重提，并影响巨大。亨廷顿将观点集中于伊斯兰世界与西方世界的冲突，他的观点与构建全球化的经济主义截然相反。他在分析中引入了文化和宗教的内容，并将其置于核心位置。是否从此就应当将主张统一观念的"全球化"（经济学观点）和强调冲突甚至战争观念的"全球化"对立起来呢？事实上，这会犯下两个错误。第一个错误是盲目：正如 20 世纪 90 年代最具有批

---

　　① 《文明的冲突?》这篇文章 1993 年刊登于《外交事务》杂志（*The Clash of Civilizations? Foreign Affairs*, 1993）；该著作于 1997 年被翻译成法文，奥迪勒·雅各布出版社（*Le Choc des civilisations*, Paris, Odile Jacob, 1997）。

判性的著作所指出的，"全球化"产生了各种痛苦，它让经济范畴独立，因此带来了严重的社会排斥、自我身份退缩、身份碎片化等现象——在这个视角下，"文明的冲突"与痛苦现象有着紧密的联系。第二个错误是伊斯兰世界和西方世界之间并非没有关联，不能仅仅用一个"冲突"就定义它们之间的关系，正如尼吕菲尔·戈尔所展示的那样，它们之间还有相互渗透——西方社会中伊斯兰的存在、伊斯兰社会的现代化，而并非仅以极端化、族群化和暴力的形式出现。①

除了被考虑进来的文化与宗教因素外，关于全球化的其他观念也诞生了，它们也不把全球化仅仅简化为一个唯经济体的形象。

全球与本地

对于马克思主义地理学家大卫·哈尔威而言，全球化指的是一个"时空双重压缩"的概念。② 通过现代通信工具，从今往后所有事物都在全球范围内，以前所未有的速度流通。这样的方法打开了一个巨大的思考空间，将地域的空间问题、流动问题以及

① 尼吕菲尔·戈尔：《相互渗透——伊斯兰和欧洲》，加拉德出版社（Nilüfer Gôle, *Interpénétration. L'Islam et l'Europe*, Paris, Galaade, 2005）。

② 大卫·哈尔威：《后现代性的条件——对文化变迁根源的深入探究》，布莱克维尔出版社（David Harvey, *The Condition of Postmodernity. An Enquiry into the Origins of Cultural Change*, Cambridge, Mass., Blackwell, 1990, p. 240）。

文化问题放到了关键位置。以此种方式，我们构建我们自己的身份属性，构建我们的想象对象。在这个视角下，技术扮演了重要的角色；在各个领域里，无论是企业运作还是社会运动，甚至是政治活动，网络将被描述成集体生活组织的最佳形态。如果说有一个领域，全球化是不可置疑和无法拒绝的，那么它一定是通信和监视领域。这个领域是受美国控制的吗？许多人是这样认为的，无论是出于控诉现行的美帝国主义的目的——控诉它的单边主义，还是更为温和地认为全球化有一个中心，而不是多极和多边的现象。

此外，根据曼纽尔·卡斯特尔斯（Manuel Castells）的建议命名的三部曲，信息时代借助微电子技术、信息技术和数字通信技术，将通信技术和最现代化的运输与组织内部或组织之间的越来越多的网络结合起来，与网络的网络结合起来。卡斯特尔斯解释道，今后，在全球化和身份之间，在网络与个体之间，存在着辩证的张力。

我们在大卫·哈尔威的话中看到，空间不是唯一的问题，他在分析中还引入了时间维度。从此，"全球化"表现为重塑人与过去和未来的关系的现象，特别是历史学家弗朗索瓦·阿尔道格（François Hartog）所称的"当下主义"（présentisme）、无能力思考历史以及将一切都带入当下的趋势，同时推动弗雷德里克·詹

第二讲　全球思维

姆森（Fredric Jameson）所提到的"对当下的怀旧"①——人类学家阿尔君·阿帕杜莱说，消费变成了"日常行为，在商品的世界里，怀旧与想象都来自消费"②。

除无疆界的经济力量的形象外，还加入了其他更加复杂的形象，因为经常需要将人类的个体和集体经验放置于不同空间和更新的时间性中。于是，自 20 世纪 90 年代前期开始，社会学家洛朗·罗伯逊就建议谈论"全球本地化"（glocalisation），意思是说现代经验让全球的维度和地方的维度结合起来。③

文化全球化之"想象的共同体"

"文化维度处于'全球化'进程的中心"④，阿尔君·阿帕杜莱如是说，他从中看到了决定性的现象：媒体的勃兴"使得集体想象有可能产生新的和未被预见的发展"⑤。

这段评语让我们可以衡量 20 世纪 80 年代以来所走过的路。

① 由阿尔君·阿帕杜莱引用：《殖民主义之后——全球化的文化后果》，帕约出版社（Cité par Arjun Appadurai, *Après le colonialisme. Les conséquences culturelles de la globalisation*, Paris，Payot，2001［1996］，p. 125）。

② 阿尔君·阿帕杜莱：见前注，p. 131。

③ 我们主要在迈克·费泽斯通、斯科特·拉什和洛朗·罗伯逊的著作《全球现代性》一书中找到上述观点，Sage 出版社（Mike Featherstone, Scott Lash & Roland Robertson, *Global Modernities*, Londres, Sage, 1995）。

④ 迈克·费泽斯通等：见前注，p. 11。

⑤ 迈克·费泽斯通等：同上。

人类历史学家本尼迪克·安德森提出思考民族作为"被想象出的共同体"（communauté imaginée），其成员拥有一个共同的想象，这个想象由印刷术，特别是平面媒体，也由时钟和日历所塑造。[①]正如阿帕杜莱所分析的那样，伴随全球化的的确是一个"被想象出的共同体"。但是这些共同体不再是在安德森所使用的民族国家框架内运作，因其作品涉及的是与我们时代不同的其他历史时期。安德森所建议的研究模式仍在应用，但是在另一个民族尺度上，在另一个技术背景之下：对于阿帕杜莱而言，由于有了电视、电影、互联网，共同体想象的空间变为了整个世界。从民族国家框架，我们过渡到了世界的框架内。它由跨国的公共领域构成，有些是不稳定地、短暂地产生于某一事件中，另一些更稳定、更长久，通过互助的形态结构化。他评论道，这是一些"被放逐者的公共空间"，换言之，移民聚居类型的网络，其中的"公众"并不在国境线框定的范围之内。

这个杰出的观点有一个弱点：它让人以为每个人都有可能在全球文化的空间内游走，隶属于一个聚居类型的网络。它所指的全球化为每个人拓宽了重新获取文化符号或者文化因素的可能性，无论是从接纳移民的国家的主导群体那里借来的，还是来自其他什么地方，全球化是一个对所有人开放的重新诠释、重新组合的

---

① 本尼迪克·安德森：《民族的想象——思考民族主义的起源和腾飞》，发现出版社（Benedict Anderson, *L'imaginaire national: réflexions sur l'origine et l'essor du nationalisme*, Paris, La Découverte, 1996 [1983]）。

文化进程，因此非常有利于创造。新的"被想象出的共同体"的成员并不隶属于再生产逻辑，而是来自一个完全包容创造新生事物的进程。但是这个方法并没有让我们对另一些人有任何了解：那些全球化的受害者，他们不参加流动，虽然被这个流动世界所排斥，但通过所获得的影像，对这个世界的全面了解并不少。

的确，"想象"越来越"全球化"，然而现实并不必然如此，在这里，就在这里，有一个全球化的重要维度。这就是经济学家达尼埃尔·科恩清晰地解释的维度，他指出在全球的范围内，对于南方国家最糟的悲剧，特别是非洲，不是被剥削，而是被忽略，被视为无用[1]。这个观点让他引用保罗·巴伊罗什的话显得更有分量："富裕国家不需要贫穷国家，这对于贫穷国家来说是个坏消息。"[2] 还有贝尔纳·库什内尔（Bernard Kouchner）的话："病人在南方国家，药品在北方国家。"[3] 全球化让人感到新鲜的并不是富裕国家当中也有贫穷和排斥的空间——通常在大都市的核心地带，而是贫穷和被排斥的人，包括在最遥远的南方国家的人，都获得了全球的想象。他们收看向全世界转播的虚拟节目，通常能实时了解只属于发达国家的图景："通过远郊的火车或者电影，无论是在巴黎还是开罗的郊区，在墨西哥还是中国的郊区，人们都

---

[1] 达尼埃尔·科恩：《全球化与它的敌人》，格拉塞出版社（Daniel Cohen, *La Mondialisation et ses ennemis*, Paris, Grasset, 2004）。

[2] 保罗·巴伊罗什：《经济历史的神话与悖论》，发现出版社（Paul Bairoch, *Mythes et paradoxes de l'histoire économique*, Paris, La Découverte, 1994, p. 63）。

[3] 达尼埃尔·科恩：见前注，p. 225。

把目光投向全球。而世界在忽略他们。"①

一个非对称性的关系成了全球化的特点，因为到处都在看世界。如果说形成了前所未有的共同体，因为是想象的和全球的共同体，一方面许多个体不属于任何一个共同体，另一方面，并不是收看了电视节目图像和符号就能够获得内容和意义。在世界的意识和它自身的存在之间，在想象和具体生活之间存在着差距，可能导致明显的失落感——我们将看到，在这方面存在着一个重要的极端主义和伊斯兰运动恐怖主义的来源。

全球化并没有遵守它的承诺，达尼埃尔·科恩写道："它创造了一个奇怪的世界，营造了被剥削感，却没有或很少剥削；它给出一个新的国与国之间临近的假象，而这只是虚拟的……它指的既是某种缺失：最穷困的人无法融入全球资本主义，也是某种过剩：北方国家的存在成为经济发展挥之不去的地平线。"② 全球化改变了全世界的期望与期待，但它并不给所有人参与分配成果的机会，它并不必然促进个体或群体行动能力的提升。

因此，关于全球化文化和想象维度的思考，使我们拒绝接受过于简化的纯经济的理论，把全球化简化为被松绑的资本主义的扩张。我们用这个词所指代的东西只能是复杂的，它不仅要考虑到正在进行的文化生产进程，以及全球参与全球化的想象或"想

---

① 达尼埃尔·科恩：见前注，p. 126。
② 达尼埃尔·科恩，见前注，p. 256。

象的共同体"，还要考虑到这些现象所带来的期待、失落甚至是痛苦。

争论中的跨国主义

对全球化中文化维度的考量几乎自然地引起了我们对当代世界重大的移民问题的兴趣。因为与某种社会学悲惨主义不同，移民并不仅仅是指非法偷渡客的悲惨形象，这就是米歇尔·佩拉尔迪所称的"偷渡主义"（paterisme）："来自绝对的警察逻辑，甚至视移民行为为犯罪的，又包含了同情怜悯和刻板印象的观念，他们将视线和思想集中于来欧洲的偷渡客身上，而贬损了大多数马格里布国家、非洲与欧洲之间的流动形式和动机。"① 诚然，移民经常是一种肝肠寸断的体验，它一般包含了一定量的痛苦和困难，但是它不仅止于此。此外，与一些偏见不同，移民并不一定带来失去身份认同的遗憾，随着大众或者消费社会的解体，移民是被纳入大众文化产业的均质文化，移民还伴随着文化或宗教形式的再生产，还有与流动、迁徙、去本地化、社会流动相关的新的文

---

① 米歇尔·佩拉尔迪：《从偷渡到跨国主义：当代摩洛哥移民运动的社会形态和政治形象》，原载《人与移民》杂志（Michel Péraldi, Des pateras au transnationalisme: formes sociales et image politique des mouvements migratoires dans le Maroc contemporain, *Hommes et migrations*, juin 2007）。偷渡（pateras）一词原指从摩洛哥上船的非法移民试图到达欧洲的行为。

化形式的产生。

从此，距离和外在的异域风情让位于此时此地的相异性。应当从创造性的角度分析移民，而不仅仅是从他们的贫穷与困境来分析；应当从文化层面来看，而不仅仅从经济与社会角度观察。当然也不能仅仅从他们流动的角度来审视。这也是最近几个展览当中所呈现的，往往比有些著作更有说服力。①

今天，大量的著作都在研究具体的内容，考察具体的经验。这些著作抛弃了过于简化的想法，认为总体上移民可以简化为一个现象：一些群体或个体离开一个原住国，到达另一个国家（该国成为接待国）；在一两代以后，通过纯粹而简单的同化，或者至少通过融入，这些移民"熔解在某个大熔炉"内，只保留了某些特殊的文化痕迹、饮食习惯等。在全世界，人们都能观察到非常不同的现象——我们在本书中还会提及，但这些现象都有一个共同的特点，那就是流动。决定论和统一论模式只愿意考虑离开出发国和到达目的国，而许多的流动动机都不属于这两种模式。移民现象的多元性和异质性特点也是全球化的一个维度。因为所有这些迁移都与原住国的社会流动有关，也与途经国和目的国的社会流动有关。这在很大程度上得益于或归因于经济全球化，

---

① 让我们以两个展览为例：伊冯·勒伯特（Yvon Le Bot）2002 年在拉维莱特公园（Parc de La Villette）举办的"印第安人：恰帕斯—墨西哥—加利福尼亚"（展览目录：livre-catalogue，Montpellier，Indigène éditions，2002），另一个是墨西哥城市博物馆 2006 年的展览——"大家都是移民"（Todos somas migrantes，Museo de la Ciudad，Mexico，2006）。

归咎于国家角色的弱化——无法控制移民流，出发国和目的国政府都如是。金钱和商品经常在边境流动的逻辑，促成了阿里汉德罗·珀尔泰斯以及阿兰·达利于斯所称的"底层的全球化"。[①] 因此在 20 世纪 90 年代展开了一场关于"跨国主义"概念的辩论。

辩论的内容并不都是新鲜的。早在 20 世纪 60 年代，就有声音提出应当关注移民的主观和文化经验以及他们的流动。[②] 今天也一样，"跨国主义"的观念指相关人的流动，他们在两个或多个国家之间移动，直到实现去本土化。阿尔君·阿帕杜莱在该现象中看到了"现代世界的主要力量之一，因为移民为相对富裕国家的下层领域和空间带来了勤劳的人群，有时还引起这些人对来源国政治的极端批评或极端捍卫"。[③] 他还补充道："对我们今天所称的去地域化的文化动力，迫切需要引起关注。这个说法不仅适用

[①] 特别参见阿里汉德罗·珀尔泰斯：《来自底层的全球化——跨国社群的兴起》，普林斯顿大学出版社（Alejandro Portes, *Globalization from Below: The Rise of Transnational Communities*, Princeton University, 1997, p. 1-25）；阿兰·达利于斯：《自下而上的全球化》，巴朗出版社（Alain Tarrius, *La Mondialisation par le bas*, Paris, Balland, 2002）。

[②] 特别参见菲利普·梅耶：《移民与非洲城镇研究》，原文载于《美国人类学》杂志〔Philip Mayer, Migrancy and the Study of African Towns, *American Anthropologist*, 64（3）: p. 576-592., 1962〕，其中写道："移民流总是一起跨越边境，从这边流向那边，又从那边流向这边。最好的办法就是研究移民本身，描绘他们的个人关系网络，考虑到他们在不同结构系统中的角色。"（p. 577）由尼古拉·德·玛丽亚·哈尔内和罗莱塔·巴尔德扎引用：《跟踪跨国主义——移民及其未来》，刊载于《民族与移民研究学报》〔Nicholas De Maria Harney et Loretta Baldassar, Tracking Transnationalism: Migrancy and its Futures, *Journal of Ethnic and Migration Studies*, vol. 32, no 2, mars 2007, p. 189-198（p. 191）〕。

[③] 阿尔君·阿帕杜莱：见前注，p. 74。

于跨国公司和金融市场，也适用于民族群体、教派运动和政治派别，因为它们的行动模式越来越超越特定地理界限和身份。"①

"移民的跨国主义"（immigrant transnationalism）这个概念首先被人类学家广泛使用，如尼娜·格里克-席勒、琳达·巴什和克里斯蒂娜·灿通，他们用它来表达与过去产生断裂的东西：今天的移民保持、建构和强化与来源国的多元纽带。② 这个概念继而被推广开来，虽然在不同作者那里，其用法有着细微的差别，但仍可以描绘出一个跨国主义范式的图景③，围绕以下五个要点展开：

①不能在单一国家的有限框架下理解移民和融入的进程，无论是来源国还是接纳国；

②不应将移民运动看作必然是单向的，应当承认它们是潜在多元的、永远在变动的，可能会涉及多个国家；

③移民和包容或定居是动态而不可分割的过程；

④应当从多个层面解读这些现象，从行动层面或者个人主观性层面，直到民族与国家层面，还有族群的层面；

⑤没有任何理由去偏向分析一个关系维度而轻视另一个，这

---

① 阿尔君·阿帕杜莱：见前注，p. 90。

② 尼娜·格里克-席勒、琳达·巴什和克里斯蒂娜·灿通：《迈向跨国主义视角的移民——种族、阶层、族裔和民族主义的再思考》，纽约科学院出版社（Nina Glick-Schiller, Linda Basch et Cristina Szanton-Blanc, *Towards a Transnational Perspective on Migration: Race, Class, Ethnicity and Nationalism Reconsidered*, New York, New York Academy of Sciences, 1992）。

③ 我此处依照了克莉丝蒂娜·英格利斯的图表：《在不确定环境中的跨国主义——移民、政策与理论的关系》，刊载于《政策与理论》杂志（Christine Inglis, Transnationalism in an Uncertain Environment: the Relationship between Migration, Policy and Theory, Juin 2007）。

些关系可能是经济的、家族的、政治的、宗教的，等等。

对跨国主义的批评，如罗杰·沃定格和大卫·菲茨杰拉德所做的那样，并未质疑经验研究的发现，即移民现象在来源国与接纳国之间存在多种多样的关系形态。① 这些批评强调，不了解相关国家干预的情况，就不能正确理解这些关系——这些国家的社会政策、就业政策、国民身份管控政策，对出入境的某些控制以及国与国之间的关系。移民运动明显受到各类政策的左右。此外，不能混淆跨国主义与国际主义的概念。跨国主义使得相关的移民变为新社群的成员，甚至是"跨国公民社会"② 的成员。说得绝对一点，跨国主义对移民的定义脱离了任何民族社会内部的基点，无论是来源国的，还是接纳国的，超越了这个类型的归属，也可以与对一国或另一国缺乏忠诚度相类比。然而，如果存在这类四海为家主义，特别是对于高资质劳动者或相关专业需求量大的技术人员而言，如果移民从头至尾完整地创造出他们的想象的共同体（communauté imaginaire），而不需要以民族为基础坐标，与任何嵌入国家的现行稳定的社群都没有关联，那么在大多数情况下，流动的移民将他们的各种属性结合或关联起来，在这里或那里保

① 罗杰·沃定格、大卫·菲茨杰拉德：《提问跨国主义》，刊载于《美国社会学学报》（Roger Waldinger et David Fitzgerald, Transnationalism in Question, *American Journal of Sociology*, vol. 109, no 5., mars 2004, p. 1177–1195）。

② 根据安·M. 弗洛里尼所用的表达法：《跨国主义公民社会的兴起》，原载《卡内基资助世界和平研究》（Ann M. Florini, The Rise of Transnational Civil Society, Washington D. C., *Carnegie Endowment for International Peace*, 2000）。

留一些特殊的联系，而许多其他移民则遵循正统的同化或融入模式。此外，批评让人质疑这一现象的特点的新颖性，而跨国主义概念声称明晰了这一特点——一切不都是新的，这里的新事物是为了维持国家之间的关系，现行技术让人员流动和沟通的可能性不断增加。

和过去不同，全球化划出的经济与社会空间和国家与民族空间不相重合。"跨国主义"概念的意义在于移民在这些空间内以各种方式流动。与齐格蒙特·鲍曼（Zigmunt Bauman）所珍视的"流动性"（fluidité）比喻给人的想象不同，这种流动既不是流畅的，也不是无处不在，更不是涉及所有人。因此，在某些似乎风雨不透、铜墙铁壁（路障、带刺的铁丝网、瞭望塔等）的边境附近，流动的情况是基本阻滞或呈漏斗形的，然而就是在那里，移民量却是最大的，并发展出规模可观的合法和非法的商业活动，甚至在全球化经济生产的要求下，产生了工业企业，一如在出口加工区那样。这些由最为"全球性"的资本催生出来的工厂就在墨西哥，至少在一开始建立的时候，紧邻美国边境。这样的情况是全球化和各国的抵抗造成的悖论式的结果。

但是，让我们不要把关于跨国主义的争论局限在文化和社会维度。正如詹姆斯·贝克福德令人惊讶的点评："因研究全球化著称的社会学家们（当然除了 R. 罗伯特森和 P. 贝尔）在很大程度上（他举了阿尔布劳、比克、卡斯特尔斯、哈尔威的例子）对宗教不感兴趣。这种沉默（或者是忽视）令人惊讶，正如全球化专家把宗教问题视作令人兴奋的个案一样。"[1] 长久以来，宗教就是全球的，但是宗教新近的变化使它参与到一个新纪元当中——一个以网络复杂化和密集化、相互关联增多和跨国宗教行为体的角色强化为特征的新纪元。各大宗教的传播中心变得多元；教徒不仅接受杂糅和诸教混合的本地逻辑，也更容易从一个宗教转向另一个宗教。宗教的全球扩张和流动的逻辑变得越来越多边化，越来越嵌入到经济的策略和算计当中。例如五旬节教派运动，"在新教逻辑方面，比其他教派运动走得更为极端，独立宗教领袖-经营者的形象在全球化进程中占据核心地位"[2]。在巴西的非洲宗教也进入了全球化，它们实现了去地域化，与原初的基础分离，变得更加实用主义。它们在高度竞争的魔法宗教类产品市场内，根据功效获得评价，它们从"同一个民族和社会群体在炙热和躁动中的族群表现、身份表达，转化为由来自不同的族群、社群和国别的人构成的面向抽象市场的抽象产品"[3]。在这个场景下，宗教变为市场的一个供给，远离了经典的体制（这一点对于基督教派而

---

① 詹姆斯·贝克福德：《关于现代性和宗教全球化关系的社会学视野》，收录于让-皮埃尔·巴斯蒂安、弗朗索瓦·尚皮翁和凯西·罗斯莱特：《宗教问题的全球化》，阿尔马当出版社（James Beckford, Perspectives sociologiques sur les relations entre modernité et globalisation religieuse, in Jean-Pierre Bastian, Françoise Champion et Kathy Rousselet, *La Globalisation du religieux*, Paris, L'Harmattan, 2001, p. 74）。

② 让-皮埃尔·巴斯蒂安等：导言，见前注，p. 14。

③ 罗贝托·莫塔：《去地域化、标准化、聚居区和身份——关于非洲-巴西宗教的问题》，收录于让-皮埃尔·巴斯蒂安等：见前注，p. 63（Roberto Motta, Déterritorialisation. standardisation. diaspora et identités: à propos des religions afro-brésiliennes, in Jean-Pierre Bastian et at., op. cit., p. 63）。

言特别清晰），宗教的传播也越来越多地借助现代媒体。此外，宗教的全球化还是一个与政治霸权不断关联的现象，比如欧洲殖民扩张时期的例子。

世界的再制度化（La réinstitutionnalisation du monde）

20 世纪 90 年代的讨论通常带有两个阵营对立的味道。根据新自由主义学派基础或意识形态以及结论，讨论分为经济全球化的"敌人"和"朋友"。"敌人"们提出了各种批评[①]：全球化是国家衰弱和失去主权的源头，其结果是国与国之间以及各国内部的不平等现象加剧。它侵蚀着社会保障体制以及所有与福利国家相关的东西。它给员工带来了巨大压力，将股东短期收益的要求强加于人，由此产生了贫困，生产效率提高和工资增长脱钩。此外，它还是文化均质化的原因，也是大众消费作用下文化贫瘠化的罪魁祸首。它所要求的统一化渗透到劳动与企业当中，正如乔治·李策尔通过麦当劳管理与组织方法的普遍应用所展示的那样，这让人想起"社会的麦当劳化"[②]。它同时也是文化碎片化的根源，

---

① 参见约瑟夫·斯蒂格利茨：《大失落》，法雅出版社（Joseph Stiglitz, *La Grande Désillusion*, Paris, Fayard, 2001）。

② 乔治·李策尔：《社会的麦当劳化》，Pine Forge 出版社（George Ritzer, *The McDonaltization of Society*, Londres, Pine Forge, 1993）。

与它产生的恐惧和失落感相联系，导致了宗教的民族主义的身份认同退缩的倾向，并更广泛地导致了各种形式的社群主义。这些批评往往还被另一个元素所强化，那就是对美帝国主义的控诉，一方面控诉霸权主义或者美国统治，另一方面控诉全球化，就好像这两者是一回事。

用阿兰·曼克（Alain Minc）的话来说，捍卫全球化的说法往往看上去像是一篇"幸福的全球化"的辩护词，因为据他的描述，全球化创造了所有人都可以享用的财富。也有一些更精细的分析要求人们不要将全球化简化为金钱力量无止境、无规则的发展，而是要看到新形成的跨国政治和法律空间，非但没有取代威斯特伐利亚时代的传统空间，反而将其扩大，这带来了新生事物，让我们看世界的方式更加具体了。因此艾力·科恩[①]（Élie Cohen）要求人们思考不同层次的政府治理和政治活动，人们不要再把跨国或超国家空间留作真空，问题在于在"世界、区域、国家、政府之间如何衔接……"。艾力·科恩还问道："在一个不断对交往开放的世界里，如何让规则和政府匹配？"[②] 如何解决贸易往来的规则问题？科恩提到了需要解决"制度设计问题"，以使"贸易逻辑、社会限制、环境局限和保护文化多样性协调

[①] 艾力·科恩：《世界经济秩序——论经济规制权力部门》，法雅出版社（Élie Cohen, *L'ordre économique mondial, essai sur les autorités de régulation*, Paris, Fayard, 2001）。

[②] 乔治·李策尔：见前注，p. 10。

起来"①。

21世纪初,人们遇到了越来越多这样的担忧。比如帕斯卡尔·拉米——当年的欧盟委员会负责国际贸易事务的委员,就提出过用什么方法协调全球化逻辑(自由贸易和开放经济)和集体偏好的国家逻辑,即在如环境、死刑、粮食安全、文化多样性认同、公共服务等问题上,每个国家做出自己的选择,获得自己的身份认同、自己的价值体系、自己的"集体偏好"。②

分析试图逐步理解超国家空间运作的方式。社会科学不再将自己的研究主要甚至完全局限于民族国家及其相互关系的框架之内,而是拉开一定距离,从整体上来审视它们的建立和制度化所依赖的方式。社会科学更多地学习如何摆脱影响,开辟新的视野。正因如此,传统国际关系让位于新的视角:"国际关系的传统观念是建立在国内发生的事情(属于社会学分析范畴)和国际上发生的事情(超越各国社会,体现了国际事务相对于社会事务的外在性)之间的巨大差别的基础上的。"③今天,社会学面对的社会行动或社会关系的空间和形态侵入了"国际关系"的传统空间,结束了国家近乎垄断的角色。在此之前,国家是这个空间里的唯一

---

① 艾力·科恩:见前注,p.11。

② 帕斯卡尔·拉米:《全球化与集体偏好:和解?》,实时出版社(Pascal Lamy, *Mondialisation et préférences collectives: la réconciliation?*, Paris, En temps réel, octobre 2005)。

③ 贝尔纳·萨迪:《国际关系新方法和宗教事实》,收录于让-皮埃尔·巴斯蒂安等,见前注(Bertrand Sadie, Nouvelles approches des relations internationales et du fait religieux, in Jean-Pierre Bastian et al., op. cit., p.265)。

行动者。一些学者对在新的超国家空间里活动的文化或社会行动者感兴趣，如各种非政府组织或另类全球化运动①；另一些学者对经济规制行动者及其真正的运作方式感兴趣，如世贸组织。艾力·科恩说，关于世贸组织、国际货币基金组织或者欧洲央行，存在着一个"全球性的初态经济政府治理"②。

这个思考也涉及法律领域：应当制定什么样的国际法才能够既不与各个国家对立，又不让各国垄断解决法律问题的手段？以米莱耶·戴尔玛斯-马尔蒂为代表的作者指出，超国家法官和法律的影响力伴随国家立法和行政权力的碎片化和失效而逐渐增强。她说，现在出现了"国际法律的司法管辖权化"（juridictionnalisation du droit international）以及"法官权力的上升"的现象，即便目前似乎没有国家的善意，一切都不可能实现，比如国际法庭的例子。③ 现在还有欧洲法院、联合国的各个委员会（首当其冲的是人权委员会）、上诉机关（如驻世贸组织的上诉机关）、仲裁机构、刑事法庭（如国际海事法庭），简言之，司法管辖空间不断生成，密度不断增加。人们甚至能够说，从宏观来讲，人权的

---

① 参见乔弗雷·普雷耶：《另类全球化运动中的主体、经验与专家意见》，博士论文，高等人文社会科学院出版社（Geoffrey Pleyers, *Sujet, expérience et expertise dans le mouvement altermondialiste*, Thèse de doctorat, Paris, école des hautes études en sciences sociales, 2007）。

② 艾力·科恩：见前注，p. 21。

③ 参见米莱耶·戴尔玛斯-马尔蒂的《法律的想象力》系列丛书，门坎出版社：第一卷《相对与普适》、第二卷《有序的多元》及第三卷《权力的重塑》（Mireille Delmas-Marty, *Forces imaginantes du droit*, Paris, Le Seuil, vol. 1 sur *Le Relatif et l'Universel*, vol. 2 sur *Le Pluralisme ordonné* et vol. 3 sur *La Refondation des pouvoirs*, 2007）。

进步来自国家以外，比如"干预权"。赛亿拉·本纳毕博写道，"移民、外国人和居民的公民权利与社会权利越来越受到关于人权的国际法律的保护"①。"拥有权利的权利"是汉娜·阿伦特的名句，这个权利不再仅是国家及其协议说了算，我们生活的时代经历了人权方面的全球规则的确立，也包括经济与商业的权利。一项不在国家单独控制之下的"全球"权利诞生了，这项权利并不完全依赖于议会的辩论与工作，而是随着协议的签署而发展，这些协议的参与者有非政府组织、大企业、国际机构等。正由于此，在像跨国企业雇佣的劳动力这样的例子中，劳工必须遵守这些公司制定的规则，这些规则甚至比他们所在国家的法规还多——这些国家的法律经常造成如工人积贫积弱和被过度剥削的现象，而不是过度保护。地域之间不再组合或关联，这项权利也变为了一项跨国或超国家的权利。

但是在一种司法形式和一项全球权利的兴盛中，我们不要低估了社会运动、人道主义行动者、科学家、慈善组织所带来的基层动员的影响力，它们采取的哪怕是很有限、很局部的一些行动，也会通过媒体对公共舆论造成影响，从这个角度而言，也会对关于权利的保护和司法在超国家层面的运行造成影响，这是仓泽冬

① 赛亿拉·本纳毕博：《主权的黄昏或全球规则的兴起?》，收录于米歇尔·维沃尔卡（主编）：《变迁中的社会科学》〔Seyla Benhabib, Crépuscule de la souveraineté ou émergence de normes cosmopolites?, in Michel Wieviorka（dir.）, *Les Sciences sociales en mutation*, op. cit., p. 183〕。

木在一本重要著作中所指出的。[①]

因此，说全球化让世界陷入了一个无边界市场与全球金融流动的无监管逻辑是不对的。贸易往来不仅受到周边关系的左右，同时——特别在超国家空间内——也建立和发展起了各种形态的规则、行动者体系、法律规范。全球化首先被视作强大的经济力量和集体生活形态之间的断裂，从某种意义上讲，马克思在说生产力的发展与生产关系相脱节的时候，曾这样描述了自己所处时代的资本主义。但是全球化也带有与这个断裂逻辑相反的东西，它适应并且在某种程度上进行制度建设，并扮演优秀的角色，让这些制度运作起来。这就是为什么诸如地理学家米歇尔·福歇的著作给出了全球化现象的图景，这不是市场和纯资本主义战胜国家的图景，而更多的是全球、国家和边界之间重新关联的景象。福歇说："自 1991 年起，超过 2.6 万千米的新国际边界诞生了，还有 2.4 万千米协议制造出来的用来圈定和区分的其他边界线。如果所有围墙、栅栏、金属隔离栏都竣工的话，它们会超过 1.8 万千米。"对米歇尔·福歇来说，威斯特伐利亚模式大行其道，它推行着一个"经济开放和地域巩固的辩证法"，而"全球化这个偶像崇拜般的词汇"有可能掩盖了最要紧的事情——世界地缘政

---

① 参见仓泽冬木：《全球司法工作》，剑桥大学出版社（Fuyuki Kurasawa, *The Work of Global Justice*, Cambridge, Cambridge University Press, 2007）。

治的重组。①

　　这次重组不只存在于光明的一面。再制度化的一面让各个行动者重构空间，这比起让位于真空或者丛林法则的混乱要好很多。但是酷刑也重新制度化了，如美国在关塔那摩实施的酷刑，为有组织犯罪开辟了新的道路，更不必说大型国际组织经常失信于人。超国家空间里是完全和谐的、循序渐进的、进步主义的制度——我们不会天真地接受这种描述。

全球化的终结？

　　20世纪90年代初以来，随着前南斯拉夫地区发生了可怕的暴力事件，至少是在事件前期，全球化的思想被弱化，民族主义、战争、国家干预占了上风。最为全球性的资本主义遇到的困难，当然也因为公共辩论中诸如社会不公正、排斥现象、不平等的加剧等社会议题的回归，无疑让人更快地意识到这个局面的翻新，特别是美国传出的几起丑闻，让人觉得腐败可以控制全球资本主义的核心。"幸福的全球化"看起来纯粹是一个神话，并且不再为

----

① 米歇尔·福歇：《边界线的执念》，佩兰出版社（Michel Foucher, *L'Obsession des frontières*, Paris, Perrin, 2007）。

诸如国际货币基金组织和世界银行这样的大机构总裁的讲话提供有利信息："华盛顿共识"长久以来被另一种思想所取代，如果没有对超国家公共空间的规制和干预，如果国家没有行动力，面对危机，即便是局部危机，全球经济也是不堪一击的。

2001 年"9·11"恐怖袭击事件标志着世界进入了一个新纪元。这个纪元其实在更早的时候已经开始，我们将在"恐怖主义"一讲中详细论述。战争、帝国主义和萨缪尔·亨廷顿所普及的"文明的冲突"视角一下子都清晰地显示出，这个世界没有被新自由主义或者新资本主义所统一，政治、战争、外交以及国家博弈都提上议事日程。一个新的历史阶段开启了：政治-军事的回归取代了表面上似乎胜利的经济；动用强力、国家角色重获伸张，取代了金钱的世界主义。在"9·11"恐怖袭击之后，美国与一些国家先后发动了反恐战争，投身于对阿富汗的军事干预，接着又陷入了伊拉克战争的泥潭。作为补充，巴以关系的问题、黎巴嫩战争问题也标志着国家、战争、外交和政治的回归——20 世纪 90 年代这个唯经济的时代已经过时，全球化不能单独驱动世界，它可能失去了中心地位。这个观点成为一种共识。

在这种新氛围下，全球化概念的一个重要维度，即与民族国家这一政治形态不可避免地衰落相关的说法，受到了越来越猛烈的批评，甚至被否定。因此非洲学家让-弗朗索瓦·巴雅尔质疑了全球化大获全胜的观点。就劳动力的流动即人力流动，或者是关于隶属于内政框架的物权的话题，他指出"当代资本主义还远不是'全球'的"①。将批评延伸得更远一点，巴雅尔撼动了一些成见，指出全球化是跨国关系，包括经济学家的市场与国家形成进程的套叠（imbrication）。国际关系理论家或者国际政治经济理论家首先强调说："全球化不是跨国关系（或市场）的过度增长而削弱国家的结果。它是貌似矛盾的原则的综合体。"② 为了使论述完整，他还补充说，全球化的雏形并不始于20世纪70年代，而是19世纪。

我们看到，全球化的概念作为具体的历史事实从各个方面受到批判，或是被介绍为复杂的现象。原有的思想过于简单，它仅将全球化视为金融或商业资本主义前所未有的腾飞，认为它能够扫清一切障碍，玩弄民族国家及其边界于股掌之间。有些人谈论全球化的终结，谈论一个从柏林墙倒塌到"9·11"恐怖袭击之间享有十几年荣耀时光的意识形态的衰落。在经济方面，或许需要承认这个概念过时了，批评的声音胜过赞赏，中国和印度在全球经济中确立了地位，但是采用的不是全球模式，而是"新兴"国家自有的行动逻辑。比如，像约翰·索尔那本书的名字一样宣布"全球化的死亡"，这一时机还没有到来吗?③ 说金融资本主义

---

① 让-弗朗索瓦·巴雅尔：《世界政府——全球化政治批判》，法雅出版社（Jean-François Bayart, *Le Gouvernement du monde. Une critique politique de la globalisation*, Paris, Fayard, 2004, p. 18）。

② 同上书，p. 31。

③ 约翰·索尔：《全球化之死》，帕约出版社（John Saul, *Mort de la globalisation*, Paris, Payot, 2006［2005］）。

的力量是唯一管用的，说这个新纪元是必然会到来的，也是人们所希望的——如果是为了强调这种最粗糙的话语的意识形态特点，那么我们还是不要再谈论全球化了。但是，并不能因为全球经济与今天全球化最简略的形象看上去完全不一致，就抛弃这个思想和词汇。相反，最好的经济分析要我们将现阶段理解为一个事实与思想真正接近的阶段，特别是如果人们愿意承认全球化并非必然是国家衰落的代名词的话。

最近米歇尔·阿列塔和洛朗·贝雷毕向我们展示了 1997 年亚洲金融危机"引发了世界经济相互依存结构的极端改变"①。直到那时，全球化主要还是在全世界保护西方资本主义的，实际上就是美国资本主义，在某种意义上，这个词指的是某种形式的统治，即由中心（恃"华盛顿共识"之强的美国）指挥各个新兴国家进行改革，以接纳国外投资。从那以后，"新兴国家在经济和策略选择问题上收复了主权"②。它们向发达经济体施加了巨大的影响，它们有自身的动力——它们的金融实力，它们出口商品。全球经济通过数个中心组织起来——至少有美国、欧洲、亚洲三个——并变得多极化。因此，今后的研究才有可能从全球化提出一个复杂的概念，而不是作为一个贫乏的过度简化的描述类别。

---

① 米歇尔·阿列塔、洛朗·贝雷毕：《全球资本主义中的混乱》，奥迪勒·雅各布出版社（Michel Aglietta et Laurent Berrebi, *Désordres dans le capitalisme mondial*, Paris, Odile Jacob, 2007, p. 7）。

② 同上书，p. 7。

这个概念拒绝在威斯特伐利亚参照系中分析问题方面的垄断，"威斯特伐利亚"是罗斯诺（Rosenau）所普及的形容词。这个概念还质疑乌尔里希·贝克谈到的"方法论的民族主义"[①]：贝克认为民族主义眼光是看问题的唯一角度。这并不意味着要选择传统的倾向于民族国家框架的方法，而非全球或跨国的视角，而是——尽管很微妙——要研究各种方法内部元素之间的联系、互相嵌套和解套的模式。萨斯奇雅·撒森写道，在全球化的核心，有"新的配置在扩散。地域、权威和权利的碎片，它们过去属于民族国家内部或者通常在超国家体系内部的更为分散的制度领域，而今天被整合在部分高度专业化的、以专门目的和用途为导向的特殊结构之中"[②]。全球思维是要将结构/重构的进程纳入分析当中，是要将内部的和外部的、全球或跨国逻辑和国家甚至地方的逻辑加以关联，并考虑到"空间与时间的双重压缩"，正如前文引用过的大卫·哈尔威的说法一样。这就不能将全球化局限于经济层面，而要将符号和想象的世界纳入全球化的概念，给予文化应有的位置：只有在想象的模式下，才能建立好与世界的关系，甚至是扎根的地方化的关系。今天，想象是全球性的、世界的，而过去是本国的。全球化不是一个单一维度的结果和高度可预见

---

① 乌尔里希·贝克：《什么是世界主义?》，弗拉马里翁出版社（Ulrich Beck, *Qu'est-ce que le cosmopolitisme?*, Paris, Flammarion. 2006 [2004]）。

② 萨斯奇雅·撒森：《地域、权威和权利组合的兴起》，收录于米歇尔·维沃尔卡（主编），见前注〔Saskia Sassen, *L'émergence d'une multiplication d'assemblages de territoire, d'autorités et de droits*, in Michel Wieviorka（dir.）, op. cit., p. 205〕。

的现象，也不是不可避免的命运，否则它将成为历史哲学的一个新概念。全球化混合了多种逻辑、多种维度，我们对人类永远不能说，不能参照"最佳道路"（"更糟道路"或许更贴切）。我们应当学习全球思维，越来越系统性地学习和使用全球化的复杂概念，这与对全球局势进行一次诊断不是一回事，当然也不妨碍人们做这样的调查。

社会学式的参与

社会科学有什么用？这个问题经常会带来有关城市生活的答案。如果说社会科学给社会带来了知识，它是否也同样对社会施加着影响呢？社会科学所带来的知识是否可以为各种社会行动者或中介者所使用，比如为政治权力所使用，也为它们的对立面所使用，又或者这些知识被媒体传播，是会将社会引向变革的方向，还是相反地将社会带向保守主义？生产这些知识的人是否被外部或者内部同行所诘问，抑或需要扪心自问：他们是否应当参与到某种政治立场中，他们是否应当接受关于社会科学研究动机这一事实，即知识的生产和政治性的动员密不可分？

众多社会思想家①，其中不乏经典名著的作者，在他们的一生中都或明或暗地将写作与政治行动关联起来。托克维尔曾任法国芒什省省长，他一生中的绝大部分时间担任议员，曾经在 1848 年短期担任外交部长一职；卡尔·马克思曾经是笔耕不辍的政治作家、革命领袖，而不仅仅是一位高产作家；马克斯·韦伯是参加 1918 年《凡尔赛条约》签字的德国代表团成员，也是后来魏玛宪法起草委员会的成员，他是德国民主党的创始人之一。

　　其他许多社会思想家，虽然没有如此清晰、如此持久地参政，也没有作为准政客出现，但也通过他们的作品对集体生活产生了重要的影响。如埃米尔·涂尔干，直到德雷福斯事件才真正参与政治，他为保卫人权联盟的建立做出了贡献。他非常注意将自己的学者生活与政治参与保持距离，泾渭分明。

　　长久以来，社会思想的参与问题围绕着两对主要的张力或矛盾展开。第一对矛盾是最基础的，即一类人拒绝所有的参与想法，他们认为关于社会问题，只有脱离了所有的斗争或政治活动才算是科学行为；相反，另一类人认为，不可能将分析和行动与知识或者至少是想法的生产及其传播截然分开。第二对矛盾关乎选择什么样的一般性理论来指导研究，强调社会科学的基本矛盾，各

---

　　① 在本讲中，为了避免时空颠倒，我们谈论经典著作的作者时用"社会思想家"来指代，对当代作者，我们用"学者"来称呼。这两者之间的界限很难划分。让我们这样说，今天，一位学者会因被列入"社会思想家"而感到惊讶，而昨天，"学者"一词会显得不合时宜。

种不同的观点包括社会的、体系的、整体的、个体的、行动者的、主体的。很明显，根据他们倾向于某一个视角，根据他们对社会或者个体、行动者或者系统、全部主体或者每个主体更感兴趣来区分，社会思想家们的参与行为也各不相同。

　　将社会思想家或者学者的理论选择与他可能的参与行为的属性搭上关系，人们实际上创造出一堆不平衡的对立关系，因为在大部分情况下，社会科学，特别是社会学与政治学，都曾长期倾向于社会的观点。许多社会思想家忧虑社会行为体的整合，担忧社会、国家和民族的高度统一，也忧心于政治——通常是国家——要占有中心地位。他们为君主作参谋，或者质疑权力，甚至去筹备一场革命式的决裂，或者投身于受压迫人民和民族的解放事业。但是我们看到，全球化的提速对由国家以及与国家有很高同质性的民族和社会所构成的分析框架提出了质疑——今后我们要学习全球思维。在这种条件下，全局或者系统的观点必然会移位，远离社会，面对全球或至少是一个广泛的区域，面对众多跨国网络，这是对远离"威斯特伐利亚"分析模式的鼓励，但也是对给予个体或主体更为核心地位的视角的鼓励。

　　将学者可能的参与主题和学者的理论导向主题纳入同一个分析，如果这对我们有用的话，还不能忽视社会科学的一个主要特征，即社会科学努力将思想和事实、抽象思考和具体工作（田野调查）联系起来。然而，想法与实践的结合意味着使用某种方法。在社会科学中，理论的选择非常直接地延伸到具体操作环节，这个环节涉及各种方法论层面的问题。例如，对研究对象的清晰定义，构建样本，将其投入一个既定的领域，"田野"的信息提供者和其他中介等。

方法的选择（定量或定性、个人访谈或集体访谈、开放式问题或闭合式问题、参与式观察等）主要取决于学者的一般导向。如果他认为个体的社会局限性塑造了个体的行为，他会倾向于使用让人了解社会局限性的方法，测量个体的行为，在前者和后者之间建立关联。因此，埃米尔·涂尔干在一项经典研究中探讨了自杀问题，他最终区分出这个现象的不同社会根源，每个个体受到这些因素影响的程度，与其融入所隶属群体的程度是反相关的。[1] 相反，如果他认为应当从个体出发来上升到群体并解释群体——雷蒙·布东称之为方法论的个人主义[2]，他会倾向于选择首先关注个人需求、期待和要求的方法，关注个体的经济利益计算的方法，关注个体理性的方法，关注个体专注于某些价值的研究方法以及关注个体的信仰或者资源的方法。因此，马克斯·韦伯在他关于新教伦理的经典著作中指出，资本主义立足之本是宗教价值，即用新教清教徒伦理指导企业经济行为的地方。[3]

---

① 埃米尔·涂尔干：《自杀论》（Emile Durkheim, *Le Suicide*, Paris, 1897）。

② 参见《社会学批评字典》中"方法论的个人主义"条目，雷蒙·布东和弗朗索瓦·布里科：法国大学出版社（L'individualisme méthodologique in Raymond Boudon et François Bourricaud, *Dictionnaire critique de la sociologie*, Paris, PUF, 1982）。

③ 马克斯·韦伯：《新教伦理与资本主义精神》，伽利玛出版社（Max Weber, *L'éthique protestante et l'esprit du capitalisme*, Paris, Gallimard, 2003 [1904-1905]）。

选择使用一种方法而不是另一种，是根据研究对象而定的。在某一理论导向当中，人们使用不同的方法来研究，例如研究监狱或者流水线作业获得的经验，两种情境都对相关个体有着很大的局限，而研究消费的选择更为自由。方法其实不是简单的技术集合，就好像只要掌握数据工具或者接受内容分析的培训就可以生产出社会科学知识似的。将方法论孤立起来自成一个学派或者独立学科分支是一个错误，因为没有对普遍研究方向进行思考。而没有思考实际研究对象的特征，研究方法就无从选择。

将社会科学的用途、学者的参与、理论导向，自然还有方法论的选择的问题纳入同一个分析是有道理的，但是还应当更进一步。正如其名，社会科学是以科学为目的的学科，这就使得这些学科有义务定义自己的科学性，更确切地说，有必要指出什么东西属于社会科学要揭示的范畴。在社会科学中，要发现什么，要证明什么？学术经典的作者们很早就对此进行了辩论，特别是比较了他们学科和自然科学的差异，且如伊曼纽尔·沃勒斯坦写的，已知二者的一个根本性的差异在于"自然科学中，辩论的主题一般是不需要通过了解研究对象的意见就可以解决的"，而社会科学就不同。① 因为"研究对象"总是有可能直接或间接地发表

① 伊曼纽尔·沃勒斯坦：《打开社会科学之门》，暨伊曼纽尔·沃勒斯坦任主席的古本根社会科学重组委员会的报告，笛卡尔出版公司（Immanuel Wallerstein, *Ouvrir les sciences sociales. Rapport de la commission Gulbenkian pour la restructuration des sciences sociales présidée par Immanuel Wallerstein*, Paris, Descartes et Cie, 1996）。

意见，而且不仅是让人了解他关于描写他的作品或话语的意见，还呼吁更广泛的群体，如社会团体、政党来发表意见。作为智者，也作为参与行动者，学者考虑到"对象"可能会获取研究者所生产出来的知识以及对象自身或他人对这些知识的评价。学者与其研究对象的关系概念在他展示研究成果和他可能的参与中是一个决定性的因素。因此，为了研究社会科学学者的参与行为，就要面对一个包括诸多因素的复杂链条：科学知识的生产、展示以及在上游的理论选择、公理选择和方法论选择。但是这种研究参与问题的方式并不容易。在整个社会科学的古典时期，直到20世纪60年代功能主义解体①，以及稍后马克思主义的各种派生理论解体的时期，对构成系统的这些因素的争论更多的是分散的，而非整合的。

知识分子和"专业人士"

通常，一个简单的选择让社会科学的世界一分为二：一边有知识分子，另一边有"专业人士"、参与的思想家和其他人。"专业人士"（根据美国的表达法）属于非常有限的领域，他们在其

① 关于功能主义的解体，参见艾尔文·古德纳：《即将到来的西方社会学危机》，基础书目出版社（Alvin W. Gouldner, *The Coming Crisis of Western Sociology*, New York, Basic Books, 1970）。

中培养学生，与同事交流，在出版社和专业杂志上发表作品，参加各种研讨会和行业大会进行内部辩论，并不太操心介入公共空间的事情，至少作为学者不介入。但可以作为公民、协会成员、非政府组织成员、党派成员参与公共事务，没有什么因素阻止他们这样做。"专业人士"的形象在美国和英语世界比在法国更为突出①，他们不信意识形态，自诩为专业人士的人肯定不愿意被视为知识分子，特别是"萨特式的"知识分子②。

这个由外在性（extériorité）和中立性（neutralité）所构成的立场，一般会努力与所有的标准性（normativité）保持最远的距离，声称拒绝所有的意识形态，自诩拥有经过检验的科学性。但是，这个立场长期被否认，首先因为它掩盖了另一种完全不同的商品。安东尼奥·葛兰西是意大利重要的共产主义领导人，他的著作曾产生过重要的影响。他在墨索里尼政权的监狱中完成了《狱中札记》，其中就批评了思想家这种想脱离社会关系的中立的想法，指出他们实质上是"有机地"为统治者服务的。根据这样的论据，社会科学学者被警告要采取立场，在一个被阶级斗争所分割的社会中，他必须属于一个或另一个阵营。

---

① 还应当指出的是，与法国普遍接受的成见相反，美国社会学始终与社会工作保持着联系，或者参与社会改革计划。参见克雷格·卡伦（主编）：《美国社会学——一部历史》，芝加哥大学出版社〔Craig Calhoun (dir.), *Sociology in America. A History*, Chicago, The University of Chicago Press, 2007〕。

② 我们这里指的是萨特在日本所做的讲座。其间，他解释道，知识分子就是干涉与己无关的事的人。让-保罗·萨特：《为知识分子辩护》，伽利玛出版社（Jean-Paul Sartre, *Plaidoyer pour les intellectuels*, Paris, Gallimard, 1972）。

但是，将"专业人士"投入到服从权力的地狱中，甚至还毫无意识，人们能接受这样诋毁他们资格的事情吗？"专业人士"远离所有的参与，这并不意味着他们所生产和传播的知识就完全隶属于唯一的意识形态，而完全不具有科学上的恰当性。一个自称为纯粹的、绝对的、葛兰西式的概念只能在"专业人士"身上看到"看门狗"的角色，只需要以被排斥或被统治者的名义与他们开战，总之要将他们踢出知识分子责任的阵营，而不必去考察他们作品的内容——这种方式是断不可取的。这就是推广"公共社会学"（公共社会学要求学者大量参与城市生活）的美国社会学家麦克·布洛维为什么一方面大量汲取了葛兰西的思想，另一方面又拒绝与"专业"社会学正面冲突，甚至还对其表示敬意。[1]他认为，"专业"社会学可以为"公共社会学"提供方法和概念框架，可以带来"合法性和专家意见"[2]，它可以是公共社会学的同盟军，而不是敌人。

麦克·布洛维的立场显示出"专业人士"和"知识分子"之间的差别在今天并不必然导致两者之间不可弥合的距离，或者导致毫无怜悯的冲突。这不仅反映了社会科学当中"专业人士"导

① 麦克·布洛维：《需要做什么？关于全球化世界中社会存在的衰落的观点》，国际社会学协会大会论文（Michael Burawoy, What is to be done? Theses on the degradation of social existence in a globalizing world, texte présenté devant l'Association internationale de sociologie, Durban, 29 juillet 2006）。

② 麦克·布洛维：《迈向公共社会学》，刊载于《美国社会学评论》（Michael Burawoy, For Public Sociology, *American Sociological Review*, février 2005. vol. 70. 4-28, p. 10）。

向的兴起，更反映了知识分子形象的衰退。在过去，参与式的社会思想经常不能把精英主义、先锋主义，属于历史哲学或者是知识的实证主义概念的提法与真正科学的知识区分开来。希望积极参与城市生活的社会思想家完全不会采用严格地生产出来的结合了事实和思想的知识，即使是来自田野研究、经验研究和理论研究。例如，整个工业时代社会科学家带来的关于工人意识、劳动关系或者生产关系组织模式的分析方面的知识，和关于工人阶级的，即使是有社会学家、政治家或人类学家担保的政治话语之间，存在着巨大的差异。这些人当中有许多在运动、政党以及他们所捍卫的制度的漩涡中失去了学者的信誉，许多人在意识形态的道路上走得太远了。知识分子的经典形象在很大程度上并不囿于对展现方式或者证据的争论，它的合法性如果不是自封的，便来自一个政党对它的认可，或者对于科学方面少有要求的舆论的支持。社会科学可以提供许多的"知识分子"，但是总体来看，社会科学支持的政党、革命团体、民族解放运动的行动者们，都没能给社会科学带来他们赋予自然科学及哲学的那种合法性。

事实上，在整个古典时期以及知识分子形象保有声誉的时期，社会科学从未被那些对知识分子的言论敏感的行动者和舆论领域所看重。

结构主义与专家意见

随着结构主义的兴起和专家意见的蓬勃发展，转变主要发生在 20 世纪 60 年代。

结构主义

结构主义的成功与历史背景偶合，其成功反过来又加强了这一历史背景。其间，知识分子的形象饱得赞誉，这使得人类学、语言学、符号学等社会科学在各个知识分子参与和倍加重视的领域取得了突破。

自称结构主义学派的学者们并不都参与政治，他们当中最有名的，最能说明这一点的，当属克劳德·列维–施特劳斯。但是，结构主义麾下聚集的所有作品的影响力是巨大的，这方面法国学者在全球起到了旗手的作用，在美国被称为"法国学派"。这个标签是很有迷惑性的，因为这里面混合了结构主义思想和一些关系较远的流派，或者诸如一些被称为"后某某"的形态——后结构主义、后民族主义、后殖民主义、后现代主义等。一些学者认为从结构主义到后结构主义的过渡自 20 世纪 60 年代末就开始了。我们在这里不展开讨论，以免转入晦涩的枝节。

一个行动否定的思想模式这样胜出并反对主体（Sujet），在

20 世纪 60—70 年代成为几大悖论之一。人们看到了一个以机构、结构、系统、工具为重的思想方式，而在当时的世界，特别是在西欧或美国，社会和政治动员风起云涌，无论是反对越南战争的斗争、工人运动及其斗争，还是新型社会运动，如学生抗议。而在法国，只要提到 1968 年，只要提起 1968 年 5 月，就足以说明这点。在揭露所谓的"68 思想"[①] 时，吕克·费里和阿兰·雷诺明确指出了这个悖论，他们认为这些人混淆了 5 月风暴和结构主义思想，因为结构主义完全没有如最为反对的评论家们所言，在"事件"的那一刻启发行动者们，但是这一思想的影响在 5 月风暴之前特别是之后，产生了影响。

在社会科学中，结构主义曾经处在批判思想的核心，打着结构主义旗号的参与活动一般都带有极端性。因为面对系统和结构无情的统治，如果不是彻底决裂，不是革命性的决裂，如何能够改变这种统治？

20 世纪 60—70 年代最具影响力的批判方法也是多种多样的。路易·阿尔都塞的马克思主义比尼科斯·普兰查斯（Nicos Poulantzas）的观点更进一步揭露了国家及其"意识形态工具"如何为资本服务，分析了生产关系的再生产，滋养了两个主要领域的研究：城市与空间，特别是玛纽艾尔·卡斯特尔斯（Manuel Cas-

---

① 吕克·费里、阿兰·雷诺：《1968 年的思想》，伽利玛出版社（Luc Ferry et Alain Renaut, *La Pensée 68*, Paris, Gallimard, 1985）。

tells）的研究；学校与教育，如在法国有克里斯蒂昂·鲍德罗和罗歇·埃斯塔布莱（Christian Baudelot et Roger Establet）的研究。皮埃尔·布迪厄的新马克思主义对社会统治在生产中的文化维度感兴趣并产生了巨大的影响，在他 2002 年仙逝之时，该理论仍未被驳倒。与马克思主义距离较远而受尼采影响较多的是米歇尔·福柯，他早期的伟大作品，从《古典时代疯狂史》（1961）到《规训与惩罚》（1975）、《词与物》（1966）或者《知识考古学》（1969），影响了许多人。福柯提出要理解权力的微观物理学，权力作用于社会，或更多地作用于自身。权力的影响无处不在，而不仅仅局限于核心地带。

批判思想在很大程度上被各种流派的结构主义所统治，但这个思想从未局限于此，特别是法兰克福学派的影响一直都很大。人们有时甚至夸张地认为赫伯特·马尔库塞是法国 1968 年 5 月运动的启蒙者，而他所著的《单面人》（*L'Homme unidimensionnel*）的译本当时在法国只卖掉了几百本。批判精神在一个强大的政治化气候中繁盛，并经常与左派联系在一起，特别是在法国。从我们感兴趣的角度看，是批判思想使得社会科学获得了认可，并由此进入了知识分子参与的核心。

但是今天，结构主义（或后结构主义）解体了。这个思想被弱化了，并随着马克思主义的历史性没落而一并衰落。马克思主义曾经带给结构主义一些元素，尽管马克思主义的大多数思想都极度反对结构主义。^① 结构主义的衰落也由于人们对远离它的一些主题越来越感兴趣，诸如对人权和环境的关切。通过结构主义能够观察到的唯一社会角色——工人无产阶级对于自身，对于全人类，不再能够如马克思所言的那样，扮演任何救赎者或解放者的角色。结构主义过去非常具有神话色彩，现在却成为神话的孤儿。今天它最多使被抛弃或被排斥在社会系统之外的人群感兴趣。他们谈论痛苦与受害者，而不再谈论剥削和工人阶级意识。^②

然而，批判思想并没有消失，它变得僵化，转变为苛责（极端批判主义）。布吕诺·拉图尔指出，它将怀疑逻辑和揭露逻辑推向极致，它自以为有权力定义他人的行为意义，并将这种假设作为对别人行为的解释，面对别人愤怒的回应，还拿出来展示，以为找到了最好的证据。^③ 当它保留了某些政治力量，苛责社会学

① 在20世纪60年代，马克思主义和结构主义经历了动荡的关系，发生了冲突并相互批判，例如路易·阿尔都塞关于历史的意义、身份认同的观点，或者还有莫里斯·郭德列（Maurice Godelier）为代表的试图结成"结构—马克思主义"的努力。特别参见其《地平线——人类学的马克思主义路径》以及《经济的理性与非理性》，马斯佩罗出版社（Maurice Godelier, *Horizon*, *Trajets marxistes en anthropologie*, Paris, Maspero, 1977; *Rationalité et irrationalité en économie*, Paris, Maspero, 1983）。

② 关于这一评论的详解，参见皮埃尔·布迪厄：《世界的苦难》，门坎出版社（Pierre Bourdieu, *La Misère du monde*, Paris, Le Seuil, 1993）。

③ 布吕诺·拉图尔：《改变社会——重塑社会学》，发现出版社（Bruno Latour, *Changer de société. Refaire de la sociologie*, Paris, La Découverte, 2006）。如第18页描述了批判社会学的特征："a）它不满足于像普通社会学家那样对现象的社会层面进行调研，而是拿社会关系的另一个因素来替换研究的对象；b）它声称这种替换在社会行动者看来是不可接受的，他们幻想着还存在着社会问题以外的'其他东西'；c）行动者对批判社会学所做的针对行动者行为的所谓社会性解释感到震惊，表示反对，而批判社会学认为这恰恰是证明其解释正确的最佳证据。"

（sociologie hypercritique）滋养了新极左运动，该运动的立场就是系统性地抛弃和拒绝，完全没有规划未来的能力，主要的影响是削弱了改良主义、社会民主类的传统左派的力量，通过"全有或全无"这样的口号和成为"左派中的左派"（皮埃尔·布迪厄语）的呼吁，让传统左派应接不暇。

　　苛责思想（pensée hypercritique）是 20 世纪 60 年代以来社会科学与公共参与之间新型关系的写照。它以极端的立场为公共辩论提供信息，并在社会科学内部辩论中扮演审判官或者道德教化者的角色，而远不是知识的生产者。我们在罗伊克·瓦康一篇引起轩然大波的文章中可以看清这种倾向。社会学家瓦康以布迪厄门徒的身份在美国出名了。在这篇文章里，瓦康以"共同没想到"向三位重量级的社会学家或人类学家发难：伊莱亚·安德森、米切尔·丹尼尔、凯瑟琳·纽曼——这是典型的怀疑和揭露思想的手法。在他的文章中，只是为了让学者丧失威信，对他们的文章断章取义，大肆曲解，无所不用其极：瓦康揭批。①

　　苛责思想轻易忽视社会科学所应当具备的严谨性要求。它的一部分影响力，至少在法国，来自某些媒体的共鸣，在这些媒体发表极端性的文章持续引起争论。

---

　　① 罗伊克·瓦康：《细究街面——城市民族学的道德和缺陷》（Loïc Wacquant, Scrutinizing the Street: Morality and the Pitfalls of Urban Ethnography, *American Journal of Sociology*, mai 2002, vol. 107, no. 6, p. 1468-1532）。同年，三位被涉及的学者逐一在后续的《美国社会学评论》（*American Journal of Sociology*）中撰文，以充足资料来说明和回应。

专家意见

从 20 世纪 70 年代以来，社会科学在其已经确立地位的国家里，从业人员的数量逐步增加。在其他的国家，特别是亚洲和拉美国家，也有同样趋势。越来越多的社会科学学者因为其能力和才干被主政或反对派的政治行动者所动员，被社会和文化行动者、企业领导层、国际机构、非政府组织成员所动员，也被媒体动员来解释时事新闻当中的一些问题。为城市生活作这些贡献的主要是经济学家或政治学家，但是所有学科都有所介入。这并不是一种政治参与，至少不是直接参与，而是将知识赋予一种权力或反权力，而后者并未失去思想独立性。专家只带来他的知识，仅此而已，因此专家意见在某些情况下类似于咨询，学者变为顾问，偶尔接受报酬，或者在一个固定的机构服务，如研究室、智库、某大组织的专门部门。

这样的专家既不是知识分子，也不是"专业人士"，他参与到城市生活中，有时候他甚至感到需要增加曝光度来认识潜在的顾客，如调查机构的领导经常出现在媒体上，特别是在选情分析的时候，借此推广其企业。对于他们来说，媒体渴望用专家意见来完善信息，并提供编辑缺乏的知识，或者普通记者不了解的情况，专家们主要是通过技术性的立场带来合法性（légitimité），帮助媒体完善了调查资料。

社会科学学者的参与还有其他模式，比我们刚刚所作的简述要更加多样化。此外，各国的情况大为不同，但要点已被指出：我们从一个社会思想家可能会在自己科学著述之外参与政治领域的时代，过渡到了一个学者选择是否做知识分子的时代，而社会科学本身却无法在思想的公共生活里扮演核心角色。自 20 世纪 60 年代以来，开启了第三个时代，这个时代充斥着结构主义和批判思想这类新鲜事物，社会科学学者的数量增加，并占据了知识分子生活的中心。从这个角度看，我们可以说，社会科学的第一个黄金时代，与批判思想与结构主义的胜利恰巧同时发生。接着，批判思想解体或者极端化，转而成为苛责主义，专家意见则在城市生活中占据了重要的地位。但是，社会科学参与的历史并未就此止步。

迈向社会科学的第二个黄金时代

让我们作一强调。尽管有些人仍然保有怀旧心理，但是古典知识分子形象已经大大过时了，并与社会科学学者的身份不相适应，因为古典知识分子们忽视或者否认自身作为科学知识生产者的特殊性。苛责思想是对批判思想的继承，它将怀疑和揭露的姿态置于研究活动之先。最后，专家意见本身也不是一种生产活动，而是将知识给予他人的过程。这就把参与和研究活动之间衔接的工作留给了其他角色。我们甚至可以假设，在这样的衔接活动中，如果这个工作是成功的，社会科学的第二个黄金时代将会到来，社会科学将在这个时代占据知识分子生活和主流公共争论的核心地位。

与社会学参与的政治理念划清界限

其实，我们还远没有尽数社会科学确立自身在公共思想领域地位的路径，当然不仅限于通过"专业人士"的学术生活来实现。也许要承认社会科学面临的最棘手的事情还没有做：跨越参与行为这一概念中主要为政治性的霸权倾向，却不背离在政治领域扮演角色的目标。认为社会学分析能够长久而有效地影响政治决策，这是幼稚的想法。特殊情况下偶尔会有一位举足轻重的社会学家在国家首脑身边扮演真实的角色，如英国的例子，安东尼·吉登斯提出的"第三条道路"理论被布莱尔政府借鉴；或者还有社会学家成为国家首脑的例子，如巴西的费尔南多·亨里克·卡多佐（Fernando Henrique Cardoso），智利的里卡多·拉各斯（Ricardo Lagos）。在这两个例子中，社会学家成为独裁体制后民主政体长久建立的具体象征。同样，历史学家布罗尼斯拉夫·盖雷梅克（Bronislaw Geremek）也曾成为莱赫·瓦文萨（Lech Walesa）总统最为亲近的顾问并在团结工会（Solidarnosc）中扮演了决定性的角色，在波兰担任了很高的政治职位。但是除了这几个极为罕见的例子，社会科学学者直接影响政治是很有限的。很简单，这是因为政治活动属于科学活动以外的另一个领域，政治人物的使命与学者的使命不同，马克斯·韦伯曾经在他被收录在《智者与政客》① 一书中的两次讲座中，将这一点理论化为：政治必然导致与"恶势力"的妥协，它与强权和暴力总是纠葛不清，而科学则避之唯恐不及。

政治决策的标准与社会学分析所应用的标准只有小部分交集。政治行动者可以与社会科学学者辩论，品评他的分析，自问或者询问学者这样的分析可以延伸出怎样的标准。但是他的决策势必考虑到其他因素，而学者不了解、弱化或者不承认这些因素。这就是马克斯·韦伯所提出的"责任伦理"和"信念伦理"的区别，前者考虑的是手段要适应既定目标，而后者只在乎原则，前者比后者更适合政治领域。此外，马克斯·韦伯的许多读者更愿意谈及两个伦理之间的互补性，而不是对立性。②

在试图施加一定政治影响的过程中，学者冒着巨大的风险，包含了我们曾经介绍过的失去灵魂的因素，从而变为一种意识形态，一只"看门狗"，一个事实上屈从于某个权力或反权力命令和要求的御用知识分子（intellectuel organique）。但是，学者在当代世界中的活动经常是由公共资金支持的，理论上应当为集体服务，

---

① 这两次讲座的题目分别为《职业与智者的使命》（1917 年 11 月 7 日）和《职业与政客的使命》（1919 年 1 月 28 日）。参见马克斯·韦伯著作，凯瑟琳·克里奥-泰来娜译法文版：《智者与政客》，发现出版社（Max Weber, trad. Catherine Colliot-Thélène, *Le Savant et te politique*, Paris, La Découverte, 2003）。

② 参见凯瑟琳·克里奥-泰来娜和让-皮埃尔·格罗森所作的脚注和评论，以及他们新近翻译的《新教伦理与资本主义精神》及《智者与政客》，见前注。

如果要拒绝介入城市无止境的辩论，就会孤立于其他专业人士的圈子成员之外，甚至不会自问其生产出来的知识有何用。如何走出这条死胡同？

提高公众知识层次

一个基础性评论给予我们一个出发点：如果社会科学有某种一般性的功用的话，难道不是因为它们在知识领域的特殊贡献吗？由此这个问题就发生了偏移，不再是思考学者介入政治领域的事情，而是其为公共生活所做贡献的特殊性问题，以及由此产生什么关系的问题。从这个角度看，可以区分出两种不同的情况。第一种，知识的生产活动与通过互动的方式对公众传播知识的活动完全隔绝；第二种，知识的生产和传播是结合起来的，这就要回到社会科学的展示方式或科学性上来。

现在，我们先来考察第一种情况。

在这里，社会科学学者至少拥有三种经典的可能模式，凭借自己拥有的知识来介入公共生活。第一种，我们可以称之为精英主义。学者，特别是玩弄概念、语言、论据于股掌之间的学者，很容易向公众提供他们所带来的作品的分析、推论和结论。他拥有一些知识，并努力以理性的名义让他人接受这些知识——这会让他和那些掌握了神性真理（vérité divine）的、拥有一门哲学或者声称掌握了历史意义的学者展开竞争。

第二种可能的模式是基于重现原则的。在这里，学者提出一个他所生产的或积累的与有关公众期待相矛盾的知识。比如他研究了工人意识与目前工运的困境，抑或是他完成了一项关于人权的研究。在第一个例子中，他向工会干部介绍他的研究成果，在第二个例子中，他向人道主义非政府组织活动家介绍研究结果。在两种情况下都是首先向他在调研过程中曾经采访过的人介绍。他面对的是与他研究最相关的人，向他们再现经过他们帮助所能够获得的知识。事实上，无论研究的理论导向和方法是什么，每当具体研究行动者、个人、真实的群体、互动与社会关系时，学者都应当经常和系统性地组织**成果介绍**，这是研究的最后一个阶段，也是诸多社会科学研究的本义。介绍活动本身就可以构成一个知识来源。布鲁诺·拉图尔建议学者在作他们的"报告"（比如博士论文）时，要建立一个"航行日志"，将这个报告在他们所研究的行动者身上引起的反应记录下来。①

　　第三种可能的模式存在于决议民主的情境中。学者，单独或者必要的时候与其他人一起与公众辩论，而这些公众并不一定很投入，甚至没有足够的能力。他们仅仅因为涉及研究的主题，或者只是对它感兴趣。学者从中获得了一种能力，即以学者的名义研究一个问题，来介绍现有知识的状况，确定的有哪些，不确定的是什么，他来回答问题，指出哪一点知识是确凿的，从哪里开

---

① 参见布鲁诺·拉图尔：见前注，p. 196。更为一般地，我们应当注意到，布鲁诺·拉图尔的经历，诚然与我们大不相同，但这使我们看到了更高的契合性（convergences），特别是在涉及社会学研究的政治利益和研究的恰当性的关系方面。

始知识就不那么确凿了，指出哪些是未知区域，最终让每一个人都对辩论问题的理解有所提升。在这个机制中，民主汲取学者的能力，学者只是一个环节。

在这三种主要模式中，社会科学学者主体上被定义为其所生产和积累的知识的持有人，被定义为将他的知识赋予公众的专家。就知识生产方法的细节或者使用手段的严谨性而言，他也有可能受到询问或者被要求提供详情。但是在精英主义模式、重现模式或者决议民主模式里，他的证据原则上应当在他与公众互动之前就提供。从这一点上讲，参与公共生活的学者与"专业人士"的差别并不大：他研究的展示、检验、保证科学性都属于专业人士圈内的事情，属于同侪评价的内容。如大学出版社根据这些评价来决定是否出版其著作以及对这本著作的评论文字，还根据专业杂志接受或者拒绝发表其文章，同事是否邀请他去参加研讨会或者做讲座等来判断。在他与公众的关系方面，上述流程中的学者绝不期待在这种互动里建立科学性，甚至仅仅是他话语的恰当性。研究包括成果展示的时刻与公共参与的时刻是泾渭分明，不会混淆的。

知识的共同生产

让我们来考察第二种情况。

根据上述观察，我们得出了对社会科学学者的社会参与问题最恰当的结论。要解决的等式现在看来已经很清晰了，即要知道具体如何将有着自身评价标准的科学活动与对城市生活可能的参与结合起来。至此，我们试图给出的答案，要不就是拒绝等式两边的一方，要不就是将二者割裂开来，无法形成一个系统，或者更甚，不顾及严肃性和严谨性，用意识形态的手段将二者强扭在一起。现在，问题的关键是考察在单一流程中将知识生产和公共参与结合起来，而既不会将它们混为一谈，也不会将它们割裂开来。

如果研究分析的是定量数据，如经济或者人口问题，这个关键点就显得不那么重要了。经济学和人口学虽然是社会科学，但是两个学科在研究方法上与自然科学最接近。一旦开始研究社会行动和社会关系，这个关键问题的重要性就会大大增加。

这样一个关键问题必须考虑到一个具体条件，至少在形成阶段是这样，即承认从来没有哪项分析能够完全彻底地契合一个行动者的意识和行为。只要观察和听取在同一社会关系当中参与的行动者们，就能够知道这个点评是恰当的：他们的观点从来都不是完全相同的，而是有差异甚至是对立的，学者没有选择其中一个，而是将观点之间的关联、区别或是矛盾呈现出来。但是，这个基于社会学分析的观察不应当导致相反的观点，即行动者对他们的行为毫无意识，他们的行为完全不是出于理智，也就是说不负责任。这样的想法是一些极左翼分支派别所具有的误区，他们认为只有先锋主义才有能力定义行动的意义（或者历史的意义）。这个思想让工人运动失去了信誉，因为根据他们的说法，工人无产阶级作为行动者只适合做"工联分子"（trade - union-iste）——在计划的低级层次上考虑问题。社会科学上的前卫主义允许自命的精英操纵权力，这应当被严词拒绝。前卫主义让社会行动者缄口不言，然而，正如达尼洛·马尔图切利所写的那样："前者（社会学家）掌握的互相操作的空间是由后者（行动者）的言语所限定的。"[①] 这让我们一下子想到，缺乏这样的言语（即行动者的沉默）对学者构成了一种非常特殊的挑战。

行动者对自身行动所持有的观点与其他参与到行动领域的行动者对其的看法必然存在差异，社会学在其中找到了绝好的对自身的辩护以及在分析所有行动者之间的互动或者关系时所能够构建出来的意义。

通过对行动（即行动者之间的关系或者互动）的分析，学者带来了知识，而这些知识既不可以完全被缩略为行动者的看法或表征，也不完全独立于他们的意识。仅仅是与行动者接触进行研究，无论方法如何（问卷、有提纲访谈或无提纲访谈、个别或集体访谈、参与式观察等），都将学者卷入了行动领域，学者的出现本身就可能带来影响。下面的案例可以说明这一点。当大卫·洛克伍德和约翰·戈德索普及其团队希望测试英国工人阶级资产阶级化这个假说时，他们向一个罕有社会冲突的大型工厂派遣了研

① 达尼洛·马尔图切利：《被考验所锻造——当代法国中的个体》，阿尔芒·柯林出版社（Danilo Martuccelli, *Forgé par l'épreuve. L'individu dans la France contemporaine*, Paris, Armand Colin, 2006. p. 239）。

究团队，但仅仅是因为长期调研，访问了许多名工人，社会冲突似乎就被唤醒了。在调研结束后，工厂就出现了一次史无前例的大规模罢工，这让人感到罢工与社会学调查有千丝万缕的联系。①

相应地，开展研究也会让学者有所改变。通过他所发现的事实或者获得的意识，通过新思想的冲击，通过他进入"田野"后不得不对自己的预先假设所作的修正，研究必然改变着学者。

在社会科学的历史中，存在着至少两个主流传统，它们都考虑到知识的生产与行动者的改变相结合的计划，或者说，都试图通过分析来催生变化。第一个认为分析应当直接作用于事实，分析应当改变事实，另一个认为分析提高了行动者的思考能力，由此提高了行动者的行动能力，学者与行动者之间的关系并不一定立即、直接在行动上产生变化。

这两个传统中的第一个，我们可以用"研究—行动"这个说法，在这里，学者出于改变的目的而介入，他除了生产知识，同时也要为局面和行动者之间关系的改变作出努力。他的研究在真实情境下进行，在一个具体人群中实现，如一个企业中，他带着一个想法，即研究和行动、知识的生产和具体的改变都来自唯一和同一个实践活动。他观点中最重要的，一般是他努力所引发的变革，这可能会引起失衡，让他的学者身份更像是一个咨询师。

---

① 大卫·洛克伍德、约翰·戈德索普等：《富足时代的工人》法文版，门坎出版社（David Lockwood, John Goldthorpe et al, *L'Ouvrier de l'abondance*, Paris, Le Seuil, 1972 [1963]）。

在大组织，特别是大企业当中，"研究—行动"模式的实施领域更为宽广，包括为了改善企业运作而简化过于烦冗的行政层级，考察各层级之间的关系，或是让决策系统更为有效。就这样，组织社会学——正如詹姆斯·马奇和赫伯特·西蒙或者法国的米歇尔·克罗齐耶的经典著作①所提出的那些类别的社会学——在帮助企业领导层思考行动现代化当中表现得如鱼得水，如考虑到行动者的有限理性，即每个人不是追求最理想的状态，而是保持自身的不确定性领域。

心理学与社会学的情况差别较大。有可能会争夺"研究—行动"派之父的地位的库尔特·勒温②和心理分析学派的其他学者，如著有《社会心理分析》的热拉尔·孟德尔③，他们研究的是小群体而不是大单位。心理学主要关心的问题是思考在组织机构中，相对于内部权威的各种形态，个体和集体获得解放的条件，以及致力于改变组织机构的内部权力关系，如有利于被统治者一方、反对特权、反对滥用权力、反对专制主义，或者努力减少紧张关系和冲突。

① 詹姆斯·马奇、赫伯特·西蒙：《组织》，John Wiley and sons 出版社（James March et Herbert Simon, *Organizations*, New York, John Wiley and sons, 1958）；米歇尔·克罗齐耶：《科层现象》，门坎出版社（Michel Crozier, *Le Phénomène bureaucratique*, Paris, Le Seuil, 1963）。

② 库尔特·勒温：《解决社会冲突——群体动力研究文选》，格楚德·W. 勒温（主编），Harper and Row 出版社〔Kurt Lewin, *Resolving Social Conflicts. Selected Papers on Group Dynamics*, Gertrude W. Lewin（dir.）, New York, Harper and Row, 1948〕。

③ 热拉尔·孟德尔：《社会心理分析》，帕约出版社（Gérard Mendel, *Sociopsychanalyse*, Paris, Payot, tome IV, 1974, tome V, 1975）。

第二个传统是社会学干预方法，正如阿兰·图海纳所赋予这个表达法的意义。[①] 这个方法的核心是学者（或研究团队）与被研究的行动者创造一个合作关系，共同思考，共同分析，各人扮演各自的角色——学者并不假装是行动者，行动者也不声称自己是学者。在研究的第一阶段，与被研究的行动者以较为传统的方式接触过后，比如在作过一些个人访谈后，学者设立一个或多个代表这个行动者的群体。在研究的第二个阶段，这个（这些）群体与不同的对话者接触，通过见面后所获得的内容，结合之前所积累的知识，学者建立一个社会学推论。在第三阶段，学者向各个群体讲述这个推论。检验的方法就是看行动者（这个例子里是接受干预的群体）对这个推论有何反应。他可以接受或者拒绝，还有各种微妙的差别，这样就会初步辨别出学者的假设是否具有恰当性。

但是，即使行动者认为学者有道理，也并不足以让这个恰当性真正成立。其实，关键在于行动者对这些获得认可的正确性，甚至是逼迫学者在讨论过程中不断修改和完善的推理是何态度。例如，行动者可以利用这个推理来分析自己过去的行动，思考他与行动的对手或合作者之间的关系。他也可以在主要研究之外，

① 关于这个方法的介绍，参见阿兰·图海纳：《声音与目光》，门坎出版社（Alain Touraine, *La Voix et le Regard*, Paris, Le Seuil, 1978）。自 20 世纪 80 年代起，以社会学分析与干预中心（CADIS）的学者为主体，出版了数十本相关著作，都是关于这个方法应用的案例。

在实践中使用这个推理来改变他所在的协会、工会或者任何其他组织的决定。被研究的行动者越是熟练运用学者提供给他的假设，学者就越可以认为他的分析是有意义的，他在研究中所作的安排是科学的，至少是超越了社会科学通常会给出的建议。

在不排除其他可行传统模式（如通过同侪评价）的前提下，这种研究的展示是被行动者评价的，行动者在使用知识的同时也在生产知识。随着知识的增加，他们的分析能力逐步提升，我们也可以认为，他们的行动能力也随之逐步增强。

但是，让我们谨慎一些。行动者也有可能将学者的话语或者作品用在研究以外的其他事情上，无论是因为他们拜倒于学者的滔滔雄辩之下，还是仅仅因为对他们的问题提出建议、推论、分析之人，其"知识分子"名下的社会地位或身份足够引人注目。验证推论正确性只能通过获得认可来实现：行动者要为他所认可或接受的推论做更多的事情，他要把学者的建议用在自己的实践中。这个观点值得商榷，但是人们至少应该能够同意这一点：学者努力为行动者提供假设、推论、知识或者分析，同时也产生出一些效果，这些效果构成了社会学思考的重要素材。

这样的方法让学者在其研究的整个过程中都与其所研究的对象（行动者）一同处于生产和确认他分析内容的关系之中。在任何时候，学者都不能变成活动家或者参与政治的知识分子，即便他同情行动者一方。然而，没有什么能够阻止学者在他的著述和文章中向他的专业领域或者广大公众介绍他的研究成果。

没有方法上的垄断性，但是其所提出的方法可以让研究计划长期持续，让参与逻辑和知识生产逻辑相结合，而不将两者混为一谈。**社会学的干预**为社会科学指明了在政治领域扮演学术自身的重要角色这条道路是走得通的，并且不会干扰学者的科学宗旨。它展示了纯粹科学的问题和参与的关键问题，二者的结合如何成为可能，以及社会科学对知识的恰当性和正确性展示的要求，是不必与学者最终参与城市生活的信念分开的。这样的观点尤其适用于社会学、民族学和社会心理学。对于其他学科，这个观点会更多地受到质疑，更难以实施，因为在这些学科里，难以创造条件使学者与"行动者"之间建立直接的人与人之间的关系。比如历史学就不能将自己的假设交付于过去的行动者评判，人口学并不担心其研究结果会对研究的对象人群造成什么影响。但是这并不排除历史学家或人口学家有可能会面对他们著作的社会影响，以及面对他们研究成果科学真实性的问题。

对研究对象的选择，对理论的应用，对方法的选取，研究中每个阶段内容的呈现，在这些问题上，都有可能对学者的公共参与活动展开思考。换句话说，关于知识分子政治参与的经典争论，是时候拉开一定的距离了，要比过去更加努力地去推进关于学者社会学式的参与的具体想法、计划和方式的研究。

社会学前沿九讲

第二部分

新社会运动之后

　　社会运动社会学是一门新兴的学科，自诞生至今不过 50 年。在其短暂的历史中，始终贯穿着一场理论层面的辩论，奠定了它的思想基础。它经历过彷徨的时刻，也因社会历史背景的演变而遭受过质疑。更确切地说，这与其自然属性，甚至可以说是该学科具体研究对象的属性，以及它被假定为应该投入的战斗①的属性相关。

　　这场理论冲突在 20 世纪 60 年代应运而生，将社会运动社会学一分为二。它从一开始便有两个背景条件：一方面，功能主义式的思维模式日益衰落。该理论主要是从社会运动，尤其是从工人运动中窥见了体制的机能障碍和危机，注意到了工人们对挫败

---

　　① 参见保罗·切利：《社会运动是如何改变的》，刊载于《意大利社会学年鉴》（Paolo Ceri, How Social Movements Have Changed, *Annual Review of Italian Sociology*, 2007. p. 157–164）。

感的表达。另一方面，该学科与马克思主义的理论思想不一致。马克思主义把这些现象诠释为历史性的决裂行为，或者将其看作资本主义矛盾的表现，虽然它也将有意接受社会行动（action sociale）相关理论的思想家们纳入自己的队伍——比如我们可以参考"青年马克思"一词，该术语在20世纪60年代由路易·阿尔都塞①普及开来。"社会运动"这个词，不管是用来思考危机还是矛盾，无论如何都不会被定义为某项计划、某个理想国或者某种投向未来的能力。

就是在这样的背景下，这两个思想流派各自都在努力推出一个社会运动的概念，比如把它定义为与某个社会对立方对抗、有着特定目标、具备在斗争中明确自身处境的能力的一种集体行动。

在创立思想的先驱眼里，这场理论冲突②如此清楚明了，以至他们很早便参与到该学科最重要的一个国际组织——国际社会学协会中施展自己的影响力。该协会设立了两个研究委员会，它们的身份定义和思想定位与构建起这场理论对峙的两个思想流派一一对应。

一方面，的确有很多社会学家、政治学家和历史学家都要求

---

① 路易·阿尔都塞：《论青年马克思》，刊载于《思想》杂志1961年3—4月号，重刊于《致马克思》，马斯佩罗出版社（Louis Althusser, Sur le jeune Marx, *La Pensée*, mars‒avril 1961, article repris dans *Pour Marx*, Paris, Maspéro, 1965, p. 45‒83）。

② 为了让解释更清楚，最大限度发挥解释的作用，请参见安提莫·法罗：《社会运动：多样性、集体行动和全球化》，蒙特利尔大学出版社（Antimo Farro, *Les Mouvements sociaux*: *diversité, action collective et globalisation*, Montréal, Les Presses de l'Université de Montréal, 2000）。

创建一个"资源动员"（mobilisation des ressources）理论，并把社会运动称作集体行动者的理性行为，这些行动者试图通过调动各种资源——不排除在不得已的时候使用暴力——以便在政治体系内拥有一席之地，保持自己的地位，扩大自己的影响力。另一方面，社会学从各个角度开展研究，在社会运动中看到了一个处于被统治地位、对现状不满的行动者，为尽力获取对阿兰·图海纳所称的历史真实性（historicité）的控制权而与某个社会对立方对抗着，这种历史真实性其实是集体生活的主要方向。上述流派中的第一种，其思想往往是借查尔斯·提利（Charles Tilly）（2008年去世）和安东尼·奥伯肖尔（Anthony Oberschall）之名加以转述，而第二种则可以确定为是阿兰·图海纳的首创。

其实，的确没有必要将这两个流派对立起来，两者的研究兴趣分布于社会现实中区别较大的几个维度。说到底，第一个流派提倡的是一种政治社会学。相比于第二个流派的视野，第一个流派只是停留在行动层面，而没有达到社会学意义上的最高层次。的确，这个层次考虑的是如何打入政治系统内部，在其中扩大自身的影响力；而另一个层次考虑的则是如何掌握对知识、文化模式的控制权，或对赋权（investissement）行为的定义权，即历史真实性问题。至少，只要认清这两个流派的目标和关怀各不相同，便有可能调和"社会运动"中这两大方法之间的关系。这就是为什么2001年去世的意大利社会学家阿尔贝多·梅卢西（Alberto Melucci）虽然积极参与国际社会学协会的活动，却拒绝选择加入上文提到的任何一个研究委员会的原因。

将集体行动带回到其工具性层面（dimensions instrumentales）的政治社会学和优先考虑行动的含义和行动中具有最高地位的各种意义的图海纳式社会学，这两者之间发生了理论性冲突，但显然没有仅仅因为这一场辩论便穷尽了与社会运动相关的所有可能的定义。也正是如此，以皮埃尔·布迪厄为例，他在生命的最后岁月中，将"社会运动"描绘成一种宏大的现象，这种现象由1995年11—12月期间在公共服务领域的大规模罢工拉开序幕（尤其是交通服务部门）。这场运动见证了法国政府的危机及其共和国模式在公共服务领域的无能，它摈弃了执政的右派和传统左派同时提议的改革尝试。要承认，没有一个社会学流派能够垄断对社会运动的思考。但是，阿兰·图海纳自从20世纪60年代创立了自己的研究方法，之后便坚定不移地使用这一方法，其原因今天已经有了解释。

"资源动员"的方法关注的是将社会行动者体制化，也就是说让他们的能力在政治体系内部发挥效力，直至渗入到政府核心部门。这个方法论在"威斯特伐利亚"体系中找到了极为有利的支撑。我们知道，这个体系认为世界以国家为基本单位，由很多国家组成。但随着全球化的到来，这种组织原则失去了主导性，社会与社会中的行动者、政治体系、机构和国家之间也失去了一致性。从这时起，反抗行动者的问题不再像之前那样，要通过开展社会层面的反抗转化为在同一范畴内的政治参与，更不是试图控制国家。比如，另类全球化运动在动员空间内安身，但它显然并没有将自己局限在民族国家范畴内，虽然在这个范畴内可以看到一些希望能但其实基本不大可能作跨越国界的斗争，或者看到一些以某种意识形态的模式展开的斗争，就像艾瑞克·阿格利克利昂斯基和伊莎贝尔·索米耶二位所主编的著作中所认为的那样。[①] 将行动保持在传统的民族国家范畴内的行动者们，他们的政治观点在"资源动员"这个范式中占据着中心位置，如果要保持这个范式，最好能一直把民族国家当作唯一精准的范畴，即便在对另类全球化运动进行研究时也应如此。因此，当有人紧随乌尔里希·贝克之后发出各种声音，比如建议开展研究，以结束"方法论式的民族主义"的专制地位时，这时我们应选择进入自动屏蔽模式。不过，这种专制已是过去式。这也解释了我们为什么最好把当代社会运动归入其他类别，而不是"资源动员"的范畴。

工人运动

20世纪60年代，工人运动处于历史巅峰时期，为图海纳式

---

① 艾瑞克·阿格利克利昂斯基和伊莎贝尔·索米耶（主编）：《透视另类全球化运动》，争论出版社；另外，特别参见诺那·梅耶等著：《法国的另类全球化运动》，弗拉马里翁出版社〔éric Agricoliansky et Isabelle Sommier（dir.），*Radiographie du mouvement altermondialiste*，Paris，La Dispute，2005；Nonna Mayer et al.，*L'Altermondialiste en France*，Paris，Flammarion，2005〕。

社会运动社会学创立了具有奠基性意义的范式。这个范式有五个要点。

民族国家范畴

社会运动在国家和民族的范畴内对行动者加以考量，工业社会也正是在国家和民族的范畴内发展起来的，并要求在社会、政治及文化等各个层面具备高度的一致性和一定的融合度。工人运动是一个社会中具有最高地位的反抗形式，而社会一般会自然而然地被定义为隶属某个国家或者某个民族。

的确，各个党派和工会在那时有能力构建一些国际关系，它们也毫不犹豫地把自己的战斗宣传为具有世界性、普遍性和全球性——"全世界无产者联合起来"，马克思和恩格斯那句著名的口号便是这样。工人运动主要是在国家和民族的范畴内诞生并发展起来，历史学家和社会学家也是在这个范畴内对其进行研究，即便某些研究者们采用了某种比较的方法。[①]

一种统治

工人运动产生之前有一种统治关系，它扎根于工厂及作坊，在那儿，工头统领一切。这种控制强而有力，前所未有，它不仅

---

① 参见吉尔·马蒂内：《七种工会主义》，门坎出版社（Gilles Martinet, *Sept syndicalismes*, Le Seuil, 1979）。

让那些有着自豪感却发现自己被剥夺了专业技能的职业工人产生不安感，同时也影响到了专门工人①。他们没有职业证书，却有着无产阶级意识，当任何有利于他们创造产品的条件被剥夺时，便是他们表明立场的时刻。泰勒主义和其他与劳动相关的"科学"管理模式，它们在历史上都为"科学"管理劳动的负责人在现场实施双重统治创造了有利条件：在同一个泰勒化的工厂中，面对同样的对手（主要承担该管理的负责人），为反对统治而进行同样的战斗时，职业工人和专门工人相比其他地方的工人要更容易团结起来。即便在屈服于这些"科学"的理性化原则的企业之外，人们也可以不断发现：工业革命时期的工人斗争强烈表达了自己与一个通过直接统治关系利用并压榨工人的社会对立方势不两立。

一个纯粹的社会行动

有时，工人阶级给人一种坚不可摧的共同体（communauté）的印象，这多多少少是因为他们拥有自己专属的文化、有着特殊的需求，英国的历史学家或者说社会学家爱德华·P. 汤普森、理查德·霍加特②，法国社会学家莫里斯·哈布瓦赫③都对这些需求

---

① 专门工人在法国职业等级序列中处于最底层。——译者注

② 爱德华·P. 汤普森：《英国工人阶级》，年代图书出版社；理查德·霍加特：《穷人文化》，午夜出版社（Edward P. Thompson, *The English Working Class*, New York, Vintage Books, 1966; Richard Hoggart, *La Culture du pauvre*, Paris, Minuit, 1970 [1957]）。

③ 莫里斯·哈布瓦赫：《工人阶级和生活水平》，菲利克斯·阿勒冈出版社（Maurice Halbwachs, *La Classe ouvrière et les niveaux de vie*, Paris, Félix Alcan, 1912）。

进行过研究，后者关注的是工人阶级的"需求"以及消费。另外，工人行动完全可以以共同体的力量为基石和依托，尤其当它遭到生存威胁时，比如当养活一个城市乃至一个地区的矿场或工厂面临关闭的威胁时。在过去的两个世纪里，工人文化的存在是一个不争的事实，也正因为如此，有时它会涵盖行动。但工人文化除了进行防御性资源调动、建立秩序，除了求生的本能反应之外，无法对行动者在参与运动、设计未来和试图推翻统治的能力等方面作出解释。行动主要在社会关系中进行，与其说它在需要时得到了支持，倒不如说它由社会意识所指引。而且，它只能是以一种自我防御的模式，因共同体意识而产生。当工人文化和共同体被动员起来，它们的参与并不是反对统治关系或者压榨关系，相反，是为了留住某些生存方式，其中包括：保留矿场，虽然矿工在那儿的劳动条件极为艰苦；让濒临倒闭的工厂存活下去，尽管其中的工薪族生活悲惨，等等。这也解释了为什么我们往往能在这种斗争形式中看到一些妇女——她们是共同体的形象代表，可从传统意义上来说，她们甚至连靠近煤矿的权利都没有，但她们可能会是为了避免工厂关闭、将共同体从危险处境中解救出来而进行社会动员的先锋队。

从社会运动到政治行动

工人运动不是一个政治行动者（acteur politique）。这种肯定性陈述可能会让政治人物感到惊讶，因为正如近两个世纪以来人们一直听到的那样，他们正是以此作为自身形象最崇高的体现形式。但是，为什么要继续把那些打着社会运动旗号发言和那些真正表达着社会运动精神的工人们混为一谈呢？是工人们真真切切地被统治着，他们对此有着最强烈的意识，因而奋起反抗。

这么说并不妨碍我们认识（社会）意识、可能展现该社会意识的具体组织形式（这些组织形式主要是工会）和政治行动三者之间的关系。因此，在工人运动的某些组成部分中，或者在它历史中的某些时刻，工人运动清楚明了、旗帜鲜明地反对与政治党派有任何瓜葛，它也因此对自己的独立感到骄傲，直接行动派的工会主义更是如此。它与政治保持关系的主要模式并不是工会主义的形式，工会主义的鼎盛时期是工人运动的诞生时期，在泰勒主义出现之前。这种模式的主要特点是希望从社会层面过渡到政治层面，从社会意识层面上升到国家权力的高度，一个政治党派是必要的中介，它的体现形式多种多样，可以是革命者或改良主义者，也可以是社会民主党或者其他派别。在这种关系中，工人往往是最大的失败者。其实，他们从附属于某种运动，转而附属于某个党派。一些政治家曾经特别就这一点进行过理论阐述，而且表示不屑。如人们所见，他们宣称，工人充其量属于"工联主义者"，他们无法摆脱自身短浅的经济利益视线，并把对行动意义的垄断权交给了党派的前卫主义者。

一个社会主体

最终，工人阶级通过自己的行动表达了社会运动的逻辑，如同大部分传统的政治和学术所希望的那样，它没有简单地把自己定义为"矛盾"或者危机的产物。它或多或少属于结构主义模式，并且带有马克思主义思想的痕迹。工人阶级承载着一种主体性（subjectivité），这种主体性要在社会范畴内来定义。工人阶级有着阶级意识，或者说工人意识，这样表述能让人想到它自己有能力对行动赋予意义。即使从社会学的角度来看，这个意义永远不会被简单地解释为工人阶级的意识。它的主体性是在社会范畴内定义的，其基本参考因素包括生产关系，在生产关系中存在的统治关系，生产活动的掌控权被剥夺后的感受，或者是对自己生产的产品的控制。

从工人运动的角度来看，工人是一个"主体"（Sujet），更准确来说，是一个社会主体，其参与到了劳动和组织的事实（réalité）中。如今，即便工人运动进入全面衰退阶段，当人们谈论劳动的艰苦或者在面对某些企业工薪一族所抱怨的困扰时，我们不太会把作为受害者的劳动者们当作一个个体完整性（intégrité）遭到破坏、精神和身体的最深处都受到伤害的个人，不会把他们当作"特殊主体"，但当我们在考虑工业时期导致工人意识得以萌芽的统治和压迫时，情况便完全不一样了。这也解释了为什么如今的工会无法应对这样的伤害，因为主体被定义为一个精神存在（être moral），而不是一个劳动者。

因此，有五个主要特点能够帮助工人运动建立起其作为工业社会中社会运动的范式：它在民族国家的范畴内开展；挑战统治；开展真正具有社会意义的行动；不把自身上升到政治的高度；由一个也具备社会性的"主体"来实施。①

"新社会运动"

在 20 世纪 60 年代末到 70 年代初，工人运动经历了"社会运动"最后的狂热阶段，这个时期的运动可以说表达了"社会运动"的准确含义，即便是科林·克劳奇和亚历山德罗·皮佐诺②及其他许多专家都认为在当时的斗争中涌现出了各种阶级斗争。同时，新的抗争在社会舞台上轮番上演，以至改变社会类型成为正当要求。从这个角度来看，它开辟了一条从工业时代进入后工业时代的通道，后工业社会的抗争形象不再表现为处于历史衰败时期的工人运动，而是学生斗争、反核运动、地方主义运动、女

---

① 参见阿兰·图海纳、米歇尔·维沃尔卡、弗朗索瓦·杜贝：《工人运动》，法雅出版社（Alain Touraine, Michel Wieviorka & François Dubet, *Le Mouvement ouvrier*, Paris, Fayard, 1984）。

② 科林·克劳奇、亚历山德罗·皮佐诺：《1968 年以来西欧阶级斗争的涌现》，麦克米伦出版社（Colin Crouch et Alessandro Pizzomo, *The Resurgence of Class Conflicts in Western Europe since 1968*, Londres, Macmillan, 1978, 2 vol）。

性运动，等等。显然，并不是所有社会学家的观点都与此相同，即便他们最强烈的共识是：大的变革势在必行。从 20 世纪 60 年代末起，丹尼尔·贝尔便提出了"后工业社会"的说法，这与阿兰·图海纳的说法给人的印象极为不同。阿兰·图海纳赋予了这个词不同的意思，他认为"后工业社会"是工业社会的延伸，根本不是一种新的社会类型。①

由美国、法国和意大利的学生运动所开启的斗争也一样，甚至连社会运动这个概念也开始被应用到与先前工人运动有明显区别的战斗中，目的就是让大家使用"新社会运动"这个说法。在"社会运动"的第二阶段，各个行动者的具体特征之间难以区别，因此，它与工业革命时期的社会运动之间的界限并不总是清晰明了的。

同一个民族国家范畴

20 世纪 60 年代末以及 70 年代初的斗争和行动者们继续在民族国家的框架内寻找自我。即便多种社会动员在同一时刻发生会给人一种蔓延到全球范围的感觉，它们的绝大多数组织形式依然符合民族国家框架。比如如今一谈到"68 年学生运动"，便会提及学生抗争的整体行为，然后可能会提到始于美国，接着波及了

---

① 丹尼尔·贝尔：《后工业社会的到来》，基础书目出版社；阿兰·图海纳：《后工业社会》，门坎出版社（Daniel Bell, *The Coming of Post-Industrial Society*, New York, Basic Books, 1974；Alain Touraine, *La Société postindustrielle*, Paris, Le Seuil, 1969）。

欧洲、拉丁美洲还有日本的工人反抗运动。然而，在某些情况下，行动开始具有跨国性，它试图越过国界，在另一个空间内组织运动，以发挥自身的影响力。因此，在20世纪70年代后期的西欧往往有来自好几个国家的抗争者们聚集一处，发起了反对建立核电站的运动。

当然，民族国家的框架不会随着"新社会运动"的发展而分崩离析，但当时斗争已经开始全球化了。要注意的是，不能把它与行动的国际化，即联系各民族背景来开展行动的现象混为一谈。

身份不够明确的社会对立方

在不同斗争中打造"新社会运动"形象的行动者，如大学生、地方主义者、女权主义者、反核运动者、消费者等，都在竭尽全力锁定一个社会对立方，而当研究人员向他们勾勒出对立方可能的样子时，他们却并不愿接受。所以，虽然和同时期其他社会动员相比，反核运动者们肯定是让社会行动冲突化的最佳人选，但在法国，当研究员召集了好几个团队试图"从社会学角度进行干预"[①]，并向他们提出了自己的假设时，他们依然犹豫了很久。当研究员向他们解释说，他们的行动所面对的是某种新型的社会对立方时（即某些技术官僚机构试图将一个符合自身利益和能力范围的核电计划强加于社会，并借此实现对社会的控制），他们表

---

① 参见本书第三讲。

现得缺乏热情。[1]

在同时期的其他斗争中，对立方的形象显得更加难以想象，让运动者们更难识别。因此，与工人运动不同的是，20世纪70年代的"新社会运动"面对的对立方显得面目模糊、身份不定，而工人运动的对手相对来说面目清晰，容易让行动的指导者和真正的统领人辨别出来。"新社会运动"所发起的斗争，其对立方变得没有特性、距离遥远、身份不定或者说很难确定，除非采用反资本主义、亲马克思主义的定义。但这样做的结果是无法看清楚斗争的特性，会为了工人阶级的利益而将其简化为阶级斗争或者把运动变成某种神秘战斗的变异体。

沉重的文化使命

"新社会运动"的行动者们肩负着沉重的文化使命，并将其认同为自己的身份，他们相当直接地反对自己所生活的社会中的文化受到摆布。他们质疑一切形式的官方权威，这也是法国"68年学生运动"至今备受诟病的一点。他们参与到当时盛行的对大众消费、广告、需求操纵（manipulation des besoins）的批判中，他们揭露文化产业的黑暗面。反核运动的核心部分是针对生态环境展开辩论，该运动的活动家们在相当多的斗争中扮演着主要角

---

① 参见阿兰·图海纳、苏萨·埃日都、弗朗索瓦·杜贝、米歇尔·维沃尔卡：《反核预言》，门坎出版社（Alain Touraine, Zsuzsa Hegedus, François Dubet et Michel Wieviorka, *La Prophétie antinucléaire*, Paris, Le Seuil, 1980）。

色，他们最后要构建另一种"文化/自然"模式，而不是那些跨国公司所强加的模式，并且这些企业所在的国家可能对其加以支持。这些行动者们想要创造一些共同生存的新方法，他们认为生产得更多并不一定代表进步，他们对地球的未来感到担忧。女性运动中的一派首推平等，另一派倡导不同，两者相持不下，很快便引申出了文化认同的问题。地方主义运动和其他"民族复兴"运动把文化认同摆在了首位，它们以历史、语言和传统为依托，就算生造一个或者提出其他神秘建构也不足为奇。

"新社会运动"的确可以把社会诉求放在首位，如大学生控诉自己生存条件艰难，揭露自身的"惨状"；再比如法国南方奥克语地区的斗争是由被大宗葡萄交易倾轧的小葡萄农发起的，因此带有社会经济维度的内容。[1] 但是总体而言，行动者们不采取传统的社会行动，却为文化价值和文化变革摇旗呐喊。可以说这些行动者展示出了更直接的文化性，而不是社会性。

与政治的另一种关系

20世纪70年代的行动者们往往热衷于重新思考他们与政治之间的关系。在某些情况下，他们断定一切都与政治相关，这样一来，在必要时他们会清算公共领域与私人领域之间的割裂状态，

---

① 关于斗争，请参见阿兰·图海纳发起的研究项目，除了上文提到的《反核预言》，该研究项目还促成了《学生运动》《反政府的国家》等集体著作的问世（*Luttes étudiantes*，Paris，Le Seuil，1978；*Le Pays contre l'état*，Paris，Le Seuil，1981）。

并且宣布取消两者的界限。他们曾经打算结束一种在当时几乎无人质疑的权力关系，完全因为它是"私有的"，没有被公之于众，没有进行辩论，没有遇到斗争。也主要因为这一点，20 世纪 60 年代在美国发起的女权运动开始让人们正视妇女遭受的暴力，呼吁她们面对暴力不再沉默，并将家暴行为完全纳入重罪范畴。

而在另外一些情况下，行动者们刻意与政治保持距离。对于当时不少"反文化"（le contre-culture）的活动家而言，问题不在于获取权力，尤其与夺取国家政权无关，问题在于创造一些共同生活的新方式。五月风暴中在巴黎参与运动的大学生们曾经多次经过因受到惊吓而人去楼空的政府部门门前，但他们从来没有过任何冲进内部并安营扎寨的想法。

到底选择"一切都与政治有关"，还是摒弃一切与政治之间的关联，对于"新社会运动"而言，最关键的应该要看他们与运动的意识形态保持距离时最常采取的方式。这些意识形态以各种变体的形式出现，要么最终促使"新社会运动"过早制度化，要么提议"新社会运动"放低姿态来认同从过去传承下来的计划和政治目标，随后引导他们走向极端，产生变身为革命者的念头，促使其用"左倾"主义的相关术语和逻辑分类来思考自身。某一些"新社会运动"正是通过这样的方式进入了政治体系的内部，特别是政治性环保运动，最后往往变成了政治家的环保运动。同时，它最具革新意义的思想多多少少被应用到了整个政治棋盘中，甚至超越其外，环保运动也好像由一股抗争的力量转化成了一场现代化运动。人们甚至可以看到，20世纪70年代的政治性环保运动的对立方——法国电力的领导们，盗用了环保运动的理念，在30年后摇身变为可持续发展理念的大力倡导者。

而其他行动者们则在与"左倾"主义和革命者意识形态作斗争的同时变得极端激进，最终使组织涣散或者意志消沉，至少部分行动者的情况如此。比如女权运动对20世纪70年代的"左倾"主义组织的分裂起到了推波助澜的作用，它们批判该类组织内部的大男子主义和性别化的权力形式，然而这些组织未能重新进行正确的自我定位，其中一些采取了完全相反的方式，走向了另一个极端，这与它们所反对的其实没有太大的不同。

一个文化"主体"

20世纪70年代的"新社会运动"十分关注个体和集体行动者的主体性。它们不再接纳延迟满足的模式，不再等待高歌的明天，它们希望能够通过动员在"此地此时"（hic et nunc）建立社会关系和人际关系。某些情况下，这会导致人们追求纯粹的快乐，会产生享乐主义；在另一些情况下，它会促使人们去建立至今仍留有痕迹的共同体式的乌托邦（utopie communautaire），尤其是在德国，在这种气候下产生的共同体依旧存在；还有一些情况，行动会参考过去和某些传统，立足于某段历史和某个其实在很大程度上是杜撰的文化，套用克洛德·列维-施特劳斯那个著名的说法，那是"拼拼凑凑"（bricolée）的文化。特别要说明的是，个人主体的价值得以提升，是因为它体现了文化在发明和创造上有多种形式，并分享了共同的价值观。

工人运动的主体具有集体性和社会性，"新社会运动"则具有独特性，并绝对具备文化性。

"新社会运动"的时代已经过去。回望历史，我们更清楚地了解到它是一个过渡阶段，介于昨日工人运动和今日"全球"运动、工业社会和后工业社会之间——人们已经不再使用后工业社会这个说法，更多地谈论网络社会或者知识社会，甚至质疑社会这个概念本身。在1968年5月学生运动之后，没有哪场大学生反抗运动能出其右，尽管各地大学时而成为这些运动的舞台，比如2006年在法国发起的抗议政府"首次雇佣合同（CPE）法案"的事件。环保主义者要么进入了体制内部，要么跟随着毫无作用的"左倾"主义变得极端激进。女权主义剩余的部分主要变成了两种观点的结合体，其一是现代化语境下的政治施压，其二是知识分子式的哲学思考，这种结合清楚地标志着女性运动历史的一次转折。地方主义也发生了改变，有些因困在暴力的漩涡中无法抽身，另外一些则演变成了促进现代化的力量，或者变成了新型的政治权力。与社会学中某种乐观主义给人的期望相反，"新社会运动"并没有成为社会直接且有力地跨入新阶段的标志，它更多的只是勾勒出了一个新家庭最初的战斗草图，但这份草图很快便因为"左倾"主义的破坏性思想而遭到摧毁，或者说对其俯首称臣，目的就是为了能够长久存在。

全球运动

20世纪70年代末，工人运动已经不再有能力赋予无产阶级斗争以普遍意义（un sens universel），亦无法将其推广到普遍的范围（une portée générale）。按照我们所知的社会运动的准确定义来看，工人运动已经不再属于社会运动。同时，"新社会运动"在全球范围内再次走下坡路，许多思想家、研究学者、社会学家和其他专家便产生了疑问：难道从此以后，时代就属于社会真空、泛化个人主义，甚至属于公共空间内涌现的各类差异所导致的文化碎片化（fragmentation culturelle）吗？在这两种情况下，无论是推崇个人主义还是派性斗争（tribalisme），后现代思想的基本主张是终结"宏大叙事"，并假设社会运动已经不复存在。

的确，在20世纪80年代到90年代，似乎很难把社会运动的概念推到台前，以促使人们关注可观察到的真相。之前的社会运动、工人运动，甚至包括在20世纪70年代延续下来的新运动，都没有完全销声匿迹。但留下来的部分因为制度化而无法上升到历史真实性的高度，也无法对集体生活的主要方向进行全局性控制；另外一部分则变得极端激进，尤其倾向于采取暴力或者构建分裂式的意识形态。最引人注意的身份认同似乎更倾向于回归共同体，或者遵从宗派主义、民族主义甚至是恐怖主义的逻辑，它们不可能到社会运动同一条战线中来，就算是远远地站队也不可能。同时，个人主义在发展，其规模和速度往往令人惊异。

然而，我们无法对这样一个世界形象表示满意，因为它堕入了以下几大倾向：先前行动者的体制化；行动者变得激进极端、充满暴力，回归文化身份；泛化个人主义。因为从 20 世纪 90 年代中期开始，一些新的行动形象要求获得公认，有一些的的确确是崭新的形象，另一些则是早期创造的形象的延伸。

随着冷战的结束，我们所生活的地球不再因为国际上两个超级大国（即美苏）之间势均力敌的力量对抗而层次分明，它进入了一个新的时期。在这个时期，经济似乎统领一切，全球化成为主流关键词。因此，人们开始意识到非政府组织的重要性，人们开始新的战斗，往往意在全球，不满足于仅仅局限在民族国家的范畴之内。或者说，其原因在于拒绝接受文化和社会生活全球化导致的后果。不管是涉及环境、人权还是另类全球主义对新自由主义全球化思想的抗议，或者泛非主义运动（mouvement panafricaniste）及其对贩卖黑奴条约和奴隶制进行修订的要求，甚至是对宗教和文化身份的认同，许多斗争都属于社会运动中第三种类型，我们将其称为"全球运动"①。如果我们对这些斗争进行仔细

① 参见保罗·塞利：《全球运动的透明性》，收录于米歇尔·维沃尔卡（主编）：《另一个世界》，见前注，第 55—76 页；凯文·麦克唐纳：《全球运动——行动与文化》，伦敦，布莱克威尔出版社〔Paolo Ceri, Les transparences du mouvement global, in Michel wieviorka（dir.）, Un autre monde. op. cit., pp. 55 – 76；Kevin McDonald, Global Mouvements: Action and culture, Londres. Blackwell, 2006〕。

地具体观察，可以发现，它们表现出了传统的一面，似乎将它们带回过去，回到上文提到的第一和第二种类型的运动；它们也传达了一些阴暗，甚至是令人担忧的元素，比如暴力倾向，带有这些元素的运动很快便成了社会运动的对立方，是对社会运动的否定。全球运动的理念是把这些不尽相同的方面放置一旁，主要关注相关斗争中符合社会运动形象的方面。①

弱化的民族国家范畴

民族国家范畴其实并没有消失在我们一直关注着的行动者的视野中，但它不再像以前那样占据根本性的位置。首先，这源于一些广义的变革，在变革中，严格意义上的社会生活、政治生活和文化生活等日益分离。集体生活中的这三个维度之间的融合度越来越低，这让反抗行动者不再像以前一样只能被迫局限在唯一的范畴内活动，现在他们多多少少在不相关的空间内开展运动，不再总是优先考虑民族国家这个范畴。说到文化差异，它们经常是跨国界的，散落在各个国家的有着游牧习性的文化差异现象，很可能今天在这儿，明天又在那儿。关于这点我们之后还会再谈。比如，当亚美尼亚共同体在关于 1915 年大屠杀事件上得到法国的官方认同时，他们的战斗便延伸到了全球范围，对他们而言，这

---

① 参见布丽吉特·博扎尼：《另类全球主义的创造力：演讲、组织和直接行动》，社会学博士论文，法国社会科学高等研究院（Brigitte Beauzany, *La Créativité altermondialiste*, *Discours*, *organisation*, *action directe*, thèse pour le doctorat de sociologie, Paris, EHESS, 2008）。

场战斗远没有结束。又比如，库尔德人在德国筑起的街垒可能是对土耳其局势的施压。塞缪尔·亨廷顿在他的博士论文中谈到过文明冲突，而与他对伊斯兰教所作的最简化的阐述完全不同，伊斯兰教是一种反抗和行动力量，它可以在全世界以各种形式发挥效力，其中某些形式与社会运动很接近。诸如"墨西哥裔美国人"（Mexican-American）在美国的身份认同，与现在的"在美国生活的墨西哥人"（Chicanos）的身份认同截然不同，后者是以前凯撒·查维斯（Cesar Chavez）为了争取公民权以工会形式召集发起的斗争。他们的身份认同如果不把美国和墨西哥同时作为参考范畴，便无法相互理解和接纳。有时，新自由主义全球化斗争的倡导者们希望更多的国家和民族主权参与其中，但是，当他们在进行政治协商、经济调整或者司法协调时超出了他们各自所在的单独的国家范畴而扩展到了超国家空间时，他们便更接近于社会运动。

全球运动不会一味地把自己限定在国家和民族的范畴内，当国家主权的传统概念牵涉到最暴力、最骇人的事件，它也不会对干涉他国内政的要求表示反对。

获得承认

全球运动参与者在进行反抗时提出的要求，可能会因为自己身处的领土范围小而十分受限，比如某个城市的居民因为某个跨国公司的某个工厂在某个特定地点污染严重而与其进行抗争时。运动能够遍及全球，关键在于行动者们的意识，他们懂得用全球性视角来看待局限在某个范畴的战斗，他们也有能力将自己与本民族以外的世界进行联网。他们能够对社会上的不平等或者不公正现象提出质疑，但这种行动并非持续不断，也不是非此不可。相反，他们的动员几乎总是带有一个要求获得认同的主要维度。

全球运动并不表现为，或者说不仅表现为反对统治的传统斗争，它的首要任务也不是质疑剥削的逻辑。全球运动主要渴望建立另一个世界，消除各种形式的、将它拒之门外的轻蔑和无视。这也许能解释为什么全球运动相比 20 世纪 70 年代的"新社会运动"，在确定社会对立方时要更努力。

全球运动有时也会认为斗争的对象是资本主义，但要它们把反资本主义战斗与以工人无产阶级为主力而开展的阶级斗争联系起来却很困难。它们往往会把美国当作对立方开展反帝运动，也会开展反美国主义运动。这让它们的行动发生了变化，它们不再发起社会运动，而摇身变为一场政治运动，而这场政治运动多少有些极端，且没有能力推动任何有建设性的提议，因为它们要等待的是矛盾的激化和体制危机的加剧，它们鼓吹的是战争。它们也可能会有反对某些大型国际组织的行动，比如联合国组织、世界银行，等等，要么在一场特定的战斗中为自己找一个特定的对立方，比如某个实实在在的企业。

总体而言，全球运动给人一种虚无缥缈的印象，它们的对立方分散不集中、没有特性、身份极难确定，因此，它们与一个世纪以前的工人运动相去甚远，后者则能够以相对清晰的方式将自己的对立方定位为劳动过程中的工头。

文化的中心地位

20 世纪 70 年代的"新社会运动"所开启的局面随着全球运动的出现而大为稳固，它们是十分纯粹的有着强烈文化使命感的行动者——如果要提及它们首要关注的对象，这其中还应该包括社会需求。如果它们被动员起来，至少在部分意义上它们同时也在创造一些参与方式，这些参与方式之间的相互关系可以证明某种新文化的诞生。另外，在运动过程中它们也参照了某些价值观，尤其是专属它们的"容易操作性"（convivialité）。

特别值得注意的是，这些运动一直都在要求获得文化上的认同，它们屡次三番地把身份列在首位，对它们而言，要避免将自己局限在复制的思维中。相反，要从获得生存权开始，然后提出其他权利诉求，让其拥有真正的生命。全球运动与宗教激进主义和基要主义相去甚远，也与最终要求反全球化的民族主义完全不同，它们希望创造有利于各种文化生活发展的条件，而不是将自己封锁关闭起来。比如，恰帕斯州的萨帕塔运动，往往被当作全球运动的先例，多年来该运动一直把对文化认同（即墨西哥印第安人的文化）的诉求放在首位，与其密不可分的便是为了社会公正和民主所开展的斗争。①

与政治的另一层关系

自从行动的范畴不再局限于民族国家，自从行动提出了文化诉求而不以社会诉求为主——这里说的文化、社会指的是传统意义上的含义，行动者与政治之间的关系便发生了极大的改变。对于他们而言，问题在于夺取政权，或者尝试着强行推行某种主义（不管怎样，实际存在过的某种主义的经历及其崩塌都会提醒他们这样的尝试将走向何方），这与"新社会运动"的情况并不一样。揭露新自由主义全球化弊端的行动者经常会发表一些分裂的言论，但这样的言论并不会找出政治上的出路，它其实拉开了与社会运动之间的距离，不管怎样，从我们的角度来看是如此。然而，如果行动者们尝试着为政治空间的重建出谋献策，当他们呼吁大家更多地从国际视角，特别是从经济和司法等层面去思考时，他们便更接近于社会运动。至少我们可以看到，在美国西雅图或者巴西阿雷格里港（Porto Alegre）举行的另类全球主义的大集会不是让 20 世纪 70 年代以来聚集在达沃斯的政治经济精英们不再那么盛气凌人了吗？从政治的角度来看，最关键的当然是行动者们的主动性和能力（即便我们不应该夸大这两者中任何一方的作用），

---

① 若要了解更多关于该行动者的信息，或者还希望了解另类全球主义运动，请参见米歇尔·维沃尔卡（主编）：《另一个世界》，见前注。

他们为政治和司法空间的创建贡献了力量，随后才得以作为反抗行动者在其中开展活动。换句话说，这得益于他们在国家这个传统范畴之外创造出适于自己生存条件的主动性和能力。

非政治、非社会、非文化的"主体"

社会大动荡导致了美国大革命，随后发生了法国大革命，而在社会大动荡中必然出现"主体"，它首先具有政治性，这个主体就是公民。我们已经知道，工人运动的主体具有社会属性，而"新社会运动"的主体则具有文化属性。如今，在全球行动者这团星云中，参与社会运动并在其中获得身份认同的个人的主体性占据了巨大的位置。这种主体性是非常个人化的，专属于某个人，不能简单地归因为某个社会或者文化归属的产物。这种主体性在源头发挥作用，它使个人参与运动，也让个人从运动中抽离出来。因此，每个人希望能够选择属于自己的战斗、运动、集体身份，也希望能够用自己的方式、按照自己的节奏来控制参与运动的行为，随心所欲的中断参与行为。

以往的运动参与行为可能由局势所定，如今它成为一种选择，一个属于个人的决定。从此，主体没有政治性、社会性或者文化性，但它这个潜在的可能性最终转变成了行动，而主体正是通过行动成为行动者，它在开展集体动员的同时对自身的发展路线施加影响，获得属于自己的经验，定义自己的选择，挖掘自己专属的创造力。

确切来说，就是因为"全球运动"的主体既没有社会性，也没有政治性或文化性，所以我们再也不能认为只能从两个选项中挑选符合我们当代社会的形象，不能把当代社会理解成要么到处充斥着个人主义，要么文化差异随处可见，甚至从更广的意义来说，它是集体行动倒退的社会。其实，第一种现象导致了第二种现象，个人主义制造了个人主体，他们在必要时会自我选择，或者也可能在盘算之后重新参与到集体动员中，获得文化身份，发起各种运动。当全球运动能够将文化认同的诉求与社会司法诉求及开拓政治新空间的行为结合起来时，它将获得更大的发展，而只有当它持续不断地借助参与成员的个人主体性，尊重它、重视它，将它变成不同元素之间互相融合的催化剂时，才有可能将各种诉求结合起来。

社会反运动（Les antimouvements sociaux）

社会运动的两面

不管是工人运动、"新社会运动"还是全球运动，研究人员会持续不断地面临一个危险：将一个相对抽象的概念，一个纯社会学的类别和一些真实具体的、可以包括这个类别，但又必须将它与其他类别混在一起的历史现象混为一谈。社会运动从来也不会追求自身概念的纯粹性，它只是表现为诸多行动中的一个。在实践中，工人罢工包含有限的社会诉求、行业诉求或者局限于某几个类别的诉求，比如加薪；它可能会传达对政府施加政治压力的元素，比如取消某个法律条款；它还会让人想到与经济危机相关的各个方面；它可能还有暴力倾向。并且，它还包含了一个具有社会运动性质的组成部分，显然这部分相对于其他组成部分而言分量很轻。

另外，社会运动不只是单面的，它总是具有两面，即进攻面与防御面。在不同的经历或者同一经历的不同阶段，甚至不同局势中，它的这两面都极具变化性。运动的进攻面对应的是行动者所具备的确定计划、目标、理想以及在某个稳固身份的基础上推出某个代替集体生活的理念的能力，比较注重协商；运动的防御面，其行动者首先考虑的是防止自己被统治方摧毁或蹂躏，并极力使自己能够存在于世，活下去，保全性命，维持自身精神及物质的完整性。

让社会运动蓬勃发展，使其将进攻能力与防御要求充分结合的条件从来都不会完美地呈现。此外，任何运动都会经历各种变化，经过多个阶段：诞生、发展然后衰败，其历史发展路线甚至会显得杂乱无章。有时社会运动面临着重重困难，这与当时的社会背景相关（比如经济或者政治危机），但也与它自身拥有的资源有关。在某些情况下，这些困难会让其发展偏离正常轨道，而这标志着社会运动的解体多少已经发生。当运动的两面分道扬镳，具体行动的不同维度不再被行动者接纳时，首先可能发生的危险便是运动会偏离其正常的发展轨道。偏离正常轨道的形式多种多样，而在危机时期更容易发生。比如当经济困难使工人行动者的薪金诉求无法得到任何满足时，当这种悲惨情形让其深受困扰并无法以积极的心态为未来作出规划时。政治上的困境（blocage）尤其会导致以上情况的发生，当社会和文化诉求没有任何机会从政治层面得到关注，没有人对其进行争辩和讨论，便会导致行动者要么退回到自己的安乐窝，要么走向极端，诉诸暴力。

在运动的诞生时期，或另一端，即运动的衰败期，偏离现象会发生得更为迅速。在这两个阶段，运动通常会显得乏力、脆弱，十分不成熟，十分不稳定，对自身缺乏信心，不相信自己的力量。一方面，它更容易受到诱惑而提前体制化，甚至容易向它所反抗的当权者作出妥协；另一方面，它又容易借助暴力来断绝关系，拒绝一切交流，排斥任何形式的协商。这就是为什么不一定要将运动的体制化和可能出现的狂躁举动或者暴力行为对立起来。这两种表达方式的确不同，但却源自同一种现象，其中一方表达了要将自身的主要维度融入计划的高层次冲突中的困难，另一方则表达了解构的倾向。但是，即便运动被解构，也不应该将它与其对立形象——反运动混为一谈，后者是消极悲观和违反常理的。

全球反运动

当每个可以定义运动的元素都变形、颠倒并变质时，我们可以称之为反运动。在这种情况下，行动的典型特征，即打算超越行动者的有限利益的特征，会被宗派主义所代替。对一个对手提出质疑的行为，即便这个对手的身份不清，逐步让位于定义一个顽强的敌人的行为，在必要时，这个敌人会被妖魔化或者极端化，要么被当成人上人，要么被当成人下人，有时甚至会被同时套上这两个身份。行动者之间的冲突关系变成了一个纯粹的力量关系，变成了一种只有暴力、战争和破坏行为——在某些情况下是自我毁灭行为——才会带来的决裂关系。因此，如果用卡尔·施密特（Carl Schmitt）的话来说，只有"敌友关系"（ami/ennemi）才有立足之地。

我们可以介绍一下前文提过的分别对应社会运动的短暂历史中反运动的三个阶段，即工业阶段、"新社会运动"表现出的过渡阶段、全球现象时代的阶段。打着工人阶级旗号的极权主义以及西方的极左恐怖主义、无政府恐怖主义等（我们可以看到，在好几个国家的诞生阶段，或者在发展阶段的另一末端，即工业社会的衰败时期，恐怖主义曾经是非常重要的），从这个角度来看，它们来自工人运动的对立方，以虚假和毁灭的方式重新套用了这些类别。同样是恐怖主义，当它满足了青年一代散漫庞杂的各种期待——意大利的情况尤其如此，那么其中应该融入了工人主义的议题，反映了某些没被满足的文化诉求，在某种意义上当时它至少创造了某种新社会运动的反向模式（inversion）。另外，这个依然有局限的现象当中包括日本的奥姆真理教派，该教派于

1995 年将思想诉诸行动，在东京地铁通道里释放沙林毒气，这标志着我们进入了全球反运动时代，我们将在本书第三部分关于国际恐怖主义的变异中再作分析。随着激进伊斯兰主义和最为骇人听闻的 2001 年在美国发生的"9·11"事件等恐怖袭击的发生，国际恐怖主义变成了全球性的运动。

但我们要避免产生一个误会。全球化能够解释反运动形成的原因，就算这些运动本身不一定具有全球性。然而，在当今世界，全球化是导致文化碎片化和社会不平等加剧的强大因素，而这些现象可能会汇聚成各式各样的反运动。比如转而求助极端暴力行为的共同体，它们本身属于全世界最不能体现全球性思维的共同体，因此不管是它们的行为还是思维，都纯粹局限在某个特定区域。全球反运动的特性在于，它源于全球化，同时它自身又具有全球性；它为催生自己的逻辑的生产做出贡献。因此，有全球反运动的存在，就必须有行动者强调某个普遍化或普及化，甚至是超越化的原则，这样便能赋予实践一个超国家或跨国的意义，即让实践远远超越地方或者国家的范畴。如今的宗教，尤其是伊斯兰教，便有这样一个原则。

| 第五讲 |

差异中的差异

从 20 世纪 60 年代中期开始，出现了一个问题，随后许多个国家都不得不面对这个问题。问题的关键（enjeu）既是区域性的，也是全球性的，因此这是一个真正全球性的问题，即差异的问题。在某些情况下，它可能质疑世界秩序，同时，它也质疑民族秩序或者地方秩序。刚开始时，该现象被认为是局限在某个区域内，其形式包括文化诉求、地方主义诉求或者"族裔"诉求（revendication ethnique）。用"族裔"一词比较尴尬，因为人们总是无法确定它指的是其自然属性、种族特性还是生物表象特征，另外，人们也没法确定这个词要表达的意思可以延伸到何种程度。20 世纪七八十年代，随着冷战结束，伊斯兰教迅速发展并演变出各种伊斯兰教极端组织的变体。现代社会中社会及文化变化的加快，人口流动现象的增加，改变且往往转移了未来前进的方向，差异的问题真正成为一个全球性的问题。于是，不仅在国际组织内部，而且在许多国家内部也弥漫着恐惧气氛，产生了各种质疑，大家表明立场，展开了激烈的辩论。因此，联合国教科文组织于2005 年通过了一个协议，即《多样性宪章》（la Charte de la diversité），其目的是为了保护并促进文化表现方式的多样化，鼓励多种文化之间的对话及跨文化交流（interculturalité）。

伊斯兰教是个宗教现象，但也有其不可分割的文化层面。由于宗教与生活模式、性别关系、教育理念，比如克利福德·格尔茨所说的打造"文化体系"[①] 的理念等各方面的联系如此紧密，以致如今与伊斯兰教相关的难题变得最为棘手。某些学者认为，伊斯兰教对整个西方社会造成了威胁，萨缪尔·亨廷顿在他的论文中提到了这一点。[②] 而另一些学者，往往还是同样一批学者，他们认为在那些伊斯兰教属于新兴领域、只属于少数人的宗教的国家，伊斯兰教的存在会从内部对该民族社会的文化完整性及其价值观提出质疑。这种担忧在西欧尤其强烈，在那儿，伊斯兰教在短短几年内的发展规模极为惊人。而在地理范围十分有限的区域所持续开展的辩论中，往往可以感受到全球性的或者仅限于本民族范围内的威胁或危机，或者说这种危机感和威胁感在局部区域

---

① 克利福德·格尔茨：《作为文化体系的宗教》，收录于《文化的诠释文集》，基础书目出版社（Clifford Geertz, Religion as a Cultural System, *The Interpretation of Cultures - Selected Essays*. New York, Basic Books, 1973）。

② 萨缪尔·亨廷顿：《文明的冲突》，见前注。

得以蔓延。比如在法国某些市镇，只要牵涉建造一座清真寺或者当穆斯林要求获得"一小块地"来建造属于他们的社区墓地时，便会立刻激发他们的情绪。在加拿大也可以看到类似现象，魁北克政府设立了一个委员会，以"合理妥协"（accomodement raisonable）为指导思想，对产生的问题作出回应。关于这一点，我们之后还会再谈。

在通过推理，以文献为依据进行分析后，持"冲击"（choc）论和以内部威胁为基调的论文，也有可能是兼有两种论调的论文，它们的准确性很快遭到了怀疑，或者至少暴露出其局限性。它们将全球伊斯兰恐怖主义和穆斯林在局部区域提出的诉求混为一谈的观点遭到了批判。威胁存在着，暴力现象也可见，有时还数量众多。新身份现象的飞速出现的确是对主流文化的根本质疑，但如同尼吕菲尔·戈尔所建议的那样，考虑西方文化和穆斯林文化的互相融合的方式同样很重要[1]：身份碎片化并不会将它眼前的一切全部清除，断绝关系的思维逻辑也不会排斥继续萌生共同生活或创建社会关系的想法。

---

① 尼吕菲尔·戈尔：见前注。

存在争议的多元文化主义

在伊斯兰教成为最受热议、最为沉重、关乎差异性的主要问题之前，文化多元主义问题其实已经建构形成，应当区分这个问题形成的两个主要源头，即便这两个源头是互相滋养的关系。其中一个源头是具体的且具有政治性的，另一个源头则更加理论化，带有哲学意义，但双方都促进了针对多元文化主义理念的思考。与其说"建构"，不如说"重新建构"，因为这个问题并非全新的、从未有过的。比如，在第一次世界大战之前，"奥地利马克思主义者"（austromarxiste）①曾经围绕文化多元主义有过多次动员。另外，这曾经是"犹太工人总联盟"（Bund）定义时的核心问题。该"联盟"是中欧一个强大的社会主义组织，它以社会和政治斗争为基础，考虑到犹太工人的文化特殊性，尤其是语言特殊性（一般而言，意地绪语是犹太工人的专属语言），试图将他们团结起来。

多元文化主义的概念首先产生于加拿大，魁北克问题构成了当时的主要历史背景：自从《双语主义和双文化主义皇家委员会

---

① 参见乔治·豪普、米夏埃尔·略维、克劳迪·韦伊：《马克思主义者与民族问题：1848—1914》，阿尔马当出版社（Georges Haupt, Michaël Löwy, Claudie Weill, *Les Marxistes et la question nationale*, *1848-1914*, Paris, L'Harmattan, 1997）。

报告》（1965 年）发表以来，有一个理念被传达了出来，即不能用狭隘的政治思想将英语人群和法语人群对立起来，要在国家内部引入族裔多样性理念——可能这也意味着要削弱魁北克民族主义，消灭所有民族主义在更大主题范围内带来的问题。多元文化主义的理念自 1971 年起在皮埃尔-埃利奥特·特鲁多（Pierre-Elliott Trudeau）的推动下被采纳，它将作为权利与自由宪章被纳入宪法中。该宪章的拟定主要针对在文化层面身为少数派而最终成为社会上低人一等的群体，为了他们的利益实施双项同步政策，一方面认同他们的文化身份［查尔斯·泰勒（Charles Taylor）用的是 recognition 一词］，另一方面为他们提供社会援助。随后，其他几个国家也考虑采用并多少参考了这类机制，其中一些是套用加拿大模式，将文化与社会结合起来，另一些则将两者分离开来。

对政治哲学而言，它获得了一次新生，起因便是出版于 1971 年，后来成为经典巨著的约翰·罗尔斯（Johan Rawls）的《正义论》（*Théorie de la justice*，于 1987 年翻译成法语）。该书的内容本身不涉及任何与多元文化主义相关的元素。但在随后对该作品的批判当中有一些观点，比如迈克尔·桑德尔①强调了关键的一点：约翰·罗尔斯研究的只是抽象的个人，没有考虑其社会性、宗教背景，没有道德深度，讨论的都是没有历史厚重感的琐碎小事。

---

① 迈克尔·桑德尔：《自由主义和公正的界限》，门坎出版社（Michael Sandel, *Le Libéralisme et les limites de la justice*, Paris, Le Seuil, 1999［1982］）。

从此，盎格鲁-撒克逊人就此展开了激烈的辩论。他们分成了两派，一派是自由主义者，另一派是社群主义者（communitarian）。接着，在20世纪80年代，雷吉斯·德布雷（Régis Debray）发起了论战，他将队伍划成"共和派"和"民主派"两列，他选择了前者。总的来说，自由主义者即"共和派"认为，只有拥有自由和权利平等的个人，如法国人所言，才能在公共空间占有一席之地；而社群主义者即"民主派"则支持文化认同政策，因此也对多元文化主义逻辑表示赞同。

为社群主义开放门路总会带来很大的风险，也就是说会导致一些意识形态和实践行动，它们让人更多地想到反对启蒙主义，而不是继承启蒙主义。这甚至是它们受到的主要指责。从这个风险的角度来看，多元文化主义不推崇个人，强调的是团体、社群。它有可能导致个人在某一个传统或一段历史的局限中故步自封。它避而不谈宗教，而宗教往往与文化密不可分。在必要时它也很有可能使用一种少数人所说的语言将个人与外界隔离开来。它要求获得文化权利，而自文化权利被当作集体权利被考虑的那一刻起，权利就被赋予那些在相关团体或社群内部掌权的人士，而这能增加群体在个人心中的分量。最后，它培养出一些上流人士，他们复制了属于自己的权力和特权，禁止一切反对言论。在这样的视角下看，多元文化主义似乎就是对启蒙思想的否定。它很快成为蒙昧主义的近义词，是在违背理智行事，它似乎与普世价值观和人道主义针锋相对，因此有成为反动派的嫌疑，就像伯克

（Burke）、赫尔德（Herder）、卡莱尔（Carlyle）、泰纳（Taine）、勒南（Renan）等学者的思想曾经可能经历过的情形一样。

所有这些批判言论都面临着一个悖论：支持传统身份或者说赞同社区身份的多元文化主义，难道不会削弱民族力量、动摇主流宗教、侵蚀民族国家范畴内建立的价值观，并最终破坏民族传统吗？它难道不会影响到某个本身已经变得传统的秩序吗？这个观点在辩论中出现得很频繁，它把多元文化主义变成了进步主义而不是反动派的方向标，因此，持有或支持这个观点的政治行动者是左派而不是右派。

因此，多元文化主义在两个完全对立的方向遭到了批判或者说攻击。一方面，它被批判为不接受普世价值观，摈弃了启蒙时期的思想遗产；另一方面，它被指责为破坏了传统价值观，对让某种文化或某个语言占统治地位的文化思想遗产表示质疑，等等。多元文化主义标志着现代化新阶段的到来。它远离启蒙思想的经典，强调那些破坏了传统的、反启蒙思想所倡导的文化。按照德国社会学家乌尔里希·贝克所采用的专业术语来表述，它从"第一次现代化"中抽身而出，并为揭开"第二次现代化"① 的序幕做出了贡献。

---

① 乌尔里希·贝克：《什么是世界主义？》，奥比耶出版社（Ulrich Beck，*Qu'est-ce que le cosmopolitisme?*, Paris, Aubier, 2006［2004］）。

张力

内在和外界

差异问题要么以内部问题的面目出现，要么以外界挑战的形式出现。这两种情况也有可能一开始就以错综复杂的方式交织在一起。在社会公共空间中，当某些特殊身份的认同诉求突然显现，并且能够在这个社会运作的过程中，在它的历史及变革中，至少部分地找到这些特殊身份的根基时，差异就构成一个内部问题。由此可知，男女同性恋的诉求就是近年来西方社会内部文化变革的结果，而地方主义运动（mouvements régionalistes）的诉求则借用了历史和记忆。

关于特殊身份认同的诉求及其带来的紧张关系，如果与移民有关，那它看起来更像是来自外界的挑战。另外，也是因为这些诉求和紧张关系的形成和固化是随着一些类似现象而产生的，这些现象所在国家的行动者们在建构自我的时候参照的是别处的有效模式。而在实践中，内在和外在逻辑不断地互相碰撞、互相渗透。

在国内公共空间内被激发的论战，不仅针对与差异相关的内在含义和维度，比如，能与差异迅速关联的种族主义，而且也涉及国家与国家之间或者地理政治性的问题。因此，移民公共政策一般与内在政治元素相互关联，比如关心移民大众在社会中的融入状况，关注反种族主义斗争，关注多元文化主义以及国际政策相关内容，如相关移民接纳国与移民来源国之间的协议。

个人与系统

社会科学的两种方法——其中一种关注的焦点在社会系统（les systèmes sociaux）上，另一种关注的则是个人或者"主体"，只要涉及文化差异，两者之间的张力就能达到最强。第一种方法，通过非常传统的方式开展研究，能从现存的文化差异中看到它们对相关社会的质询、对社会的同化能力或者至少是对社会的融入能力的怀疑，从中能发现社会在运转过程中面临的挑战以及社会结构所承受的压力。第二种方法，研究用更有创意的方式设计不同的议题，更强调文化或者宗教行动者中个人和集体的主观性，强调行动者之间构建的网络、他们的社会流动以及他们为各国间形成普遍"流动性"（fluidité，该词由齐格蒙特·鲍曼①首创并普及）所做的贡献。总体来说，传统的观点将焦点放在社会运行和社会系统上，支持对差异的融合计划。它会考虑到差异将来有消

---

① 齐格蒙特·鲍曼：《液态生活》，鲁尔格出版社；《液态的当今——社会恐慌和安全困扰》，门坎出版社；《液态的爱：论人与人之间关联的脆弱》，鲁尔格出版社（Zigmunt Bauman, *La Vie liquide*. Rodez, Editions du Rouergue, 2006 [2000]；*Le Présent liquide. Peurs sociales et obsession sécuritaire*, Paris, Le Seuil, 2007 [2006]；*L'Amour liquide : de la fragilité des liens entre les hommes*, Rodez, Editions du Rouergue, 2004 [2003]）。

失的可能性，以及这些差异有可能会局限在私生活的单一空间中，或者至少它们能在社会整体的中心找到一个合适的位置，既不与民族国家的范畴对抗，也不会采取任何方式质疑该范畴。与其不同的是，新观点有时会被指责带有后现代主义、后殖民主义的色彩，被认为与"文化研究"（cultural studies）议题相关，它们赞同特殊少数群体提出的认同要求，因此也支持它们在公共空间拥有一席之地；它们更为关注相关个人和群体的跨民族维度，饶有兴致地观察着少数群体采用何种方式建立在全球范围开展运动的多少属于想象的共同体。

这两种方法之间的矛盾并不仅限于社会科学领域。一个国家的政治文化本身对公共空间内本民族之外的身份存在越是持敌对态度，这种矛盾越有可能会出现在公共论战中。这场论战中一方力量反对民族融合模式，另一方则极力挽留这种模式，阻止其被灾难吞噬。法国和土耳其都是极端的例子，但并不是孤立的案例。在这些案例中，主流的模型和思想（尽管越来越遭到质疑）是以社会、国家和民族的高度统一为前提的，这导致了一切看起来像是介于个人与国家之间的中介团体（corps intermediaire）都被清除出了政治领域。共和国的理想模式在这些国家是如此深入人心，很快便可以看到在公共空间内被强行赋予的文化或宗教逻辑思想会遭到拒绝。在法国，拒绝的行为源于叛逆的雅各宾传统，该传统甚至反对少数派的存在。从更广义的角度来看，它反对的是有组织性的中间调解。1791 年《谢普雷法》曾经一度把这种逻辑具体化了，该法令禁止行会的存在，为的是保持个人和国家之间的直接沟通。

再生产和生产

这些差异本身千差万别，与社会科学的辩论一样，公共论战太过频繁会把一些纯文化性的现象和其他现象搞混，如另外一些宗教现象，甚至还包括被称为"族群的"（ethniques）或者"族群—种族的"（ethnico-raciaux）现象——这种称谓其实不为人接受，除非我们明确指出它不是指自然属性及其本质，而是某种社会的产物。

相比之下，人们最初倾向于以再生产的观点来看待新差异。文化身份要求在公共空间获得认同，它要么被描述为自然产物，要么被说成是纯粹的历史遗留物，是"原生的"或者"原初的"，它是"强有力的"①，来自遥远的过去，甚至可以说是来自无历史记载的过去。这种观点可能协调了对文化的吸收观和再生产方面的观点，在相当程度上符合行动者的言论，在特定情境下，也符合其组织内部知识分子的言论，即便诸如艾瑞克·霍布斯鲍姆等人类学者或者历史学者都抗拒这种观点，他们谈论的是"传统的

---

① 阿力纳·库提卡宾在她的中东欧民族身份研究中使用这个称谓，作为弱者（weak）的对立面，参见《你是匈牙利人还是罗马尼亚人——对中东欧民族和族群身份的研究》，刊载于《国族身份》杂志（Alina Curticapean, Are you Hungarian or Romanian? On the Study of National and Ethnic Identity in Central and Eastern Europe, *Nationalities Papers*, vol. 35, no. 3, juillet 2007, p. 411-427）。

发明"①。在对不同人类群体的本质进行了提炼之后，人们无法在他们的文化中看到任何除了历史遗传之外的东西，这种观点多少可以对抗攻击它、削弱它的经济或者政治力量。比如金钱，它让传统身份解体；又比如雅各宾主义，它让地方政权和外省社会及其自身文化都向中央权力的规则屈服。每当移民看起来为社会内部引入了源自遥远空间，也包括时间上的遥远的文化特殊性时（les particularismes culturels），这种观点便进一步得到巩固。这些特殊性依然经常遭到怀疑和质问，因为它们顽固不化，根本无法融入流入地社会文化及接待地民族文化中。马丁·巴尔克②是第一批描述文化种族主义或者说差别主义式的"新种族主义"（new racism）的人物之一。"新种族主义"认为身份显然是由多股移民浪潮带来的，是众多流行模式当中的一种；它假设目标群体在文化层面上互不相同，其差异几乎自然而然地植根于这些群体的个性当中，以至对民族和社会整体的价值观和文化构成了威胁。

　　另外一个理念可能与上文提到的理念互相兼容，不过也不一定，它很早便以"回归"的议题为基础。"回归"的观点适用于所有现象，既然如此，它也适用于族群性（ethnicité）和宗教，比

---

① 艾瑞克·霍布斯鲍姆、特伦斯·兰杰（主编）：《创造传统》，剑桥大学出版社〔Eric Hobsbawm et Terence Ranger (dir.), *The Invention of Tradition*, Cambridge, Cambridge University Press, 1983〕。

② 马丁·巴尔克：《新种族主义》，交汇图书出版社（Martin Barker, *The New Racism*, Londres, Junction Books, 1981）。

如安东尼·史密斯谈到过"民族复兴"①, 另外一些学者如吉尔·科佩尔则提及了某种回归, 一种"上帝的报复"②。回归让某种过去的现象有可能重新找回似乎已经消失或者注定要消失的力量和生机。这类观点能让人们不会盲目到忘记其实相关问题一直都存在, 只是它隐藏了起来让人看不到。另外, 它让人们发现向现代化理念靠拢存在着缺点或风险, 在启蒙时期的直线发展道路上, 现代化的进步与注定要被逼退的传统两相对立。当牵涉到权力和理性的普世价值观与群体的特殊价值观之间的较量时, 回归这个议题很自然地占有一席之地。群体特殊价值观的特点陈旧过时, 它们团结及存在的形式其实具有前现代化的特性。它就像是对启蒙思想的颠覆, 因为在此我们可能看不到进步, 而是看到倒退。它认为在这个演变过程中, 现代化的势力停滞不前, 而传统和古风不仅没有衰败, 反而找到了重新喘息的机会。

回归的主题有各种各样的变体, 它似乎既不意味着启蒙思想的失败, 也不表示自己的计划正处在艰难的道路上。不管怎样它至少意味着, 在宗教本位主义或者其他传统主义与现代化的普世价值观之间形成的冲突中, 占优势的一方是传统、身份和差异。这种颠覆可能会让启蒙思想的继承者们感到痛心, 也可能让相对

① 安东尼·史密斯:《现代世界的民族复兴》, 剑桥大学出版社 (Anthony Smith, *The Ethnical Revival in the Modern World*, Cambridge, Cambridge University Press, 1981)。

② 吉尔·科佩尔:《上帝的报复》, 门坎出版社 (Gilles Kepel, *La Revanche de Dieu*, Paris, Le Seuil, 1990)。

主义思想者们欢喜愉悦，还可能会受到推崇（"后现代"哲学思想便是这种情况），因为它揭发了进步和工具理性造成的损失，它认为"小即是美"（small is beautiful），从更广义的角度来看，它不偏不倚地支持各种特殊身份，它反对把白人、男性、西方人、北方国家等描绘成主导形象的普世价值观。

是否应该把文化或者宗教差异简单归结为一种再生产，或者从严格的相对主义的角度把它看成现代化的对立面，还有待商榷。

社会科学的四大收获

在 20 世纪 80 年代到 90 年代，社会科学逐渐开始贬斥所有差异再生产概念，而且结构主义方法模式的没落从内部支持了这种做法，它们用各种不同的方式直接或间接地把再生产的概念与发明或者构建的概念对立起来。社会科学实际上支持了相反的观点，即认为文化身份源自生产逻辑（logique de production），用列维-施特劳斯的话来说，就是"拼拼凑凑"（bricolage）的产物，也就是说文化身份融入了新元素和其他以前已经掺杂了的新旧元素的产物，还多亏了"拼拼凑凑"，业余爱好者的想象力和创造天赋，使它再次利用了从过去借鉴来的素材。变质的身份形式，主要是带有种族主义或者宗教激进主义的身份，也是源自生产逻辑。

因此，比不喜欢使用"种族"（race）①一词的法国人更甚，在盎格鲁-撒克逊国家，人们援引这种观点，即种族是人为构建的产物，而不是自然产物，因此人们往往不会把它定义为某种本性，而是把它看作社会的产物，这样"种族"这个词才可能被人接受。但不能因此把身份的生产理念与类别的构建理念混为一谈，后者能够描述事实，而谈论社会事实的人们觉得它是什么样，那它就是什么样。②事实上，它强调的是构成行动者的所有元素的积极面，这些元素构建了它们的集体身份，让身份得以生存，赋予它意义，给予它肯定，因此，社会建构主义指出社会通常的工作——其实也是社会机构的工作，是制造词汇、习俗和思维模式，而这些产物又将定义身份，并进一步定义行动者。

20世纪60年代以来，人们在知识层面获得的巨大进步使人们进一步加深了对文化差异的理解。另外，它也促进了人们对政治和机构的思考。确切来说，有四点值得我们在此稍作探讨。

集体身份和个人主义

第一点涉及集体身份的出现和现代个人主义的发展之间的关

---

① 1992年一次研讨会上特别关注的问题是："是否应该删除宪章中'种族'这个词?"参见西蒙·波纳福：《无种族差异》，巴黎政治学院出版社（Simone Bonnafous, *Sans distinction de race*, Paris, Presses de Sciences Po, 1992）。

② 因此，谈论身份的生产并不一定就是遵循"社会构成主义"的传统，关于该传统，参见彼得·L. 伯格和托马斯·拉克曼的《事实的社会构成》，他们在书中为该传统揭开了序幕（Peter L. Berger et Thomas Luckrnann, *La Construction sociale de la réalité*, Paris, Méridiens Klincksieck, 1986 [1966]）。

系。表面看来这有悖常理。我们的本能反应是把这两种现象对立起来，前者给人的印象是，建立社会基础的是一些活跃在公共空间内的可见的少数派团体；后者则相反，它让人看到的是，泛化个人主义不会让位于集体行动，甚至不允许共同体有存在的可能性，必要时会将其解散。从理论上来说，这个理念促使我们作出选择，随后论证大家公认的假设是否正确。这样说并不能让人接受，理由很简单：现代个人主义让集体身份得以续存，它并没有破坏或者销毁它。过去，在传统社会的内部，当身份进行自我复制、繁衍时，单独的个人别无他选：团体借着传统的名义，让个体臣服于团体的法令，个体永远只是社会群体的一个微小粒子，而社会群体被认定为可以按照它本来应有的样子永存于世。

但如今，单独的个人越来越希望选择自己的身份，包括选择他们的集体身份。他们作为个人参与活动（而且他们也希望从此时开始能够选择从活动中抽身而出），希望可以根据自己的个人决定分享自身所属团体的价值观。用一个简单的例子来解释这一点：昨天，一个年轻人因为他父母、祖父母是穆斯林而成为穆斯林；今天，特别是在西方民主体制中，他会向采访他的研究人员解释他的宗教信仰是个人选择的结果。

要理解现代宏大的身份现象，就要让个人主义从两个不同的角度介入进来。一方面，从它的工具性、战略性和计算能力来看；另一方面，要特别从它的个人主观性的维度来看。集体身份的发展和改变以特殊主体为起点，特殊主体要选择向集体身份靠拢，或者至少选择接受这个集体身份。因此，从部分意义上来看，用阿兰·图海纳和法拉德·霍思罗哈瓦尔①的话来说，集体身份是对自我的寻找。这让我们不能采用上文提到的进化论式（evolutionniste）的推理方式：当今的现代化并不意味着代表理性和权利的个人主义绝对战胜了集体身份及其可以承载的激情和被再创造的传统。反而言之，现代化也不是传统或者群体的回归。它更多的是两个领域（registre）之间产生的张力，一边是代表着理性和权利的个人的严苛要求，另一边是代表着激情、信念和传统的团体的诉求。正因为如此，"主体"的概念保证把个人主义和集体身份这两者联系在一起，所以应该要将两者结合起来进行思考，而不是将两者对立起来。"主体"的概念其实让人想到的是发明和创造性、创造力、个人的参与。如今，身份、保留记忆的工作、明确某种文化的归属等问题将变得无法理解，除非个体改造自己，包括作出选择，有能力成为自身经验的"主体"，并且接受他人也有可能成为"主体"的事实。可以通过多种方式施展这种能力。另外，它也可能被束缚住，比如因为种族歧视或者社会排斥。它也可以帮助认识某种文化差异，并由此促进集体身份的产生，也可以处在某种经验杂糅的中心点，行动者在其中选择杂糅的身份，让诸说混合的文化延续下去。它还可以使行动者完全脱离任何特殊身份——不管这种身份是"纯粹"的还是混杂的，确认自己是

---

① 阿兰·图海纳、法拉德·霍思罗哈瓦尔：见前注。

单独个体，不依靠任何隶属关系而存在。

文化性和社会性

第二点涉及文化性和社会性的分离。文化差异与社会不平等之间的关联到了什么程度，或者，这种关联是否存在？如果多元文化政策的实施没有任何成效，这个问题可能只停留在纯粹的理论或哲学层面[1]，或者同时停留在两个层面。研究是否总是可以分辨这到底是文化层面的表现或诉求（比如人们呼吁某种身份在公共空间得到承认），还是社会范畴的担忧或期待（比如同样的人群表达了社会极大的不公给他们造成的痛苦）？将这两者混杂在一起，就是把不同的维度混淆了，经验让它们各自都十分清楚这些维度截然不同，但如果把它们完全分离开来，就意味着它们没有任何直接关系，否则经验式的研究可以制造一个关系出来。

比如，在整个欧洲，由激进右派引导的民族主义运动从 20 世纪 80 年代以来在政治上势头正劲，它们把本民族的文化身份置于首要位置，而经济全球化和移民可能对其造成威胁。如果撇开社会上的困难、恐慌以及一些团体的自私自利不谈，这些运动就无法让人理解。由于社会地位下滑或惧怕这种现象发生，活动分子和选举人被动员了起来，他们希望能够与最贫穷的群体保持距离。

---

① 例如参见南希·弗利泽、阿克塞尔·亨尼斯：《再分配或承认？一次政治哲学交流》，维尔索出版社（Nancy Fraser et Axel Honneth, *Redistribution or Recognition? A Political Philosophical Exchange*, Londres. Verso, 1998）。

在此，民族选择与社会背景有着一定的关联。同样，移民所带来的伊斯兰教在相应国家迅猛蔓延，这也是由一定的社会背景造成的。这些国家的移民来自阿拉伯伊斯兰世界，他们受到驱逐、遭遇种族歧视，比如在好几个西欧国家都发生过这种情况。因此，伊斯兰教的含义和影响多少与这些移民的经历有关，然而不能因此就用社会性来解释宗教信仰和相关信念，因为那是另一个问题。

某些情况下，对认同的诉求和要求获得文化权利似乎与任何社会诉求都不一样。比如，当亚美尼亚协会要求法国政府承认 1915 年亚美尼亚大屠杀事件时，它们根本没有提及任何艰难困苦或者社会不公。但这些人往往因为不能得到充分的文化认同、遭到社会不公正待遇而痛苦不堪，不仅他们的文化存在（être culturel）被否定，他们的社会存在（être social）也遭到贬低或被排斥。

如果负责人打算重新全盘考虑这个问题，他们面临着一个关键问题：他们到底应该实施一个政策还是两个不同的政策？在 20世纪 70 年代或者 80 年代，以加拿大和澳大利亚为首的几个国家选择了"融合式"（intégré）① 多元文化主义，旨在对少数派赋予文化权利，同时从社会生活的各个领域帮助其成员，比如就业、住房、医疗保险等。然而，美国的多元文化主义则更倾向于采用

---

① 参见拙作《差异及文化身份：挑战、辩论和政策》，黎明出版社（Michel Wieviorka, *La Différence. Identités culturelles：enjeux，débats et politiques*. éd. de l'Aube，poche-essai，La Tour d'Aigues，2005［2000］）。

"分离式"（éclaté）模式：文化认同诉求是一件事，社会诉求是另一回事。因此，被称为"肯定式行动"（affirmative action）的政策（法语中称之为"正向歧视"，该说法表达了一种强烈反对该措施的情绪）并不包含任何文化认同。比如，实施这些政策并不是去对黑人说，你们的音乐、文学、历史等都可以让你们获得"非裔美国人"（African-American）的身份认同，而是为他们创造便利、提供优待，不仅能让他们上大学，也让他们可以担任大学老师。这些社会政策对少数派中的每个人都有益处。这显然并不是在禁止他们采取行动以获得文化权利。另外，遵照一个完全不同的逻辑来看，很多美国大学内部都有"美籍非裔研究"（African-American Studies）系，这也是一种文化认同政策的体现。

三个领域

过去岁月中的第三个重要收获，与伊曼努尔·康德（Immanuel Kant）所描述的情况如出一辙，就是我们已经学会了不混淆这些领域，更确切地说，我们已经知道如何区分三个方面。第一个方面，是研究文化差异的产生状况及其飞速发展的条件，它们内部产生的张力，它们提出的要求和挑战，它们造成的冲突，它们可能呈现的形式，比如开放式还是封闭式（社团主义、原教旨主义、种族主义等）。第二个方面，则是用它们的话来评判价值观，说一说从它们的角度考量政治方案是否公正，是好还是不好，并从它们的角度指出人们期盼什么样的政策或者反对怎样的政策。

第三个方面，是先对局势或者问题进行分析，对好与坏、公正和不公、良与莠进行定义之后，提出一些具有针对性的改善体制的举措。

对于第一种情况，应该从人类学和社会学开始对社会科学进行动员；对第二种情况，应该要发挥政治哲学的作用；而第三种情况，则应该由政治学及司法学担起责任。我们不能混淆这三类方法：提出分析的建议，指明行动的方向，实施体制、政治、司法等治理方案——比如采纳多元文化政策，虽然这些分别属于不同的步骤，但不应该因为它们所属不同而妨碍（恰恰相反，这应该有助于）我们在这三个方面寻找一致的协调性。

受害者的时代

最后，第四个收获，也是引发各种辩论、争议和往往选择十分激烈的立场的根本原因，那就是大部分要求获得认同的身份都有"受害者"的一面。为了能在公共空间内露面，为了能在其中获得某种合法性，行动者们援引了在多少有些久远的过去、他们所属的集体所遭遇的破坏行为；他们提到国家和民族犯下的历史错误，国家和民族为他们提供避身之处，可能已经将他们遗忘，也可能否定或贬低他们；他们还展示了伤痕，因为伤痕标志着这些事件曾经存在过。

从这个角度来看，身份表现出了"消极"的一面，说它消极，因为在它身上能明显看到破坏、否定和对人身权或完整人格权的怀疑，至少让人看到了行动者的参与资格被剥夺了，这甚至在他们身上烙下了伤痕。当然这根本不能否定它也有"积极"的、创造力的一面，它也为文化或者城市生活（la vie de la Cité）做出了贡献。法国是个极端的例子，其共和国政治文化对来自少数派的挑衅性诉求持抵抗态度，然而，突出"受害者"的一面更容易激起公众舆论的情绪，也更容易向相关政治负责人问责，因此那些抵抗态度一触即溃。

转折点

整个20世纪70—90年代，各种辩论此起彼伏，首先是在政治哲学内部，接着在纯政治领域，再后来则在社会科学内部，辩论双方分别是"社群主义者"和"自由主义者"，议题是赞同还是反对在民族社会公共空间内实施某些集体身份的认同政策。这些辩论最终没有一个定论，但也已经山穷水尽，多年来一直没有提出任何新的论点。

把多元文化主义当作制度处理方案赋予某些群体以文化权利，这依然是争议和辩论的焦点，但论述的内容依然没有什么进展。在"融入式"多元文化主义国家（以加拿大为首），当多元文化主义的主体失去了其政治层面的重要性时，人们对它的热情减退了，但不一定完全消失。美国的多元文化主义的势头已经减弱。

相反，"分散式"的多元文化主义在法国取得了微小的进步，因为近来法国不仅采取了认同文化的政策，而且施行了"积极歧视"的社会举措。

范畴的改变

依照传统，对文化差异及其政策的思考和辩论是在国家和民族的范畴内开展的。正因为如此，之前我们提到了多种范畴来解释说明我们在法国、土耳其、加拿大、美国和英国等国家开展的分析工作。不仅是政治哲学的相关研究工作，包括 20 世纪 70 年代到 90 年代的社会学研究，它们最终都为比较拓宽了参考范围。所有的差异，就像当时人们所认为的那样，要么存在于这个范畴中，要么先于这个范畴出现［比如加拿大魁北克省说法语的少数人群，还有"原住民"（nations premières），另外还有法国的布列塔尼身份和科西嘉身份，等等］，要么差不多是"无中生有"（ex-nihilo）（比如风俗方面的差异），要么是为了在当地安顿下来并融入其中，最常见的是自愿为之（比如移民），但有时也有"不自愿"形成的少数派，比如约翰·奥格布提到的美国黑人——奴隶贩卖和奴隶制的受害者的后代①。

但这个范畴不一定是最合适的。正如我们看到的那样，如今

---

① 约翰·奥格布：《少数派教育和等级制度：美国体制、跨文化视角》，学术出版社（John Ogbu, *Minority Education and Caste: the American System, Cross-Cultural Perspective*. San Diego, Academie Press, 1978）。

的文化差异似乎很快就要超出单个的民族范畴，并且在不止一个国家内稳固下来，其模式各不相同。曾经已有的散居现象继续存在着，另外又产生了一些新的，比如"黑色大西洋文化"（Black Atlantic）。保罗·吉尔罗伊在20世纪90年代已经提到过安德烈斯群岛黑人以及他们的文化可以在英国、美国、加勒比海地区找到。① 再比如艾力泽·本·拉法尔所研究的俄罗斯犹太人的散居现象。② 跨越国界的网络错综复杂，它的运行结合了不同的文化生活形式和经济实践，有时勾勒出一幅"从底层"形成的全球化画面③，画面上可以看到无数的"蚂蚁"往来不停，有时这些"蚂蚁"是马格里布地区的移民，他们在地中海沿岸来来去去，除此之外，他们还发展了多种形式的贸易交流。往往还是这群人，他们在自己经常光顾的区域建立了一片住宅区，却没有与外界形成隔离态势。仅仅满足于以民族国家为唯一范畴的分析工作，并不会关注各式各样的移民现象，边境川流不息的车辆、过境现象或者边境地区的形成。比如，如何以另一种方式而不是粗略笼统地看待巴西的日本移民的后代？他们当中有一些人"重新回到"日

---

① 保罗·吉尔罗伊:《黑色大西洋：现代性和双重意识》，维尔索出版社（Paul Gilroy, *The Black Atlantic, Modernity and Double Consciousness*, Londres, Verso, 1991）。

② 艾力泽·本·拉法尔等:《散居现象的形成：在以色列、德国和美国的俄罗斯犹太人》，博瑞出版社（Eliezer Ben Rafael et al., *Building a Diaspora. Russian Jews in Israel, Germanv and the USA*, Leiden, Boston, Brill, 2006）。

③ 阿兰·达留斯:《从底层形成的全球化》，见前注;《南方北上——欧洲南部的阿富汗和摩洛哥人》，黎明出版社（Alain Tarrius, *La Remontée des Sud. Afghans et Marocains en Europe méridionale, La Tour d'Aigues*, Les éditions de l'Aube, 2007）。也可以参见阿里汉德罗·珀尔泰斯:《从底层形成的全球化：跨国共同体的崛起》，见前注。

第五讲　差异中的差异

本，结果发现自己并不特别想在那儿留下，于是又费尽周折回到巴西，或者移民到美国、加拿大和澳大利亚。对这些日裔（Nikkei），即便生活在日本也不妨碍他们通过足球、餐饮、媒体等方式与巴西保持十分紧密的联系，这可能会让他们面临一种特殊的种族歧视，人们不会指责他们的外表，因为从外表来看他们完完全全就是日本人，人们会从纯文化的角度指责他们的另类。因此，要分析他们的经历，就需要把研究范围扩展到日本、巴西、美国等多个国家。① 同样，也不能把在美国的墨西哥人简单地理解成是可能要逐渐融入各民族融合地区（melting-pot）（或者是非融合地区）的"墨西哥裔美国人"（Mexican-American）。伊凡·勒·波和欧尔嘉·奥德加②所作的研究很清楚地透露了问题的复杂性：在美国和墨西哥交界处，形成了两个空间，另外，很多流动人口从这个国家游走到另一个国家，呈现的是多种不同的模式，构建出了种类繁多的空间—时间，这需要我们以两个国家为范畴进行全局考虑（如果要分析来自美洲中部其他国家的流动人口，甚至需要将范畴延展到两国之外）。正如我们知道的一样，这样一来又会出现新的

---

① 美兰尼·佩鲁：《回归移民还是绕路移民？日本裔巴西人的移民路径多样性》，《欧洲国际移民》杂志（Mélanie Perroud, Migration retour ou migration détour? Diversité de parcours migratoires des Brésiliens d'ascendance japonaise, *Revue Européenne des Migrations internationales*, 23.1, 2007. p. 49-70）。

② 伊凡·勒·波：《边境的社会行动者和文化行动者》，米歇尔·维沃尔卡（主编），《另一个世界》，见前注；《移民、边境和文化创造》，《国际论坛》，《墨西哥学校》杂志，第185期，2006年（*Migraciones*, fronteras y creaciones culturales, *Foro Internacional*, El *Colegio de Mexico*, no. 185, 2006）；欧尔嘉·奥德加：《边境身份》，阿尔马当出版社（Olga Odgers, *Identités frontalières*, Paris, L'Harmattan, 2001）。

问题：这种流动现象会造成"去地域化"，会带来新的、跨民族或者后民族身份，这难道不会形成新的地域性（territorialité）吗？比如形成边境地区？难道不应该以更为传统的视角来看待人口流动现象吗？因为流动人口与他们先前所在的某个村庄、某个地区、某个社会保持着多多少少具有持续性的联系，墨西哥流动人口通过汇款的方式将数量可观的存款寄回国，这难道不证明了地域化的概念吗？所有种种，难道不是在证明他们的传统身份、根源依然存在，而不仅仅只是存在于"想象的共同体"中吗？

　　法国一般把自己看成一个大熔炉，并认为来到法国的移民梦想着能在此生活下去。但是萨马因·拉歇尔[①]对位于英吉利海底隧道入口处、后来由内务部长下令关闭的桑加特红十字中心的案件进行了深入研究，发现许多移民只有一个想法，那就是离开法国前往英国，也可能接着前往其他地方，比如斯堪的纳维亚和美国。另外，往往被称为"共和国式的融合"的法国模式，是以就业和劳动的理念为根基，它与现实的吻合度非常有限，无法完全照顾到非法的、秘密的、地下的劳动现象，只能对其置之不理，或者将其归为刑事案件。

　　文化差异不仅仅存在于与民族国家时空有限吻合的空间性和时间性当中，它们也会带来政策的变化，会促使人们在考虑到这

---

　　① 萨马因·拉歇尔：《桑加特之后……新移民现象、新挑战》，争论出版社（Smaïn Laacher, *Après Sangatte ... nouvelles immigrations, nouveaux enjeux*, Paris, La Dispute, 2002）。

些转变的基础上采取司法措施。

　　首先，对于任何民族国家而言，如果要制定政策和修改法律，就愈加有必要将内在维度和外在维度结合起来，而且外在维度往往包含最大可以延伸到全世界、超民族的范畴，最小则可以小到某个地方的范畴。这不仅造就了身份那阳光积极的一面，比如对文化的贡献，同时也导致了最阴暗消极的一面，比如极端暴力、种族主义。举个例子来说，对于重新抬头的反犹主义，法国如何能够不考虑其全球特性而与其进行斗争？一方面，反犹主义源自法国社会内部，比如社会排斥和种族歧视，它们加剧了整个阿拉伯穆斯林移民人群对犹太人的仇恨；或者反犹主义是一些关于过去，更确切地说是关于奴隶贩卖的论战的衍生物。另一方面，当代的反犹主义受巴以冲突给法国社会带来的冲击的影响。主要是因为在法国生活着犹太人、阿拉伯人和穆斯林，他们自己可能多多少少会感觉到与此相关并被牵连其中，而外部会传入各种言论和画面，这其中包括利用新科技开展的全球泛滥的反犹宣传，其内容大多是关于对美国或者以色列的相关政策的批评，也包括相关政府对法国在解决此类问题时所采取的方法的评判。[①]

　　相比很多其他领域的问题，关于文化差异的研究不只需要把民族国家的层次或范畴，与世界化的范畴以及不分国界的空间范

---

① 我在此再提下我做过的调查：《反犹趋势：当代法国对犹太人的仇恨》，罗贝尔·拉封出版社（Michel Wieviorka, *La Tentation antisémite. Haine des Juifs dans la France contemporaine*, Paris, Robert Laffont, 2005）。

畴结合起来。另外两个层次也应该被考虑在内。第一是多个民族国家组合在一起的大区范畴，首先是欧洲建构这一重要现象，它带来了众多挑战，迫使研究者们思考各种类别，通过不同类别来考虑差异问题，而且，这些类别根本没有在一个个的民族社会中得到统一。比如，法国认为民族的概念由出生地定义，德国则长期首推血缘制，这两者之间有一定的差距，但近年来德国很干脆地将差距缩短了。同样，英国政治文化把那些不认同族裔或者文化上的少数派的言行判定为种族歧视，而在法国，一出现种族歧视的言论和行为，立刻会被指为种族主义。但民族政策文化从来都不是一成不变的，如果用太过简单化的方式将它们对立起来，就显得虚假造作。因此，当 2005 年 7 月在伦敦发生了伊斯兰恐怖袭击之后，英国模式遭到了强烈质疑，因为其向各社会群体，特别是穆斯林群体开放门户，以致人们在谈及英国首都时都用"伦敦斯坦"来指代。无独有偶，2005 年 10 月到 11 月间在法国发生了骇人听闻的郊区暴动事件之后，通常被看作与英国模式对立的共和国模式，至少是在其最纯粹、最本质的版本中，显得老旧过时了，法国没有兑现共和国一直宣扬的平等、博爱的诺言，将部分人群赶入准贫民窟，同时还采用了咒语式的压制方式命令他们融入法国社会。

思考文化差异需要考虑的第二个层面，是文化差异自身可能所属的非常有限的空间，有时是一个"地方"，可能仅仅只是一个区或者一个城市，不涉及民族的范畴，但也并不会因此而阻止本属于该"地方"的现象延伸到超越国界的范畴。正因为如此，法国郊区的有些家庭几乎全家人都不了解离他们最近的大都市，比如巴黎或者里昂，他们基本不在法国各城市间走动，却时不时乘坐飞机去距离遥远的自己曾经生长的国家。

另外，20世纪70年代到90年代的辩论主要展现了一幅暗含着有关文化差异的画面，辩论把差异重新塑造成了一个独一无二的样子，所以从这个角度来看，其中每一个差异都构成一个界限清晰、具有一定稳定性的整体，这个整体有可能与其他差异和谐共处，其中的问题正如阿兰·图海纳所写的：带着我们的差异，"我们能否共同生活？"①

如今，我们再也不能仅仅满足于一个统一的或者说唯一的视角，相反，我们应该学会从差异当中辨别差异，这也正是加拿大哲学家威尔·金里卡的担忧。他认为要构建多元文化主义，主要问题之一就是要规定一些准则并予以实施：是否要有适用于所有少数群体的普世标准，或者是否应该以多元文化主义为目标来制定准则，以区分各种类别？② 在此，我们的任务旨在对所有问题进

---

① 阿兰·图海纳：《我们能否共同生活？》，法雅出版社（Alain Touraine, *Pourrons-nous vivre ensemble?* Paris, Fayard, 1997）。

② 威尔·金里卡：《多元文化奥德赛：航行在多样性的新型国际政策中》，牛津大学出版社（Will Kymlicka, *Multicultural Odysseys. Navigating the New International Politics of Diversity*, Oxford, Oxford University Press, 2007）。我们还可以以泰德·戈尔的思想来进行补充，即如果特别涉及与西方民族非常不一样的后殖民国家，便应该对类别进行更新。泰德·戈尔：《危机中的少数群体：关于族裔政治冲突的全球视角》，和平研究院出版社（Ted Gurr, *Minorities at risk: a Global View of Ethnopolitical Conflict*, Washington, Institute of Peace Press, 1993）。

行大的分类。简单来说，我们可以划分出五大情形，而我们所作的介绍其实也是在描绘某个类型学的草图。

文化和政治：五种结构，外加一个

该类型学的涉及面从结构最为清晰的身份一直延伸到个人主义式的身份缺失，可以通过一个"多样性轴线"（axe de la diversité）来展示，我们将其分为六个要点，并在每个要点中指出行动者们希望采取的政治处理方式。

再生产逻辑

在该轴线上的第一个点是文化身份，它看起来源自某种再生产逻辑。的确，我们知道，最好对行动者们基于这样的逻辑发表的言论保持警惕。事实上，人们认为这些身份扎根于悠久的历史当中。显然，这可能会导致文化身份的自我复制，并抵抗一切对其具有破坏性的因素。一般来说，在分析当中，它们以新事物载体的形象出现。神职人员、知识分子、教徒、政治领导人等行动者们在宣传再生产言论时利用的是历史的连续性，在某种意义上，这种历史连续性一直都是意识形态或者神话的重要部分。正如罗南·勒·考阿迪克在一本名为《布列塔尼身份》的书中所写的那样，布列塔尼身份是一种新近的发明，如果说到它的音乐或者建筑，其实这些艺术在很大程度上借鉴了几个世纪前的法兰西岛文化，却经常被当作特别古老而又传统的身份来介绍。[①]

　　某些身份展现在成员面前的是再生产维度的虚伪特性（而且展现在公共空间内），也许该特性还十分顽固，但并非最关键之处。最具决定意义的一点源自诸如共同体、少数群体、教派、宗派等人类整体行动的方式。一般来说，通过观察可以发现一种组织模式，即单个"主体"在其中毫无地位，它以集体权威为先，以掌权者的利益为先。这里所说的身份，用路易斯·杜蒙的话来说，属于"整体主义"（holisme）式的分析对象，这个身份要求那些希望对其进行了解的人采用整体的方法，而不是从个人的角度去观察。该身份有可能为了更长久地存在而一直自我孤立，或者，如果它被地域化或者希望获得一片属于自己的领土时，有可能希望决裂或自治，总而言之，它永远不会轻易地接受自己正在其中发挥效力的那个更广泛的社会的价值观。[②]

　　一个行动者越是对再生产逻辑有诉求，就越发会提高警惕以保留、保护身份，不受到外来污染，或者希望自己的身份变得枝

---

　　① 罗南·勒·考阿迪克：《布列塔尼身份》，雷恩大学出版社（Ronan Le Coadic, *L'Identité bretonne*, Rennes, Presses Universitaires de Rennes, 1998）。

　　② 路易斯·杜蒙：《论个人主义》，门坎出版社（Louis Dumont, *Essai sur l'individualisme*, Paris, Le Seuil, 1985）。

叶茂盛，势力范围扩大。在这种想法的驱动下，行动者期待采取一些针对性的政策，要么赋予某个相关群体以自制权，甚至让其独立，以便它能够实施自己的规则；要么特许其拥有一些特殊的文化权利，或者至少对相关群体及其领导者持宽容态度，任由其对群体成员进行严密控制，以便在内部和外部之间树立一道尽可能高的围墙，避免该群体解体，同时防止混合式婚姻。在这种情况下，关于权利和理性的普世价值观可能会遭到嘲讽，首先遭遇嘲讽的便是宣扬男女平等的价值观，以及主张个人主体的自由应该从属于集体及其领导人的决策的那些价值观。多元文化主义在此完全不适用，因为它提倡的是把普世价值观和本位主义结合起来，而行动者们并不赞同，并且把两者对立了起来。当这些行动者们如此肯定地坚持自己的观点时，实施什么样的政策便一直都会是一个特别棘手和考验人的问题：国家的负责人无法接受分裂或者彻底分开的逻辑，这类逻辑很快便会导致暴力行为和相应的镇压行为。要疏导这些逻辑，将它们变成协商与和解的逻辑，并进一步把共同体的自我封闭模式转变成十分温和的多元文化模式，这并不容易。

走向温和的多元文化主义？

多样性轴线上的第二点对应的是集体身份，相对而言，该集体身份的范围清晰、稳定，有生机和活力，其行动者并不会将自己局限在再生产的单一逻辑中，能够接受从属于一个范畴更大的社会中的现实，有能力安然置身于一个民主空间中。最重要的是，此处的单个"主体"与集体相互融合为一个整体，它们并不会互相拆台。这个案例的变体数不胜数，而融合和对接的可能性也一样很多，比如在普天之下与特殊个体之间，在有关社会内部的个人主义普遍价值观与有着某种强烈的集体意识、专属于各个少数派的特殊价值观之间的融合或对接，而且这种关系相对比较紧密。

面对这些身份，面对它们可能的需求，政策处理方式（traitement politique）与先前案例中的方式完全不同，一切都变了。因为如果决定采用这类或那类政策，一种可能是进行政策和哲学辩论。有两个最现实，也值得讨论的方案，一是"宽容"，二是"认同"。前者允许行动者们延续差异，其中包括在公共空间的延续，但前提是他们不会造成任何麻烦或者骚乱。后者则提出了文化权利，构成一种温和的多元文化主义，尽全力认同各种文化身份，并从他们的角度呼吁人们尊重他们眼中的普世价值观。事实上，温和的多元文化主义并没有将特殊价值观与普世价值观对立起来，反而在努力协调双方的关系。它认同公共空间内某些群体的本位主义，认同他们的传统、他们的语言，但是一旦涉及人权、理性的权利和民主的权利，便没有商量的余地。温和的多元文化主义提倡文化权利，但这种权利的适用对象是特殊的个人，这就是说，身属某个文化身份应该是一种选择，一个个人的决定，而不是某种义务或者不可违反的规定。同时，它还想表达一点，个人可以根据自己的意愿选择退出某个身份从属关系。威尔·金里卡所称的"自由式"多元文化主义从 20 世纪 80 年代开始得到极大的推广，这位政治哲学家认为，该现象与全球化或者国际化的过程相似，在很大程度上要归因于政府间组织的介入。鉴于人们对多元文化主义所作的相关宣传，各种组织（如联合国、联合国教科文组织、世界银行、欧洲议会等）还通过立法的方式在宣言和合约中体现少数群体的各种权利，这些权利便成为全世界人民的一种国际意识，而不只是与单个国家有关。① 人们将会发现，与阿兰·芬奇勒克罗毫无根据、愚昧无知、遭到威尔·金里卡批判的论断相反②，这里所说的"自由式"多元文化主义一直以个人自由及平等价值观为导向，坚定地尊重人权，但有些重要的问题并未得到解决，比如潜在的不安全风险，可能会导致的族群暴力行为或者动荡现象。

"宽容"和"认同"两者各有优劣。"宽容"政策会让相关群体的生命力变得羸弱，因为权力机关施行的"宽容"政策只与公共秩序或者民族安全相关，而且内容不够明确，也不能证明这些方法的正确性，因而具有一定的局限性。那些被"宽容"对待的对象可能只是一些处于边缘地带的公民，或者是危机时期和高压统治时期涌入的非公民，他们可能总是担心受到迫害。另外，这里所说的"宽容"并不承认相关少数群体的文化合法地位，它只

---

① 威尔·金里卡：见前注，第 27 页。
② 威尔·金里卡：见前注，引自阿兰·芬基尔克劳的《思想的失败》（Alain Finkielkraut, *La Défaite de la pensée*）。

不过是为了防止他们在公共空间内太过抛头露脸。而与其相对立的"认同"政策则能够成为一个鼓励因素，促进寻找归属感的进程早日结束。他们获得的文化权利其实很容易使其改道，将其引向再生产逻辑，导致相关群体成员和整个社会因为社群主义而损失重大。

因此，按照身份的集体生产逻辑而采取的政策处理方案有可能会触碰到两个颇具威胁的暗礁。第一，当背景条件变得对相关群体不利时，"宽容"政策可能会导致相关群体的合理存在资格被取消；第二，文化权利获得认同之后的反转现象，这些文化权利最初与普世价值观兼容，最终却演变成了社群主义对其大加否定。要避免这类危险并不容易，比如最近发生在加拿大的事件，以及更为特别的魁北克的例子。从 20 世纪 80 年代开始实施的"理性调解"实践行动在加拿大得到发展，这不仅是对文化或宗教本位主义的尊重，同时也没有遗忘普世价值观，而在 21 世纪初、中期，局势日益不妙，社群主义的偏移所导致的各种丑闻和论战陆续出现，而对这些现象的斥责也络绎不绝，其中主要针对穆斯林所佩戴的遮住头发、脖子的（hijab 式）和遮住头发、盖住全脸、只露眼睛的（niqab 式）两种"头巾"。2007 年 2 月，当魁北克总理设立"与文化差异建立联系的和解实践咨询"委员会时，局势变得尤为紧张，该委员会由历史学家吉拉尔·布夏和哲学家夏勒·泰勒共同担任主席，后者是多元文化主义主题论战中的先锋和重要人物。该委员会以一次特殊的公投为例，得出了一个主要结论，即魁北克的民族身份会令人感到不适并过度焦虑，但实际上当今的宗教或文化差异的出现并没有给其带来任何威胁。[①]

游牧生活方式

多样性轴线上的第三点对应的是游牧民族的形象，或者也可以使用"外来者"一词，格奥尔格·齐美尔对它的理解是：相对一个社会而言，外来者不完全来自遥远的外部，它应该既在生活中又有距离，既近在身旁又远在天涯。[②] 游牧民族可以安顿在一个集体性非常强的稳定身份中，它可以隶属于某个族群、某个族裔（我们知道，该词还有待讨论）或者某个民族，比如茨冈人在还没有定居下来之前就是这种情况，这在西欧已经变成了一大规律。游牧民族也可能属于一些构图不够清晰、层次不够分明的逻辑。

按照某些作者的思路，我们可能已经进入了一个游牧生活方式的时代，游牧生活方式在过去处于边缘地带，现在却可能会成为当代个人的范式。约翰·尤里[③]说，游牧民族是"最优的去地域化"现象，它可能是"去地域化社会的特征，不是由点或者结连成的实线，而是由虚线（ligne de fuite）构成"。不仅阿尔贝

---

① 吉拉尔·布夏、夏勒·泰勒：《创立未来——和解的时代》报告（Gérard Bouchard, Charles Taylor, *Fonder l'avenir. Le temps de la réconciliation*, Rapport, Québec, 2008）。

② 格奥尔格·齐美尔：《关于外来者的题外话》；伊夫·格拉夫梅耶尔、伊萨克·约瑟夫，《芝加哥学派》，奥比耶—蒙田出版社（Georg Simmel, *Digressions sur l'étranger*; Yves Grafmeyer et Isaac Josef. *L'Ecole de Chicago*, Paris. Aubier-Montaigne, 1984 [1908]）。

③ 见前注。

多·梅鲁奇在谈论"当代的游牧民族"① 时持这个观点，齐格蒙特·鲍曼在提及"后现代游牧民族"② 时也表达了同样的观点。另外吉尔·德鲁兹（Gilles Deleuze）和菲利克斯·古瓦塔力（Félix Guattari）都对此表示赞同，约翰·尤里便是以他们的观点为佐证来论述当今的游牧民族现状。以往的游牧民族让定居者们产生疑虑、感到不安，因为定居才是主流现象，而如今，游牧生活方式成为从社会学角度来考察社会维度的主要且精准的范式，至少这是某些思想家的观点。但一些社会学家，如罗杰·沃定格和大卫·菲茨杰拉德对此进行了批判，他们指出，我们要采用相对化的方式来看待一个由跨民族流动人口构成的、从未有过的跨民族公民社会——关于这一点，我们在第二讲《全球思维》中已经讨论过。瓦尔丁格和菲茨杰拉德指出，在流动人员的出发地和到达地之间存在着许多种关系，这将使人们在处理移民问题时不再继续采取融合的传统方案，甚至是使其在接待国内解体的方式，但这并不妨碍民族国家的机制继续发挥作用。而且，如果要对流动人员甚至流窜人口组成的"想象的共同体"进行分析，就不能不顾他们活动时所在的几个相关民族国家范畴。③

---

① 阿尔贝多·梅鲁奇：《当代的游牧民族：当代社会中的社会运动和个人需求》，庙宇大学出版社（Alberto Melucci, *Nomads of the Present: Social Movements and individuals Needs in Contemporary Society*, Philadelphia, Temple University Press, 1989）。

② 齐格蒙特·鲍曼：《后现代伦理学》，路特雷奇出版社（Zygmunt Bauman, *Postmodern Ethics*, Londres, Routledge, 1993）。

③ 罗杰·沃定格、大卫·菲茨杰拉德：见前注。

在某些情况下，游牧生活方式以及络绎不绝的来往车辆会带来一些问题，这与前文提到的情况十分相似。如何保证某个政策既尊重行动者的本位主义，同时又能确保他们能够尊重普世价值观？在这种情况下，一切都很复杂，因为这涉及了跨民族或者跨边境的现象，而且情况可能并不稳定，它同时关系到好几种文化或者民族属性，因此不太容易决定采取哪些相关政策。一般来说或者说关键之处在于，这个决定仅限于单个国家范畴。

当多元文化主义试图安抚目标群体，给予他们以一般只有国家性机构才拥有的身份认同和权利时，这时的多元文化主义就没有适用性，而这些群体，即使是稳定的群体，也需要到处流动，他们不想固定在一个地方。所谓的文化权利，如果只是阶段性地发挥作用，在赋予权利的这个社会中没有根基，那它还有什么意义？北非或者撒哈拉沙漠南部地区的迁徙者们梦想着能够得到西班牙或者法国国籍，但并非所有人都希望成为西班牙或者法国公民，其中一些人特别希望得到护照，让他们立刻前往世界的其他地方，多元文化主义政策与他们毫不相关。

还要明确的是，这么多人渴望的流动性看起来可能像一种戏剧性的环游现象，最终会导致一些极端情形的发生，让人们根本不能提出有关文化差异的问题，其中最严重的是贫困、不自律以及无法找到自己存在的意义这几个问题。如今，在全世界存在着各种战争，国内战争、族群间战争、不对称战争或其他战争，造成了齐格蒙特·鲍曼所谓的"大批生产难民"①的现象。这些难民被关押在军营中，往往一关就是许多年，其身份由"高墙、带刺铁丝网、戒备森严的大门和荷枪实弹的哨兵"这些词语来定义，这"剥夺了他们进行自我定义和自我确认的权利"②。同样，由于漏斗效应，在世界各地还存在着一些地方，就如同富裕社会里让人难以忍受的候见厅，在那儿聚集着来自不同国家的非法流动人员，他们在不开放的边境线上遭逮捕和囚禁，如我们之前提到过法国的桑加特，还有休达（Ceuta）和梅利利亚（Melilla）这两块西班牙在摩洛哥的飞地。如果在这些被外国领土包围的土地上集中发生一些骇人听闻的悲剧，是因为把这些领土包围起来的障碍物使得流动无法进行或者变得困难，那么人们也会因此而铭记流动人口的迁徙路线多种多样，他们拥有自己专属的好几条路线。

如果说应该不断提醒人们不能把迁徙现象简单描述为流动人员的困难和艰苦，它同时传递着传统和文化的创造力，那么我们也应该对这些现象的社会维度保持敏感。在某些极端情况下，关键的问题是人类的生存权、人身权和人格权，这远比某个针对他们文化特殊性所采取的政策处理方案要重要得多。

---

① 齐格蒙特·鲍曼：《液态的现在：社会恐慌和安全困扰》，门坎出版社（Zygmunt Bauman, *Le Présent liquide. Peurs sociales et obsession sécuritaire*, Paris, Le Seuil, 2007, p. 48）。
② 同上书，第58页。

散居生活方式

人们可能会把散居逻辑与游牧生活方式的表现混杂在一起，而从分析的角度来看，它们之间依然有着明显的差异。散居现象（diasporas）的特点是，至少有一部分成员在目标社会中持久地安顿下来。构成散居群体的人口可能相对稳定并来自好几个民族国家，即便他们之间会形成互相影响的网络关系，也不一定会像游牧生活方式那样永久流动。

很长时间以来，犹太人的散居一直被很多人当作原型，当作该现象的唯一形象[1]，但现在人们对原型的理解有了极大的改变，变得多样，罗宾·科恩[2]的著作便是佐证。也可以看看专门研究此现象的杂志《散居现象》，该杂志的存在也是一大证据。我们甚至可以使用世界"散居化"一词，因为散居群体已经庞大到需要创造出一个词来指代。此外，人们还可以使用"散居写作"（客居异乡者的作品，diasporic writing）一词来表示那些有重要影响力的作者和文学流派，如来自特立尼达的英国作家

---

[1] 斯特凡·杜夫瓦的著作中对"散居"（diaspora）一词提出了十分有效的观点，首先是从宗教和神学的角度谈到神对不遵守上帝提出的戒律的犹太人所采取的惩罚。斯特凡·杜夫瓦：《作为问题的散居对象》，《文化与冲突》杂志（Stéphane Dufoix, L'objet diaspora en question, *Cultures et Conflits*, no. 33-34, 1999, pp. 147-163）。

[2] 罗宾·科恩：《全球散居现象》，UCC 出版社（Robin Cohen, *Global Diasporas: an Introduction*, Londres, UCC Press, 1997）。同时可以参见法文版尚塔尔·博尔德-贝那永、多米尼克·施娜佩：《散居与民族》，奥迪勒·雅各布出版社（Chantal Bordes-Benayoun & Dominique Schnapper, *Diasporas et nations*, Paris, Odile Jacob, 2006）。

维·苏·奈保尔。

　　所有触及某个民族社会内部的散居现象或者任何与此类似的现象，都有可能会对国家内政和国际政治带来挑战，而且会对其他民族社会生活带来比较直接的压力。比如，法国满足亚美尼亚共同体的要求，从官方角度以两次立法（2001 年和 2006 年各一次）表达对 1915 年大屠杀事件的认同，导致了法国与土耳其之间的外交往来难以进行。在投票通过这些法令时，土耳其国内的民族主义愈演愈烈，其民族言论中对大屠杀丝毫不留余地，这给在法国生活的亚美尼亚裔人民造成了困扰。此外，法国第一次纱巾事件发生在 1989 年，这次事件的解决不仅得益于以此为主题的内部政治辩论和法国官方采取的相关决策，也是因为摩洛哥国王哈桑二世要求摩洛哥相关的年轻女性不再在学校佩戴众人皆知的"面纱"。

　　某个特定民族社会内部的散居现象可能会与我们刚才所说的第二点中的差异有着非常强的对应性，并有可能要面对多元文化主义式的政治和司法处置方案。但此类处理方式并不会完全考虑到散居身份错综复杂的特点，因为散居者所属的共同体种类多样，有的来自内部，有的来自外部。

杂交现象

　　多样性轴线上的第五点所对应的，更多的是过程而不是背景或者某些逻辑。这些逻辑认为文化身份是杂交的产物，因此没有确切的定义，也没有明显的界线。文化杂交没有打造出层次分明的群体，而是转瞬即逝的身份（或者说，如果它们稳定下来，我们可以把它们归为轴线上的前两点）。有了文化杂交，特殊"主体"就不再受制于可以将它与群体相连接或对立的张力。

但不能根据上述论点推理出杂交肯定有利于个人的创造性和发明能力，相反，它也可能导致个人形成难以想象的、令人痛苦的主观性，让人产生一种不知身在何处、没有身份的感受。

人们重新燃起在公共领域对文化的混杂或者杂交这个议题进行讨论的热情，这并不是一个知识界或者文学界的现象（比如在法国，人们对克莱奥语言及马提尼克、瓜德鲁普和留尼旺的作家便十分关注）。关于这个议题，墨西哥的历史学家塞尔日·格鲁金斯基给出了十分完美的解释[①]，这个议题至少在某些国家，可能也是因为政治上的原因而得到越来越多的关注。实际上，这个议题亮出了一张意识形态领域的王牌，不仅允许提及文化差异，也鼓励交融、混合等身份对立面的发展。它允许人们推崇文化本位主义，但并不在政治上对其本来的样子表示认同。同时，它也允许人们考虑到在重组和持续变化过程中构建起来的少数派或群体最终会解体，这个过程既没有清晰可认的边界，也缺乏某种稳定性。我们探讨杂交现象，其实是认同文化革新过程的存在，因为我们

---

① 塞尔日·格鲁金斯基：《思想的混血儿》，法雅出版社（Serge Gruzinski, *La Pensée métisse*, Paris, Fayard, 1999）。

看到了文化行动者，他们无论如何也不会构成群体或者少数派，也不会要求获得集体权利或者期待实施任何一个多元文化式的政策。法国的政治模式是共和国式，因此它对在公共空间内针对文化差异采取的认同举措持敌对态度，杂交的主题（thème）与主流思想之间能够达成一致，因为主流思想当中包含最难缠的共和国式的变体，它反对一切公开认同特殊身份的举措。而与其对应的是，在对少数派及其权利持更加开放态度的社会中，选择杂交的主题是一种对抗社群主义的方式。总之，就算不是呼唤某种世界主义，它提倡的也是普世价值观，杂交在原则上无法对其表示怀疑。在某些情况下，杂交现象就像是某种政治工具，被用来对抗对某些群体和少数派的认同，以致让种族歧视和排外行为更为顺利地进行，而受害者们正是那些群体和少数派。这就是杂交在拉美好几个国家遭到强烈地反对的原因。这么看来，这个主题表现出了两面，它完全适用于种族歧视或者专制的逻辑和意识形态，也可以表现出完全相反的一面，即允许创造性进程的发展。

当代对杂交及如克里奥尔化（欧洲殖民属性和本地属性的融合）、杂种状态等相近主题的再认识肯定有多种原因，我们应该清楚地看到这对应着一些肉眼可见的事实：一直以来，该类现象对集体认同政策都不抱任何期待，那些政策与它的变化逻辑和交融逻辑完全相悖。

一个多元文化主义政策以及赋予文化权利的举措只能让为了保留杂交状态而不断发生改变的一切变得停止不动。文化杂交的行动者们和那些想要推动文化杂交的行动者们如果试图将其提高到政治层面，将徒劳无功，他们只会失去自己的灵魂。但为了让杂交彻底发挥作用，他们需要一些有利的政治条件，需要社会在整体上保持一种非常开放的心态，保持一种他们在自己所属的文化中的状态，需要有机会进行深入的交流和频繁的来往。民主思维对于文化的融合和发明能力的培养非常必要，而且十分有利，但这还需要把每个人当作个体，让他们在各种文化产物的融合中进行自我构建，而不是任由群体保持它原来的样子。

没有根基的"主体"

最后，还有一点值得探讨：不研究文化差异，主要关注那些努力摆脱所有让他人给自己指定身份的命运的个人。

的确，"主体"有可能会希望不与任何文化身份发生联系，希望自由自在而无须追根溯源。相比一切少数派或者所有群体而言，它更为敏感细腻。这样一来，创造性、发明能力和将自己变成文化行动者的建构行为，只能与"主体"的观点相关，与任何杜蒙式的"整体主义"有着天壤之别。

如果说个人"主体"有着一种没有根基的简单的特殊性，那么它需要进行自我表达，也需要为自己获得自由而创造政治条件，但是，任何对某种身份的从属关系都有可能突然钳制住它，让个人主体难以掌控自己的经历。对它而言，多元文化主义是一个障碍或者说是一种约束，因为多元文化主义支持既立的群体，支持身属某个群体的个人，却丝毫不关注孤立的个人。因此，针对没有身份根基的"主体"的期望和要求所采取的相关政策处理方案，与任何多元文化主义式的诱惑相去甚远，可能要么以自保为原则（其实更应该说它是一种中央集权式、遵循规章制度的方案，比如可以称之为"共和国式"的方案），要么带有解放的意图［或者干脆可以称之为是自由主义式，甚至是新自由主义式，也就是说，它鼓吹的是"小政府"（Etat minimum）］。

　　因此，差异的问题并非单一问题，而是多重问题，而且每一个问题都会引发辩论和形态各异的政治与司法处理方式。我们要补充的是，文化身份和宗教身份各不相同，而在实践中，如今最不确定的差异往往是一个掺杂了宗教和文化因素的难以厘清的综合体。然而，当民主的政治文化请求将宗教从政治中分离出来——政教分离正是世俗化的关键原则，同时推动多元文化的导向工作，并对有可能与宗教相关的文化身份表示认同、赋予权利时，那该怎么办？这种情况下，如果多元文化主义不会被附加某个限制条件，至少也会带来一场纠纷。

　　文化差异越是稳定、越是安身于民族国家的范畴内，它越有可能要求获得权力，要求在公共空间获得认同，并以此直接或间接地从政治代表性中受益。换句话说，文化差异让人能够参与到代议制民主的游戏中去，至少可以对其提出质疑。相反，杂交以及没有根基的主体所奉行的个人主义并不能在政治上获得任何代表形式。我们可以从中得出一个教训：个人主观性的行使越是受到质疑，越容易形成对集中的需求（exigence centrale），这会发生在认同集体身份或者没有集体身份之前。而且，这更加说明了，行动者并不期待通过民主获得文化权利，他们其实有别的期待。在某种情况下，这可能会让他们想参与其中，并进一步呼吁建立参与式民主。但关键是，这意味着行动的文化层面可以与政治完全不相关，因此除了一些非常笼统的期待，如自由、平等、公正，或者还有我们比较喜欢提出来的、不会强制要求行动者进行政治化的生存条件，行动者其实对政治体系不抱任何其他希望。这就是为什么在法国，文化杂交可以被当作一种服务于共和国价值观的意识形态，并被当作替代多元文化主义的安抚剂，因为多元文化主义即便温和适度，也只是被用来做个反衬。

最后，如果要作总结，我们会变得更加茫然，不知所措，因为所有这些观点并没有以某个具体的维度为出发点，这只会让分析变得更加复杂，而我们的身份是多种多样的，同一个人很有可能拥有两个或者更多我们之前做过区分的形象，以致出现双重性或者模糊性，甚至还有可能发生：只要个人试图以严密的逻辑发表政治言论，便有可能陷入自相矛盾的尴尬境地。

第五讲　差异中的差异

历史、民族与社会

文化和宗教身份的发展经常会牵涉到对认同的诉求，而对于某些身份来说，还包括修复的要求。因此，它建立在某种回忆的基础之上，并且会对忘却或者篡改过去的历史叙事提出质疑。当国家（或者说民族国家）成为质疑的对象时，该现象便会确定无疑地发生。民族国家一直都是被瞄准的对象、敌人，同时还是一个主要的谈话对象，它有待被说服、被改变并被强迫接受修改历史叙事，该历史叙事就是在政府职能机构的发言或者在学校教学大纲中可以听到看到的、多少得到官方承认的民族叙事。但如果该现象最初影响的是好几个民族国家，并随后继续在此范畴内发挥效力，那么它自然会变成全球性的现象，这既不矛盾也不反常，它会因此而置身于全球化的大环境中，同时在社会内部，进一步在构成其活动范畴的国家和民族内部找到实实在在的根基。

比如刚开始，印第安人曾要求美国、加拿大和不同的拉丁美洲国家，其中主要是墨西哥和位于安第斯山脉的国家给他们一个交代。但现在，印第安身份在很多人看来属于跨国身份，其中很大一部分都在泛美空间内流动，对他们而言，过去质疑的不只是现存的民族国家，例如我们所知道的对1492年"发现"美洲大陆的纪念活动便是如此。印第安身份质疑的对象还包括欧洲殖民强国，当时遍布整个非洲、跨越大西洋的黑人意识也是这种情况。

散居现象在许多国家出现，渐渐稳固并发生着变化，散居群体最终会在自己安置下来的民族国家的范畴内提出自己的诉求，但如果把研究限定在该范畴内，他们的行动则无法被人理解。许多国家的个人和共同体都要求针对那些反人类的大屠杀和罪行开展纪念活动，如纳粹在欧洲对犹太人的灭绝，1915年在土耳其发生的对亚美尼亚人的大屠杀，发生在非洲大湖地区的针对图西族人的大屠杀，还有20世纪90年代发生在南斯拉夫的种族清洗。如果我们不考虑多民族维度，尤其是散居这一特性，我们便无法理解这些纪念活动是以何种方式影响着民族辩论。

因此，如果把在身份发展过程中出现的"纪念"维度简单描绘成对回忆的推崇，或者是对民族辩论中提出的"纪念任务"的鼓励，那我们可能就错了。显然，该现象的确体现出上述表征，但除此之外，它也结合了全球范围内的问题，这些问题即便没有涉及全球，也是具有超民族性挑战的，而结合的模式则随着一个个具体的经历不断发生着变化。

我们刚刚看到，身份的产生首先与文化和宗教相关。从这里也可以观察到，呼吁人们认同过去，首要前提是定义行动者的文化，而该定义的个人主观性无比强烈。我们难道没有见过非文化身份传递记忆吗？那是社会性的、与过于明显的不平等所作的斗争的，与经济类的诉求有关的记忆。最多的受到动员的群体并非工业革命时期和农业劳动的受害者的后代，至少不是以此名义，虽然我们不时可以在这儿或那儿听到一些在特别危险的环境下（比如工作中需要操作石棉或毒性非常高的化学物品）工作的劳动者们的后代或者幸存者们所发出的声音。如果说利用一些创举，包括知识分子或者先前的社会行动者所提出的创举，可以维持过去记忆的生动性，比如见证了工业时代的博物馆便是对过去的一种回忆，如果说社会纪念活动能够催生出某种大获成功的文学形式①，那也并不是通过鲜活的回忆来提出诉求，不是借用希望永存于世或者获得公证和认同的共同体的名义。

另外，如果过去造成的损失是源于受害者的意识形态、源于针对他们所采取的政治导向举措，而其目的是为了确定其身份，比如引导他们接受民主价值观，或者是为了促进他们开展革命性

---

① 参见让-皮埃尔·里乌：《法国失去了记忆：一个国家如何丢弃了它的历史》，佩兰出版社。"20世纪80年代，一些毫无生机处于荒废状态的老旧工业区……也坚持用美言与它们那萎靡不振的工人阶级相待。到处都能看到诸如'人民的记忆''作坊的欢愉''我那美好时期的村庄''地区小小出版社'等收藏品。那儿陈列着过去的明信片以及工业时期的考古碎片……"（Jean-Pierre Rioux, *La France perds la memoire. Comment un pays démissionne de son histoire*, Paris, Perrin, 2006, p. 26）。

活动，那么以纪念方式来明确历史便可能会染上政治色彩。20世纪70年代和80年代初，在拉丁美洲，独裁导致了很多野蛮行为，为此所开展的纪念活动便是上述这种情况。

纪念的要求也可能是希望废除种族主义，但它依然不会与纯粹的文化维度有紧密的联系，比如南非结束种族隔离时期的情形。

然而，规模最大的纪念诉求现象最初由行动者们发起，他们以肩负沉重的文化使命的形象出现在公共空间当中，他们能够借文化身份的名义在行动中保持客观中立。如果没有这个文化身份，他们将很难进行持续的自我建构。

在前一讲中我们已经知道，不管行动者怎么说，一般来说，身份源于生产、发明逻辑，而不仅仅属于复制逻辑，至少一部分身份如此。这里有一点值得注意：如今人们所理解的身份与它们当时可能的样子完全不同，因为当时的历史性错误对身份造成了不良影响。但与此同时，身份多少也可以被依法要求获得一定的连续性。那么，行动者可以依法向谁提出要求以获得一个交代？这个问题不好回答。谁提出了诉求，谁建构了拥有回忆的行动者？这些问题的答案不一定比第一个问题更显而易见。举例来说，如今的德国政府并不是纳粹政府，如今的法国民主体制也不是维希体制。

全世界有很多经验都值得我们纳入研究范围中，以发挥研究全部的影响力。我们将把研究的焦点放在法国，就算在这个过程中的所获更泛更笼统，或者有可能会牵扯到其他国家。但在此，对法国的研究应该被看作对一个更为普遍的问题的阐述。此外，它只能对这个个案的一部分作清晰的分析。而且，如多米尼克·史纳培（Dominique Schnapper）所写的那样，从很多方面来看，法国这个"尤其特别"的民族国家正是研究此类问题的实验室，因为当时的背景是：职能机构的危机更为严重，人们对本民族在整个世界所处的位置更不确定。如今人们对身份这个话题有着特别的热情，因此法国这个实验室有着特殊的意义。

法国的历史和民族

很长时间以来，在法国，人们把历史完完全全定义为民族的产物——反过来，民族也是历史的产物。毛里斯·巴赫斯（Maurice Barrès）在《地球与死者》（*La Terre et les morts*）中写道："要制造一个民族，需要的是墓地，还有历史教学。"别的国家的情况也是如此。尽管本民族希望自己所写的历史囊括全球，但其实次次都是站在本民族的角度叙事。而在所有民主国家中，这个观点可能对法国而言最为关键。然而，自20世纪60年代以来，法国的民族叙事变得杂乱无序，因为各种质疑性的回忆及陈述对它施加了压力。

如今，我们根本不用像米什莱（Michelet）所做的那样，继续以谈论一个伟大人物的方式去谈论一个民族，但如果要用批判的方式来谈论民族，并因此而呼吁相关人士对其历史开展艰难痛苦的复审工作，这在法国真算是一件极其棘手的事情。在这样的背景下，要理解历史危机，或者说历史突变，便不能脱离一般意义上的历史变化，这些变化会影响民族的概念，也会影响民族曾经经历过的，如贝内迪克特·安德森（Benedict Anderson）所说的"想象的共同体"（communauté imaginée）的真实体验。

从厄内斯特·勒南的作品中可以发现，他是最先对质疑法国民族叙事会遭遇的这种困难作出解释的人。一个多世纪之前，在一次著名的座谈会上①，勒南肯定地指出，遗忘甚至是历史性错误才是创造一个民族的关键因素。从这个角度来看，民族叙事可以避而不谈被征服者的苦难与忧伤，可以绕过征服者的野蛮或残暴这个话题。如果在民族最后有可能团结起来，甚至变得同种同质之前，同样是这段叙述，它会让人们想起曾经流过的血，回忆起遭受过的暴行，想起各个成员出身不同且相互冲突，这一切将无法造就一个思想相通的社会整体。勒南说："对所有人来说，懂得忘却才最好。"后来我们看到，已经不可能再这样想了，这种不可能性也许是源于民族危机，是因为民族变得弱小。我们应该一直以历史和民族的关系为出发点，一位海地历史学家米歇尔-罗尔夫·特鲁约②说过，这种关联让民族和历史之间产生了一种"既

---

① 厄内斯特·勒南：《民族是什么?》，再版配有若埃尔·罗曼的介绍（Ernest Renan, *Qu'est ce qu'une nation?*, Paris, Presses Pocket, 1992 [1882]）。

② 米歇尔-罗尔夫·特鲁约的访谈发表在《辩论世界》月刊，2000年11月（Michel-Rolph Trouillot, entretien paru dans un dossier du mensuel *Le Monde des Débats*, novembre 2000）。

带来了宁静，又制造出嘈杂的亲密状态"。如果看看从 2005 年起开始越来越激烈的辩论，我们可以说特鲁约在 2000 年发表的言论具有前瞻性。他说，不管人们讨论的是法国在贩卖奴隶和奴隶制问题上的立场，还是拿破仑为了重建奴隶制而在圣·多米尼克失去了比在滑铁卢战役更多的士兵，总之，几乎没有什么工作是明确针对这些问题而展开的。

当媒体和书本及其他载体把历史的叙述变成集体臆想的一部分，我们甚至可以像特鲁约所做的那样，对民族的缄默、否认和忘却等历史的生产阶段进行描述，描述的内容包括：制造原始材料的时刻，把它们转化成史料的时刻，对史实进行重组以及作出最终释义的时刻。这说明了，"在背后反对职业历史学家的是民族"①。这还说明了，从分析的角度看，一方面不应该将历史学家和他们的产出看成是完全独立的两方，也不应该完全抹去国家和民族两者之间的关系。尤其是法国，其历史生产的所有时期都有干扰因素。崭新的一切也许来自新科技、银行的数据网络化和数字媒体的飞速发展，因而不仅在民族和历史之间，而且在社会和历史之间也建立了相比以前要更为紧密的关系。比如历史老师是法国共和国和法国政府的形象代表，他们是将历史和民族相连起来的典型媒介，与他们同台竞技的是一些优秀的电视节目（也有一些不大好的节目），而这些节目都是某些不一定受国家控制的频

---

① 米歇尔-罗尔夫·特鲁约，见前注。

道的作品。

　　但是否应该继续对历史—民族之间同质同体的形象作特别深入的探讨？比如与热拉尔·努瓦利耶一起谈一谈"民族性的暴政"①？首先我们要对这语言中的细微差别作出判断，并指出该关联是处于运动状态的，因为历史有多个版本，历史学家的导向也各不相同，因为民族本身也是不断变化的，我们不能总是用同一种方式对其进行定义。比如，米什莱眼里的民族是一个人，一个不断对自己进行修正的人物，这是一种复杂的机制，它会经历失败和成功，永远都在变化，它并不是 50 年后拉维斯（Lavisse）提出的即成整体。当吕西安·费弗尔（Lucien Febre）和马克·布洛克（Marc Bloch）冒险创办《年鉴》杂志（Annales）时，人们首先与民族历史拉开了距离，目的是为了引入社会和经济层面的信息，同时为了不把自己封闭在民族的历史当中。总之，让费尔南·布罗代尔（Fernand Braudel）成名的并不是法国历史，而是地中海历史，法国历史在之后很久才出现，讲述的是法国身份，它也许属于一种向米什莱靠拢的倒退行为。但是，如果允许，我们可以说这是另一种历史……

　　如果要对历史和民族之间存在着同质联系这一观点进行更深入的批判，可以参照马克·费罗（Marc Ferro）的方式，以教科书

---

　　① 热拉尔·努瓦利耶：《民族性的暴政》，卡尔曼·列维出版社（Gérard Noiriel. La Tyrannie du national, Paris, Calmann-Lévy, 1991）。

为研究对象。这位历史学家说过，"法国历史在教科书里所占的比例完全合理，在总共40章当中有大约15章是介绍法国部分"①，如果教科书按照民族来划分章节，介绍17世纪的英国、普鲁士和开明的专制政治等，它们会"涉及一些横向的有关整个欧洲的问题，如三十年战争、工业革命、法西斯主义和共产主义"。费罗的观点是，将历史局限在本民族内的现象只是相对和有限的。另外，与大众流行的说法相反，人们并不会在讲述历史时掩盖过去的暴行。很简单，因为谁也不会因为这些暴行而大为震惊，人们认为民族带来的是文明，这一点可以证明过去的暴行具有合理性。事实就在那儿，会改变的是人们对它的看法，比如人们对殖民化的看法。总之，费罗从更具相对性的视角来看待历史和民族之间在人们眼里过于紧密的关系。他提醒大家，一直以来法国的历史教科书有两种，一种是天主教版本，另一种是世俗版本，到20世纪70年代加入了第三种——马克思主义版本。他说："对我而言，我之前使用这三种教材，是希望能与学生一起对比这三种研究方式。"

---

① 摘自某采访，刊载于前文所引《辩论世界》，2000年11月。

历史和理性

与民族联系在一起的历史，首先以理智为支撑，从这个角度来看，历史是属于全世界的。我们面对着一个奇妙的悖论，一个主要矛盾：民族是特别的，是众多民族中的一个，每个民族的历史都与其他民族历史有所区别。与此同时，历史或民族叙事本身应该具备全球视野。为了走出这种相互矛盾的处境，有一个从根本上来说属于意识形态的解决办法，即为本民族寻求一个独特的品质：民族是普遍价值观的传达者。正是因为如此，法国经常宣称自己是世界民族（nation universelle），向全世界传达的是普遍的信息（message universel），人权、公民权益，人民有权行使属于自己的权利等。

历史和理智两者之间具有历史意义的相连关系可能是在 15 世纪建立起来的。历史学家克里斯托夫·波米扬①指出，正是在那个时候，文人们借助印刷术立即组织了摆脱回忆的斗争，并且在考虑到历史利益的前提下，为"从回忆的角度为它在认知上获得自由（因为回忆已不再是过去和现在的唯一联系）"

---

① 克里斯托夫·波米扬：《论历史》，伽利玛出版社（Krzystof Pomian, *Sur l'histoire*, Paris, Gallimard, 1999）。

这一现象做出了标记。这当中有一个关键点清楚地提醒大家：即便某段历史面临着对其提出质疑的回忆言论，我们也不能将针对它的抵抗行动简单归结为传统式的、民族身份的定位现象。历史学自称以理性和科学式的严谨逻辑为基础，却会因此而产生顾虑：如果回忆有所回归或者延伸，有可能导致知识倒退的风险，而事实上，5世纪前历史学就是在与这些风险对抗的过程中，完成了自我建构。也许这就是为什么今天有很多历史学家在面对同样带有很强的回忆印记的口述历史时，会特别持保留态度。但回忆并不会一直都是，或者它不一定就是理性的敌人。

被质疑的历史

然而，历史在今天不是被打压就是被质疑，这主要是因为它具有对民族进行身份定位的一面。历史在民族范畴内进行自我构建，以民族历史的形式出现。历史被教授、传播，出现在教科书中。教师把历史看作民族的过去，并建议学生从本民族的视角出发认识世界历史。民族对历史叙事提出的苛刻条件越多，越会削弱历史"理性"的一面，因为民族会禁止过去的某些历史出现在人们的视野中，降低它的重要性，或者是根据自己特有的标准对其进行诠释。所有的因素，如果可能改变让民族沾沾自喜的或者它理所当然要为自己描绘的、辉煌灿烂的形象，都会受到它的压制或者改造，或者可以简单地理解为，民族会消灭一切可能对它提出质疑的对象。在很长时间里，包括现在，民族总是有意凌驾于历史之上，让历史向它屈服、低头。

民族这个实体存在不是被定义后便永不更改的，我们也不能把民族描绘成一个一成不变的伟大角色。在某些时候，民族也可能会是前后矛盾的，特别是表现出统治的、官方的形象。民族随着时间而变化，跟政治体制的变化有关。比如，一种集权体制、一种专制只会选择符合它们意识形态的过去，其官方历史将远离具有全局观的理性，而民主体制则完全不是这种情况。只需要读一读马克·费罗撰写的充满智慧的著作《世界各地的人们如何给孩子讲述历史》①，便可以衡量一下历史和民族之间的关系对它们所仰赖的权利和意识形态的屈服到了何种程度。

我们知道，自20世纪60年代开始，人们的各种争议主要指向身份。这些争议往往是对民族叙事进行质询，并动摇到了它本来的地位，这一点我们将在对几个国家的描述中看到。在美国，发掘印第安人的人性，认为导致他们毁灭的是野蛮暴行的这种意识，让我们发现应该引入其他的叙事方式，而不是主要借用电影（西部片）来再现历史的民族叙事方式；要呈现其他的画面，而不仅仅是让人了解到西部去（Go West）的步伐有时很困难，但终究

---

① 马克·费罗：《世界各地的人们如何给孩子讲述历史》，帕约出版社（Marc Ferro, *Comment on raconte l'histoire aux enfants dans le monde entier*, Paris, Payot, 1981）。

会胜利。人们还发现了黑人，并且永远抹去了他们在拉夫·艾力森（Ralph Ellison）那本著名的小说中所讨论过的隐形人的形象。这个集体意识的培养过程包含了三个维度，并且这三个维度多少有联系。第一，该过程以动员为基础，动员的对象包括印第安人、黑人，因此可以说动员行动是基于对幸存者和受害者的认同，他们变成了行动者，他们的斗争中交织着现在和过去、反对种族主义和当代各种歧视。同时，该过程也提醒着众人造成破坏和被否定的历史依然影响着他们现在的生存状态。第二，这些动员得以在全球开展，是因为它们延续的是从 20 世纪 50 年代开始为了公民权益而开展的斗争，而目前又有民主体制支持行动者的诉求。第三，在该过程中，历史学家、人类学家、社会学家等学者都参与到了活动当中，他们要求对相关群体的信息、知识进行重新修订，包括历史知识。最后这点让我们看到一个具有广泛影响的观点。承载着"回忆"使命的运动把对痛苦不堪的过去的回忆放在最重要的位置，只有当有能力叙述这些回忆的神职人员介入进来时，才能让运动具有一定的效力。在某些情况下，身份运动内部可以产生出一些特殊人物来扮演这个角色。如此一来，当运动的参与者中包括一些受过教育的中产阶级，可能会产生一些作家、思想家和历史学家，他们能够对相关群体的历史加以阐述，当然并不排除也会有一些为职能机构服务的知识分子。而在另外一些情况下，有时即便存在着中产阶级，回忆性话语的撰写依然要经由学者、历史学家、人类学家、社会学家、哲学家等相关人员介入，他们从外部带来自己的能力，用他们的学识和劳动创造、细化了历史回忆，而这也正是群体所希望继承的历史。

在法国，最初将身份和回忆结合起来的动员都是地区性的，比如从 20 世纪 60 年代末开始的奥克语地区和布列塔尼地区的动员。布列塔尼地区的动员遭遇了特别的困难。在第二次世界大战时期，该地区的动员曾寄希望于几位动员行动领导者与纳粹之间的合作，这段合作让运动的认同诉求在最初阶段受到了阻碍。直到 20 世纪 70 年代，布列塔尼运动与过去一刀两断，不但对过去进行批判，并且把文化创造力放在最重要的位置，方才得到了认同。这一运动，特别是在音乐领域，越来越多地将文化的创造性与促进现代化的行动结合起来，并拒绝所有的暴力倾向。

奥克语地区运动的发起与大众发现纯洁派宗教的历史是同步的，后者因为电视节目而为大众所知，并引起一片哗然。再晚一些时候，法国的犹太世界开始苏醒并且发生变化，几乎与此同时，在北美和以色列也发生着同样的事情。美国和加拿大的历史学家罗伯特·帕克斯顿和迈克尔·麦若斯支持这些运动。他们所做的一切以独特的方式展示了第二次世界大战期间维希政府在毁灭法国犹太人的行动中所扮演的角色。[①] 鉴于当时的总统弗朗索瓦·密

---

① 罗伯特·帕克斯顿：《维希政府时期的法国》，门坎出版社；罗伯特·帕克斯顿、迈克尔·麦若斯：《维希政府和犹太人》，卡尔曼·列维出版社（Robert Paxton, *La France de Vichy*, Paris, Le Seuil, 1973; Michael Marrus et Robert Paxton, *Vichy et les juifs*, Paris, Calmann-Lévy, 1981）。

特朗的态度，对该时期的历史编撰几乎没有任何官方层面的变化，因为总统反对以法国政府的名义道歉。如果针对问题的相关背景调查能早些开展，如果法国历史学家从 20 世纪 70 年代开始就已经着手开展与此主题相关的研究，如果本该以此为使命的机构，首先是当代历史研究院（IHTP），当时选择同时开展此项工作，那么变化肯定会更为迅速，否认犹太人大屠杀的"否定主义"（négationisme）可能也不会——包括在媒体当中——自由自在地发展。

一直以来的情况是，变化终归还是源于互为补充、有时紧密交错在一起的两种逻辑之间的相互作用。这两种逻辑，一方面是公共空间内越来越显眼的犹太运动影响的结果；另一方面要归因于历史学家，首先是一些外国历史学家的工作，另外还有电影人 [马塞尔·欧菲尔斯（Marcel Ophuls），其电影《忧愁与同情》于 1971 年上映] 以及记者，等等。

1995 年 7 月 16 日，以微弱优势当选法国总统的雅克·希拉克发表了声明，说国家承认维希政府在 1940—1944 年间所做的一切属实。回忆变成历史，犹太运动的行动者、幸存者、后继人、发言人提出诉求并得到积极的回应，这样的胜利并不意味着这两种发挥了作用的逻辑——学者、知识分子的介入和行动者直接动员——总是互补的，并不意味着这两者关系和谐，或者简单理解成它们有和谐共处的意愿。一直以来，因为职业历史学家（国内和国外的都有）的努力，另外还结合了对犹太人的行动，所有关于被占领时期的法国和维希政权的历史才发生了改变。关于抵抗运动及一直贯穿整个抵抗运动的戴高乐主义与共产主义的政治联姻，有一个被大家奉为圭臬的叙述版本，那里面没有提及纳粹灭绝法国犹太人的特殊性和"法奸"积极参与其中的事实，却不得不讲述了1939—1945年期间纳粹对犹太人的迫害（Holocauste）[①]的史实以及维希政府在当时所扮演的角色。后来随着学校大纲的改变，尤其是大纲中对二战期间德国屠杀犹太人这段历史采取接纳的态度，促使了一系列演变的发生。

印度的《底层研究》最初（1982年）是一系列的研究，[②]其作者是好几十个研究员组成的集体，其中大部分历史学家深受葛兰西的马克思主义影响。研究从被迫害者、被驱逐者、被历史遗忘者的视角对民族叙事提出了质疑，建议"由底层人民"撰写一部历史，对两个方面进行批判：一方面批判印度民族主义历史，另一方面批判对印度民族运动所采取的马克思主义历史编撰方式。他们的研究打破了人们面对触及民族统一的事实和观点保持缄默的局面。自这次由历史学家拉纳吉特·古哈（Ranajit Guha）牵头的研究开展以来，这股后来变得多样化的潮流获得了巨大的成功，

---

① "浩劫"（Shoah，指二战期间德国纳粹屠杀犹太人的历史事件）一词在这之后才被广泛使用。

② 这一系列的《底层研究》（*Subaltern Studies*）的副标题是《基于南亚历史和社会所作的分析》（*Writings on South Asian History and Society*），其中十多册由剑桥大学出版社—德里（Oxford University Press-Delhi）编辑出版。

尤其是在盎格鲁-撒克逊国家。[①]

　　以色列的"新兴历史学家"经历了社会的一般运动，而在赎罪日战争之后，其集体民族特性开始分崩离析。第一次大暴动的发生（起义开始于 1987 年 12 月）使该现象更为严重，因为当时的以色列公众舆论充斥着担忧和疑虑，导致人们开始质疑民族叙事。人们对眼前的局势提出了众多问题（如民族政府及其军事实力），因此必然也会对过去产生疑问。在这种背景下，新一代历史学家，其中最著名的是贝尼·莫里斯（Benny Morris）和新闻记者汤姆·塞格夫（Tom Segev），还有以齐夫·斯特恩赫尔（Zeev Sternhell）为首的老一代历史学家，不仅对与民族叙事不甚相关的许多地方提出了质疑，比如马萨达民族英雄，也对其他近代历史表示了怀疑，比如犹太复国主义，逃离纳粹主义暴行的人们在巴勒斯坦被对待的方式，巴勒斯坦人被迫"出售"土地的方式，等等。以色列的民族叙事遭到巴勒斯坦人怀疑已有 40 年，还有一些质疑者甚至就在以色列国内，那是一些极为罕见的少数派发出的声音，如以色列阿拉伯人、信仰共产主义的犹太人、绝对正统派，但他们的声音在以色列很难被听到。鉴于当时的历史形势支持人们批判民族叙事，因此当以色列历史学家发表了看法之后，一切

---

　　① 要对《底层研究》有个清晰的了解，可以参见雅克·普什帕达斯的文章：《底层研究还是对现代化的后殖民批判》，《人》杂志，第 156 期，本期标题：《聚居区的知识分子和游牧理论》，2000 年，第 161 - 185 页（Jacques Pouchepadass, Les Subaltern Studies ou la critique postcoloniale de la modernité, *L'Homme*, 156, Intellectuels en diaspora et théories nomades, 2000, p. 161-185）。

都发生了改变。20世纪90年代由"新一代历史学家"发起的论战无比激烈，随后人们平息了情绪，分析也更具全局观。与此同时，以色列的建国神话似乎也被轰炸得四分五裂。有两个现象促使该结构被破坏，并让事实变得更加明显。首先，人口按照来源分裂成多个群体的现象比群体形成时期要更为严重（如塞法迪犹太人、俄罗斯犹太人①，等等）。其次，个人主义的兴起发挥了作用。这两个因素侵蚀了统一的形象和集体的风格，撰写史学史将延续20世纪90年代"新式历史学家"的步伐。

回忆可能会促使人们有所表示，以让大家看到如今的人们摒弃勒南式的遗忘，这种忘却不仅违背被当作研究的指导原则的对发生冲突事实的关注，而且受害者及其后裔对此也无法容忍，他们极有可能会拒绝遗忘历史，却也不会因此而怀疑自己对民族的归属或忠诚。

2006年1月30日，雅克·希拉克在接见奴隶制纪念委员会时，宣布以后每年的5月10日为废奴纪念日。他当时的发言值得一提："在共和国，人们可以就历史发表一切言论……一个国家的伟大之处就在于接受它的历史。描绘它伟大辉煌的篇章，同时也撰写它阴暗隐晦的部分。我们的历史是一个伟大民族的历史，让我们自豪地去审视它，让我们看到它本来的样子。只有这样人民才能团结在一起。"我们可以把一些国家领导人和重要组织的负责

---

① 参见本·拉法尔，见前注。

人致歉和请求原谅的事例列成一个长长的单子。英国女王伊丽莎白二世（英国曾经对新西兰的毛利人施行过种族暴力）、天主教会（其同化主义政策在很大程度上造成了澳大利亚原住居民的灭绝）、美洲路德福音教会（因为马丁·路德的思想是反犹主义的），等等。[①]

在某些情况下，要求回忆不只是牵涉对过去的认同，也与某种象征符号有关，能够传达修复的诉求。比如有一些美裔黑人行动者要求政府对奴隶的后裔进行补偿，因为他们不能像其他美国人一样过上一种"美式生活"，黑人贩卖和奴隶制造成的结构性不良条件至今在他们身上留下了消极影响。同样，当亚美尼亚共同体让全世界知道其希望土耳其承认1915年的大屠杀事件时，有一个难点被忽视了，那就是这个具有象征意义和历史意义的问题可能触及其他层面，而且是非常具体的层面：这难道不意味着将来有可能考虑物质赔偿，甚至是归还某些领土吗？

---

① 关于致歉和请求原谅的事例可以参考查理·P. 亨利的著作：《姗姗来迟——种族赔偿政策》，纽约大学出版社（Charles P. Henry, *Long Overdue. The Politics of Racial Reparations*, New York, New York University Press, 2006, p. 43-94）。同时请参见艾瑞克·K. 山本：《种族歉意》，《性别、种族和公正》杂志（Eric K. Yamamoto, Race Apologies, *Journal of Gender. Race and Justice*, 47. 1997, p. 50）。

回忆对历史的影响

回忆能够对历史产生多种影响。某些情况下，回忆能够修改历史，在历史中加入之前忽略或者没有被接受的一些方面，即民族竭力承认曾经犯下的过错。我们刚才谈到的有关法国犹太人的历史便是这种情况。

另一些情况下，回忆历史带来的影响并不明显，这只不过是因为回忆本身很复杂、模糊、相互矛盾或者易致冲突。法国在讲述阿尔及利亚战争时期的历史时就属于这种情况。与广为流传的观点相反，对阿尔及利亚战争的历史撰写真实可靠、引经据典、资料翔实，其中包括最可怕的暴行、酷刑、搜捕及杀戮，以及1961 年发生在巴黎的事件等，历史学家提供的信息并不少。问题主要涉及与回忆延续相关的群体。因为这个群体是碎片化的、被撕裂的，其数量当然不会超过从过去遗留下来的群体的数量。这个群体主要包括阿尔及利亚民族解放阵线成员及其后裔，以阿扎瓦德民族解放运动武装部队为首的其他武装部队成员及其后裔，(北非前法国殖民军在当地雇佣的) 本地军人及其后裔，居住在阿尔及利亚的法国人及其后裔，阿尔及利亚的犹太人及其后裔。与人们的另一个既定观点相反，我们不能把他们与居住在阿尔及利亚的法国人混为一谈。而在大都市里，人口的划分对于年龄大的那几代人更为痛苦，他们中有的在阿尔及利亚民族解放战争中当脚夫，有的是因为戴高乐改变对法属阿尔及利亚的外交策略而失望的戴高乐主义者，有的是得志的戴高乐主义者，有的是先遣分队的士兵，等等。如此种种使得回忆活动从各个方向铺展开来，当中挟带着混杂不均、有时是完全孤立的诉求，产生的影响一直延伸到政治领域，而且结果大为迥异。因此，如果说2005年2月23日立法中包含的第4条是苛求教师在学校宣扬殖民这个曾经也应该在教科书中占有一席之地的一个主题的积极面，那是因为该条法令参照的是阿尔及利亚的历史，为的是让某些分离出来的群体满意。如果有些历史学家对此反应激烈，并要求取消这条法律，从某种意义上来说，也是因为他们的先辈在此次战争中处在其他的位置上。

而在另一些情况下，回忆被历史所忽视，也对历史冷眼相看，但未曾试图去对历史施压。当回忆不涉及某个特定的民族和国家时，尤其会发生这种情况。因此，保罗·吉尔罗伊指出有一个新的散居群体，即安德烈斯散居群体，他们在英属西印度群岛、美国和大不列颠之间游走，他们的文化身份具有为回忆正名的元素。[1] 但人们对包括奴隶贩卖和奴隶制这类内容的过去进行建构再现的诉求，既不会在某个明确的国家范畴内产生，也不会在国际关系的范畴内产生，除了在建立于几个不同国家的犹太组织之间，

---

① 保罗·吉尔罗伊：《黑色大西洋》，见前注。

如在以色列及一心想要弥补纳粹罪行的西德，才属于这种情况。

当历史一定坚持要让人们了解过去的野蛮史，即便这段历史不甚光彩，却依然将其记录在民族叙事当中，无须行动者们挺身而出，提出回忆的要求时，就会出现一个悖论。正因为如此，在阿根廷，人们可以提到对印第安人的灭绝历史，有时也可以提到黑人的离开或者几乎消失的状况，确切来说这是为了赋予民族叙事以宏伟的特性：对阿根廷民族主义而言，如果表达自己早就与那些肤色和种族元素无关，就能够以白皮肤、纯欧洲民族而并非杂交产物的形象呈现在世人面前，他们与巴西的情况完全不同。因此莫妮卡·奎哈达解释说，在阿根廷，如果人们提起国家内部民族的多样性，指出全美洲到处都有印第安人和非洲人，被问到的人"如果被问十次，其中九次会回答说，阿根廷以前的情况是这样的，但'黑人已经消失了，印第安人也灭绝了'"。这个虚拟的对话者很可能还会接着说："您看，我们早就是一个白色皮肤的种族了。"[1] 在此可以清楚地看到，有一种历史叙事并不期待幸存者或者后代们能够直言不讳地指出过去发生的暴行——这能突出种族的同质性。

最后，还有另外一些情况，回忆可能会成为历史瘫痪无力的根本原因，回忆会阻碍、延误历史学家的工作，还有可能会使他

---

① 莫妮卡·奎哈达：《印第安问题》，《国际社会学》杂志（Monica Quijada, La question indienne, *Cahiers Internationaux de Sociologie*, vol. CV, [305-3323], p. 306）。

们无事可做。比如，当回忆对政治体制或国家直接施加压力，并且促使它们采取具有历史意义的决策，那么历史学家就无法真正触及相关问题的本质。法国在亚美尼亚问题上屡次转换面孔，这个问题便值得在此加以研究。

20世纪70年代中期，亚美尼亚散居者"觉醒"过来，要就1915年大屠杀事件向土耳其讨个说法。此次觉醒一度带有恐怖主义色彩，由亚美尼亚革命联盟党（Dachnak）或者说亚美尼亚民族解放秘密武装组织唤起，最终转向极端暴力的阶段，其具体事例是奥利机场发生的恐怖袭击（1983年7月15日，造成8人死亡），这让恐怖分子彻底失去了底层亚美尼亚人民的同情。接着他们开始发起行动，但形式是提出诉求、施加政治压力，目的是让法国官方承认1915年的大屠杀事件，这也被认为是对土耳其施压的关键步骤，而进行政治施压一直以来都是他们的目标。1993年11月16日，历史学家伯纳德·路易斯（Bernard Lewis）在《世界报》对他的一次采访中宣称"他不认同大屠杀"（genocide）一词契合亚美尼亚民族的历史观。他被亚美尼亚一些协会告上法庭并被判刑，原因其实是他不客观、不谨慎地表达了自己的历史观。后来则轮到另一位历史学家吉尔·万斯坦（Gilles Veinstein）成为亚美尼亚民族运动战士所组织的一些极端行动的攻击目标，原因是他支持路易斯。1998年，若斯潘政府投票通过一项法律让议员们承认大屠杀；2006年，又通过了对否认亚美尼亚大屠杀行为的人加以惩罚的法律。从此以后，谁要是拒绝承认让亚美尼亚人民成为受害者的大规模屠杀，便属于犯罪，谁要是想和伯纳德·路易斯一样认为在这个认定内容中只看到了"亚美尼亚版"的事实，那便是违法。这样一来，工作没法纯粹地从历史的角度开展。如果回忆借助于法律的力量将历史事实盖棺定论，即便对此还需要再深入研究，还需要补充相关知识，还有哪个历史学家会就这段历史再进行核实？哪个历史学家会鼓励他的学生去做相关工作？不必赘述，因为任何质疑的行为都是被禁止的。因此，行动者们——有时是亚美尼亚的相关组织以及那些殚精竭虑想要让所有影响重大的亚美尼亚共同体满意的民选代表们，他们进行联盟有一个风险：不仅不会让历史更为完善，反而有可能使其故步自封。回忆不一定是历史的助手。如果回忆的导向不是鼓励人们开展历史研究，而是通过诉求让国家和权利成为合法历史的保护者，便会造成这种后果。

最终，回忆带来的结果不仅可能让历史陷入瘫痪、遭到禁令的控制，也有可能被嘲笑，或者本身就变成多多少少严重扭曲了事实的叙事。有一个极端的例子是，一位法国"喜剧明星"迪厄多内（Dieudonné），他在脱口秀中谈到了贩卖黑奴、奴隶制以及殖民话题，借此攻击犹太人。他在舆论中并未获得成功，尤其是安的列斯群岛的民众对此极为不满。按他的思路，犹太人一方面可能在贩卖黑奴的历史中扮演了主要的角色，另一方面，他们又不希望人们谈论这段历史，为的是保留对二战期间屠杀犹太人痛苦历史的垄断权。在此，回忆其实不止只有一个版本，特别是回忆以某些有限并虚假的论述为基础时，比如犹太人被套上一个新的代表恶势力的外衣：他们遭到仇恨的原因不再和以前一样，以前是因为他们在宗教层面带来了威胁（基督教），对民族也产生了威胁，因此可以说他们威胁着属于大多数人的社会。如今他们被憎恨是因为他们可能代表着融合，可能将民族身份据为己有，并垄断民族叙事，对民族叙事中的部分内容选择了沉默和遗忘，使整个历史对自己有利。

从此以后，回忆可能会出现并发出自己的声音，民族可能会被质疑，历史可能要更为精确，要作出改变，在必要时还得抵抗（外界影响）。

但是在多少具有争议、因呼吁回忆而引起的论战中，社会群体的统一指的并不只是民族。在法国，共和国和国家其实都是被指对象，但两者并不一样。因此，几千个"共和国的原住民"在2005年1月在公开请愿信上签名，呼吁人们承认殖民带来的负面后果，此次事件带来的影响延续至今。他们质疑"共和国"，顾名思义，"共和国"应该允许人们在更广的范围内提出更多的质疑，让人们想起它的黑暗面，提醒人们不能忘记没有实现的诺言，着重强调了"殖民断层"，共和国历史的身份便是在这个时期得以确定。① 在此直接针对的并不是民族而是共和国，在法国的想象中，这两个概念很接近，但共和国呼唤的不仅仅是某个集体身份或者文化，而是团结、平等及其他政治价值观。一个半世纪以来，法国共和国有时代表了本民族的政治形象，而它其实也有文化的一面。共和国因为曾经的殖民行为而让人们回想起它残暴的一面，比如它曾经对社会施行过的暴行。19世纪末和20世纪初，共和国不假思索地射杀工人和农民②，人们因而对民族共同体的统一提出了质疑，这种质疑更多是从政治价值观的角度出发，而不是文化身份的角度。

2005年2月23日通过的法律及其中第4条（该法令的内容有关殖民的积极作用，后来被当局取消）引发了诸多辩论，由此可以看到该主题极为敏感，同时也让当局或者政治负责人与历史学家之间发生了直接关联，其中有些历史学家借此机会当面与议员们对质，因为议员们投票通过的法律声称他们所说的都是历史事实。他们勾勒出了争论的概况，政治行动者和历史学家在这场论战中针锋相对，他们有的是职权在握者，有些则是"圈外人"，他

---

① 帕斯卡·布朗夏尔、尼古拉·邦塞勒、桑德琳·勒麦尔：《殖民断层——殖民遗产棱镜中的法国社会》，发现出版社；尼古拉·邦塞勒、帕斯卡·布朗夏尔、弗朗索瓦兹·维尔热：《殖民共和国》，阿尔班·米歇尔出版社。(Pascal Blanchard, Nicolas Bancel, Sandrine Le-maire, *La Fracture coloniale, la société fran? aise au prisme de l'héritage colonial*, Paris, La Découverte, 2005; Nicolas Bancel, Pascal Blanchard, Françoise Vergès, *La République coloniale*, Paris, Albin Michel, 2003)。

② 比如1891年5月1日发生在富尔米（Fourmies）的镇压事件（造成了9人死亡），或者1907年发生的"乞丐暴动"（révolte des gueux）（6月19日有2名葡萄农死亡，第二天死亡5人）。

们的言行左右着当局的决策。因此，最近在关于殖民主义和奴隶制的辩论背景下，法国政府认为最好把奥斯特里兹战争的百年纪念日的重要性尽可能降低。同时，拿破仑一世在当时受到激烈的批判，对其批判尤甚的是克洛德·利贝，他是一位备受争议的作家。利贝把这位历史叙事中的伟大人物等同于希特勒，认为是拿破仑一世重新引入了大革命时期已经废除的奴隶制。①

回忆的冲突

集体回忆本身是一股可能会造成分裂的力量，竭力促进开展回忆的运动一方面可能导致让-米歇尔·肖蒙所说的"受害者之间的竞争"②，另一方面可能会导致群体内部产生极大的张力。比如，参照成立于 2005 年的法国黑人协会代表议会（CRAN）所制定的计划去考量黑人运动的统一性，这并不容易。该组织希望能够将安的列斯群岛的居民、非洲南撒哈拉地区的移民与像留尼旺岛一样的其他群体结成联盟，因为考虑到他们都是种族主义和肤色歧视的受害者，但其实他们的回忆并不一样，从某些角度来看，甚

---

① 克洛德·利贝：《拿破仑的罪行》，私人出版社（Claude Ribbe, *Le Crime de Napoléon*, Paris, éditions Privé, 2005）。

② 让-米歇尔·肖蒙：《受害者之间的竞争》，发现出版社（Jean-Michel Chaumont, *La Concurrence des victimes*, Paris, La Découverte, 1997）。

至有着极大的冲突。奴隶贩卖罪行的受害者们的后代在后来变成了安的列斯群岛的奴隶，他们与这段野蛮的过去之间的关系与另一些人大相径庭，那些人是在非洲，特别是撒哈拉以南地区，组织过贩卖黑奴暴力活动，后又被法国殖民的人或者共犯的后裔——显然这样说并无意将这些非洲人一股脑打成贩奴犯罪分子。同样，很难想象阿拉伯移民和非洲移民之间就回忆结为同盟，要知道他们的先辈们曾经势不两立，阿拉伯人从事过奴隶贩卖活动，而黑人则是受害者。当然这也并非将所有阿拉伯人的后裔都视为人贩子的子孙。如果要继续探讨贩奴问题，就会牵涉欧洲商人，也与非洲商人和阿拉伯商人有关。历史学家的工作对行动者而言是一个挑战，当今的行动者们想要名正言顺地把这个问题带入公众辩论，以影响民族叙事，但这些斗争还包含其他方面，如提醒人们奴隶制、殖民化和去殖民化的存在，还有反种族歧视的斗争。所有这些都需要以过去为参考，而过去并不是同质的，也并非对所有人而言都是一模一样的。这里所说的过去，它除了是为了质问历史而提出的神话叙事、不具备合法性的人为建构之外，并不具备当下突出的统一性。

现在历史学家的工作不再像以前那样需要直接参与构建民族叙事。他们也应该关注叙事所忽略或者所否认的东西。当然，这样的创举由专业历史学家完成，但近半个世纪以来的经验表明，它也可能源于并特别得益于集体行动者们，这些集体行动者有着自己的集体身份，而他们身份的构建多少处于巨大的变动之中。

构建行为的实现在很大程度上得益于参与到其中的个人发挥了主观性，个人在参与过程中获得了生存的掌控权，这与将身份和回忆关联在一起的行动密不可分。回忆的力量能对历史施加压力，而它们自身也是社会的产物。如果把回忆简单描述成对某种传统或者还未完全毁灭的东西的抵抗，这可能是个错误。现在，撼动回忆的是新兴行动者。诚然，他们借鉴过去，但也拼凑历史并最终生产历史。

米格尔·莱昂-波蒂利亚[①]在谈到西班牙征服美洲这段历史时，希望人们不仅仅只从征服者角度，而且要从被征服者的角度来撰写历史，而与他观点相同的历史学家们在某种程度上可能预计到了与回忆相关的这类运动发生之前或与其同时，历史学家们已经发起过其他相关的运动。回忆的运动也会遭遇那些十分忠诚于民族叙事或者坚定地以权势集团为中心，以便可以一直对某些历史阶段保持足够的敏感度的运动，但并不会因此而对理性所传达的迫切需求不理不睬。比如，皮埃尔·诺拉在他的《回忆地点》[②] 这本纪念性著作中，除了陈述了一些有关殖民的事实以外，

---

① 米格尔·莱昂-波蒂利亚：《获胜者的视角——征服后的当地关系》，UNAM 出版社（Miguel Leon-Portilla, *Vision de los vencidos. Relationes indigenas de la Çonquista*, Mexico. UNAM. 1959）。纳坦·瓦什代尔沿用了他的观点，以另一个标题著述：《失败者的视角——西班牙征服后的秘鲁印第安人（1530—1570 年）》，伽利玛出版社〔*La Vision des vaincus. Les Indiens du Pérou devant la conquête espagnole（1530-1570）*, Paris, Gallimard, 1971〕。

② 皮埃尔·诺拉：《回忆地点》，第一卷《共和国》（1984 年），第二卷《民族》（1987 年），第三卷《法国》（1992 年），伽利玛出版社〔Pierre Nora, *Les Lieux de mémoire*, t. 1 *La République*（1984）, t. 2 *La Nation*（1987）, t. 3 *Les France*（1992）, Paris, Gallimard〕。

没有任何关于奴隶制或者奴隶贩卖的信息。

为了认同某段残暴历史而采取某种集体行动，有时并不可能实现目标。相比于民族主义运动，社会运动的回忆要少得多，比如工人的回忆比曾经被殖民的人们的回忆更经不起时间的侵蚀。当遭到破坏的群体无法成为一个可以将历史延续下去的群体，无法构成一个共同体、一个民族和一国人民，而只是因为某个历史时机或背景汇集成一个由个人组成的集合体时，如何才能将回忆放到重要的位置呢？要想将单个行动者无法承载的集体过往丰富成一段历史，历史学家对个人的主观性所保持的敏感在此便是一种源泉。因此有些当代历史的相关工作，专门研究留下过历史痕迹的个人回忆。比如安娜特·贝克和史蒂芬·奥杜安-卢佐关于第一次世界大战的回忆[1]：在前线的经历、士兵忍受与施加暴行、死者及幸存者的主体性，所有这些都源于近期历史学家在研究个人主体和主体化逻辑、去主体化逻辑时所表现出来的敏感。历史学家乔治·莫斯谈到过"粗暴化"（brutlisation），他主要关注一战幸存者以何种方式接受自己曾经遭遇的恐怖经历，以及如何参与制造了罪行。[2] 他质疑的对象依然包括民族和民族叙事，并且尽量将历史分析与传统议题分离开来，比如与战争相关的议题：战争

---

① 安娜特·贝克、史蒂芬·奥杜安-卢佐：《14-18：重寻战争》，伽利玛出版社（Annette Becker et Stéphane Audouin-Rouzeau, *14-18: Retrouver la guerre*, Paris, Gallimard, 2000）。

② 乔治·莫斯：《从世界大战到极权主义——欧洲社会的虐行》，阿榭特—复数出版社（Georges Mosse, *De la Grande Guerre au totalitarisme. La brutalisation des sociétés européennes*, Paris, Hachette-Pluriel, 2003 [1990]）。

策略，与政治、地缘政治、外交相关的维度，权力问题和一个民族对另一个民族的统治，所有这些问题再也不能像以前那样排斥一些维度——那些不怎么关注民族博弈，而是关注个人经历及其所牵涉的内容的维度。

历史的前景

很长时间以来，历史学家一直对于自己的活动被限制在民族的范畴之内表示质疑。因此，《年鉴》很早便小心翼翼地避免固定在民族这一理论和历史空间内。从 1928 年起，马克·布洛克（Marc Bloch）便在座谈会上呼吁："如果诸位同意，让我们停止永远只谈论民族历史。"最近一段时期内，他宣传的这个趋势显然大为加强，与其相关的运动注重宣传与全球化并驾齐驱的、更为普遍的理念。

民族不再是历史唯一的范畴或独一无二的动力，不再在联系理性的同时向历史传达统一的原则。在这个基础上，历史学家在实践中为自己设计了好几个方向。有一些认为历史可以更加"具有全球观"，他们甚至在提及该话题时使用了"全球历史"或者"世界历史"这类字眼，意即历史也许不会再以民族和民族之间的关系为参考对象，它应该具有全球意义，不能只停留在那些民族叙事的特殊视角中。2000 年夏在奥斯陆（Oslo）举行的历史学国际大会便以此为主题。这已成为一种趋势，与其相关的表达法由布罗代尔（Braudel）传承下来，受到伊曼纽尔·沃勒斯坦（Immanuel Wallerstein）和他的《经济—世界》（*Économie-Monde*）的推崇，也可以在塞尔日·格鲁金斯基、卡皮尔·拉吉、桑杰·苏布拉马尼扬的著作①中找到类似的观点。因为该趋势如此醒目，以至之后产生了一本专门探讨这一话题的杂志——《全球史评论》。全球视角意味着要考虑到不同空间内的关系或者来往，这些空间可以是按照领土划分的实体世界，也可以是通过如宗教、文化等问题来定义的世界，或者以学科、知识领域为划分标准的范畴，如思想史、经济史、军事史和外交史，等等。②

另一些历史学家则建议将研究范畴扩大到比民族更大的区域，比如打造一版欧洲历史，这也是 2000 年 10 月在布鲁瓦（Blois）召开的一次影响重大的会谈的议题。还有一些历史学家则相当另类，

---

① 塞尔日·格鲁金斯基：见前注；卡皮尔·拉吉：《对现代科学进行重新定位——知识在南亚和欧洲的传播和建构（1650—1900）》，Pulgrave Macmillan 出版社（Kapil Raj. *Relocating Modern Science: Circulation and the Constitution of Knowledge in South Asia and Europe, 1650-1900*, Basingstoke, Pulgrave Macmillan, 2007）；桑杰·苏布拉马尼扬：《葡萄牙帝国在亚洲：一段政治经济史（1500—1700）》，朗文出版社（Sanjay Subrahmanyam, *The Portuguese Empire in Asia. 1500 - 1700. A Political and Economie History*, Londres, Longmans, 1993）。

② 参见帕特里克·奥布莱恩：《与恢复全球历史相关的史学史传统和现代需求》，《全球史评论》（Patrick O'Brien, Historiographical traditions and modern imperative for the restoration of global history, *Journal of Global History*, vol. 1, 2006. p. 3-39）；奥利维耶·佩特雷-格罗努约：《有关历史全球性的问题：一些思考》，选自米歇尔·维沃尔卡主编：《变迁中的社会科学》，见前注〔Olivier Pétré-Grenouilleau, La question de la globalité en histoire. Quelques réflexions, in M. Wievlorka（dir.），*Les Sciences sociales en mutation*, *op. cit.*, p. 529-541〕。

他们的视角与"全球观"南辕北辙，试图建造一种微观历史，并称之为"微观史学"（microstoria），即一种着眼于小区域的历史，在某种程度上，它在民族范畴之上，给人以不同的启示。具体来说，它的研究对象是个人或者小群体以及一些相互之间保持着界限分明的关系的机构。随卡洛·金斯伯格（Carlo Ginzburg）和乔瓦尼·列维（Giovanni Levi）的"微观史学"来自意大利，这并不偶然，因为意大利从不会像法国一样努力认同自己的国家和民族。

还有一些历史学家，他们的到来标志着历史与民族并驾齐驱的伟大时期已成过去，因此我们才能读到皮埃尔·诺拉的大作《回忆地点》，这本我们在上文已经提到过的书是一次雄心勃勃的精神历险。此书研究了代表民族的场所，在我看来，它似乎很遗憾地看到纪念仪式的成功以及基于历史和民族之间关系断裂之上的"回忆暴政"。

在某些情况下，这样的趋势激起了反动言论、民族主义的恼怒。还有一些情况是，人们曾经尝试过把民族叙事和全球历史融合在一起：娜塔莉·达维斯（Nathalie Davis）说到要在历史工作中将规模和层次两者相结合，并在史学研究中保留"全球意识"全部的地位。而有一些历史学家认为比较历史的优点值得推崇，这与全球历史的观点完全相符。另外一些历史学家则建议成立一些机构，接纳持两种截然不同的民族历史观的不同民族的学者，让他们携手书写共同的故事。正因为如此，1990 年捷克和德国外交部首次创立了两国历史学家委员会，为的就是对 18 世纪以来德国和捷克两国之间的关系做一个目标清晰的梳理工作，其中包括迄今已有几百年历史的令人头痛的苏台德问题，这也是第二次世界大战中被摆在首位的一个待解决的问题，它关系到今天定居在捷克境内的 300 万德国人。法德之间、波兰与德国之间都成立了类似的委员会，它们由国家建立。还有其他一些机构则更加特别，要建立起来也会比较棘手，比如维也纳的亚—土平台（VAT），其研究的关键问题是 1915 年的土耳其。

有些人认为在编撰历史时要把史学史的思考焦点放在那些制造历史的人身上。在法国，在指导研究资格评审（HDR）过程中，史学家们一般要提交一份类似个人史的论文，即历史学家可以谈论自己，借助自身的轨迹来解释自己的研究。

实际上，很长时间以来，历史学的思考总是离不开民族，很多人逐渐成为社会史学家。社会针对自身所开展的活动、给社会带来变化的运动、以回忆为名而开展的动员行动、个人主义的兴起、个体的要求、证人和受害者在全球领域的出现，所有这些对史学史都有巨大的影响，它们赋予史学史合法性，而且这种合法性不仅是结合了理性的民族合法性。从此以后，不是社会存在于历史中，而是历史存在于社会中。历史变成了社会的一个关键问题，变为了知识空间、普适空间，人们在其中处理和辩论一些社会问题；历史是社会功用的客体，有可能会被各种行动者工具化，其目的可能是为了表明民族的伟大，也可能是为了获得行动者所代表的群体具有标志性意义的认同，还可能是为建立一个更公正、更团结的世界，提醒人们并公开暴露一段近期的独裁历史。于是，在历史研究的道路上，会遇到一些不是历史学家的行动者，他们同样怀有追求历史真相的抱负，包括政治人士、法官、历史的见证人、记者，还有那些我们上文提到过的、回忆的承载者。而且，历史研究还应该清楚地界定边界、确定自己的特性。卡洛·金兹伯格便是如此，他以历史学家的身份研究了意大利极左组织"不懈斗争"（Lotta Continua）的前领导者亚德里安诺·索夫利（Adriano Sofri）的诉讼案，他被指控于 1972 年谋杀了一位警察。[①]

历史应该从此开始顺应弗朗索瓦·阿尔托格所称的、此时此刻高于一切的"当下主义"（présentisme）。当下主义处于"膨胀"状态，它推崇昙花一现，将所有重要事件迅速历史化，一丝不苟地以科学的态度从过去选择适合于现在的一切，不停地开展纪念活动，而对未来心怀质疑。[②] 如果不忽略那些可能来自社会的诉求和期待，历史的内涵会更加丰富，但同时也会带来巨大的风险。

而这并不是表明，历史面对更为具有"社会性的"或"社会结构性"的研究领域（les chantiers sociaux ou sociétaux）比过去更开放——这种说法很不可信，只需想想年鉴学派（Ecoles des

---

① 卡洛·金兹伯格：《法官和历史学家——索夫利诉讼案的边缘思考》，金翅雀出版社（Carlo Ginzburg, *Le Juge et l'historien. Considérations en marge du procès Sofri*, Paris, Verdier, 1997［1991］）。

② 弗朗索瓦·阿尔托格：《历史真实性：当下主义和时间的经验》，门坎出版社：（François Hartog, *Régimes d'historicité, présentisme et expérience du temps*, Paris, Le Seuil, 2003）。

Annales）是多么重视社会性分析就能明白。同时要特别指出今天的历史在承担其他职责时所采用的方式。教师的任务也因此而变得微妙。他们的职责不再是让学生进入到民族叙事的空间中，或者教会他们认识民族叙事，以便更好地进行自我身份定位。历史老师不再承担比其他学科更崇高的任务。从这时开始，历史失去了庄重的使命，只会因为回忆的发展而陷入一片混乱，而这种情况在小学也会发生。教师会再次感觉偏离了方向，走到了属于唯一理性和自反性的那一方。对他们而言，历史不再像以前那样因为民族而身居高位，如果要让学生推理和思考，他们不再能够像以前一样提供昨天的参考资料，启迪学生对重大悲剧、流血史的认识，并对历史产生浓厚兴趣。

在此可能存在一个悖论：历史越是像其他社会科学和反思性学科那样以理性为必要条件，就越不会触及民族及其产生的感情身份认同，就越有可能丢弃那些让它变得特别的东西以及作为感情客体的自我。这些感情会聚结在过去被民族所破坏的集体或者个人身份上，民族会成为多个身份当中的一个，却依然对之前拥有的"光环"念念不忘，而历史学家们，其中包括研究人员和教师，他们只能求助于理性，却被围于两者之间——一方面是平淡的历史话语、理性思考而非情感的客体，另一方面是回忆的发展，因为它诠释了社会群体之文化碎片化与个人主义的演进。

社会学前沿九讲

第二部分

走出暴力

　　本书中所给出的几条建议，包括以主体为分析工具，从全局着眼对社会运动及社会的反运动的概念进行更新等，能否帮助我们了解暴力这一重大问题？能否帮助我们更好地了解它的产生、发展及变化，并探索在具体环境中有效减少或消除暴力发生的条件？答案是肯定的。

主体和暴力

　　时至今日，谈论暴力就不可避免地要通过不同的方式引入主体及主体性的概念。

客体性及主体性

从更基础的层面出发，首先得到的一个结论就是，对于暴力问题，客观认知和人群主观认知是脱节的。客观认知认为这是普世的，而主观认知则是因人因地因时而异的。以国家为中心，或者用马克斯·韦伯的话来说，以国家对武力的合法垄断为中心对暴力进行法律定义似乎可以对暴力进行纯粹和简单的客体化处理，从而避免上述问题。安德烈·拉朗德（André Lalande）曾在其编撰的《技术与哲学批评词典》（PUF，1968 年出版）中，借用孟德斯鸠（Montesquieu）的话指出："暴力是不合法或非法地使用武力。"① 而当国家将部分发动战争的权利赋予某些私人机构时（如我们在美国干涉伊拉克内政中所见到的那样②），或者国家安全也被推给私人机构时（这正日益成为一种全球趋势），国家对武力的合法垄断受到了质疑，上文中引述的拉朗德关于暴力一词的定义，那样客观对待暴力的可能性也受到了质疑。

自 20 世纪 60 年代进入受害者时代以来，人们对于暴力合法性的质疑越发加剧。我们可以看到，前几讲提及的特殊身份的大

---

① "对于生活在民法之下的我们来说，当我们被迫签署并非法律所要求的契约书时，就可以借助法律的力量反抗这种暴行"，孟德斯鸠：《论法的精神》，第二十六章，第二十节（Montesquieu, *Esprit des Lois*, livre XXVI, chap. XX）。

② 参见萨米·马基：《人道主义的军事化：军事私有化》，CIRPES 出版社（Sami Makki, *Militarisation de l'humanitaire, privatisation du militaire*, Paris, CIRPES, 2004）。2005 年，4.5 万名隶属于 453 家承包商的平民直接或间接支持了 14.5 万名美国军人的行动，并且承担了某些国家行为，如审讯战犯或嫌疑犯。

量涌现就明显涉及了"记忆"和"被害"等维度。今天，仍有为数众多的暴力受害者要求得到承认，或就其先人所遭受的罪行要求获得补偿。同时，他们也会作为某些不公正行为的承受者出现在相应的公共场合，如文化、宗教、种族或全国性运动，黑人运动、印第安人的运动，种族屠杀的受害者后代或幸存者运动，独裁或集权政治受害者的父母或子女运动。在许多国家，越来越多样化和越来越有效的动员活动引发了人们对妇女、儿童、残疾人及老年人遭受暴力的关注。对于过去和现在遭受的暴力，他们不是从受到威胁的层面或质疑国家的角度出发，而是更倾向于从亲身经历及其对受害者造成的后果这一角度出发，例如他们谈论的是心灵创伤及其造成的长期影响。暴力是对个体的人身和精神完整性的否定或伤害，甚至还可能对后代造成影响，使其难以成为主体。它留下的记忆会侵害主体性，取代主性化过程。从这个角度来看，暴力对特殊的个人的或集体的存在具有负面影响。

　　暴力的客体性和主体性之间的对立并非纯粹的理论问题，它可能导致激烈的政治论战。就像 20 世纪 80—90 年代的法国人自问，与违法和犯罪相关联的不安全问题是客观增长的吗？抑或像原来左派所断言的那样，人们只是越来越缺乏安全感，与日益增多的违法犯罪事件之间并无自动关联？左派后来逐渐摆脱了这一观点。暴力事件与其表征之间能够确立的直接关联越少，人们对这个问题的理解就越是泾渭分明地分为两派，甚至可以说完全不相干的两派。

第七讲　走出暴力

传统研究方式

如果要摆脱暴力，仅考虑受害者和他们的主体性是不够的。他们的观点，他们动员媒体和公众舆论以及向国家和政治家呼吁的能力也非常重要。另一方面，也要考虑到暴力的行动者。然而，传统的认知方式几乎对行动者的主体性完全不感兴趣。

第一种认知方式是将暴力视为一种行为危机，**是行动者在挫折感的驱使下对环境变化作出的回应**。这个流派在阿历克西·德·托克维尔那里名声大噪。在谈论法国大革命时，托克维尔曾说暴力往往发生在人民处境得到改善的地区。他这样写道："以至有人会说，法国人的处境越好就越觉得无法忍受。"[①] 而将这一观点发扬光大的则是提倡功能主义和新功能主义的英国研究者。他们在 20 世纪 60—70 年代提出了一个名为相对挫败感的理论。例如詹姆斯·戴维斯（James Davies）认为当某一群体的期待与实现的可能性之间的距离变得太大时就会产生暴力，这一观点后来被特德·罗伯特·格尔[②]所采纳。这一认知方式有时能得出相当有趣的结果，但在 20 世纪 70 年代，许多不同的研究证明了它的不足和解释性有限的缺点。

---

① 阿历克西·德·托克维尔：《旧制度与大革命》，伽利玛出版社（Alexis de Tocqueville, *L'Ancien Régime et la Révolution*, Paris, Gallimard, 1967 [1856]）。

② 参见特德·罗伯特·格尔主编：《政治冲突手册》，自由出版社〔Ted Robert Gurr (dir.), *Handbook of Political Conflict*, New York, The Free Press, 1980〕。

第二种认知方式与前者截然不同，**它注重暴力的理性和工具性特征以及集体维度的暴力**，例如暴乱、革命等。这一理论自 20 世纪 60 年代以来得到了极大的发展，主要依据是历史学家查尔斯·蒂利（Charles Tilly）的研究。对于该理论，即"资源动员论"的支持者来说，暴力是一种资源，是一种达到目的的手段。很多时候，我们可以利用这个理论来解释那些被排除在政治领域外的行动者如何通过暴力来达到干预政治的目的。它的优点是不再将暴力简化为一种行为危机或一种反应行为，而是认为暴力实施者能够意识到自己的行为将导致的后果，唯此暴力才有意义。该理论主张在分析过程中，不要把暴力与更普遍的冲突，如工人罢工、农民游行等分离开来。这一理论具有不容忽视的解释力。

　　第三种认知方式则相当宽泛和多样化，**它认为暴力和文化之间存在关联**。某些作者循着诺贝特·埃利亚斯的研究轨迹，在文化，或更确切地说在文明进步中看到了暴力的对立面。诺贝特·埃利亚斯在研究文明进程时曾解释过现代人如何在法庭上学会控制自身的攻击性和克制各种强烈的冲动。[①]而其他一些作者则强调，与其他文明相比，某些文明在社会化和教育的过程中更容易滋长暴力。西奥多·阿多诺在他的著作中对排犹主义的论述就是一个

---

　　① 诺贝特·埃利亚斯:《文明的进程》，第一卷《风俗的文明》、第二卷《西方的动力》，口袋出版社（Norbert Elias, *Sur le processus de civilisation*, vol. 1, *La civilisation des mœurs*, vol. 2, *La dynamique de l' Occident*, Paris, Pocket, 1974-1975 [1939]）。

很好的例子。① 但所有这些观点都存在一个问题，那就是它们在分析过程中一般避而不谈政治、社会维度的调解以及历史积淀的厚度，而这些因素往往能够将人格形成期和行为转化期划分开来。

我们不能忘记或抛弃对暴力的传统认知方式。它们能帮助我们理解某次具体的暴力行为，但它们偏离了主要方向，只有引入主体概念才能更好地了解暴力。

暴力的主体

在暴力中，有些方面可能暗含着一种"丧失意义"的逻辑。当行动者变得暴力，表示其行为失去了意义或不可能实现，那是因为他无法通过制造冲突行为来实现其社会诉求或文化政治期望，或者缺乏满足这些诉求的政治手段。

但丧失意义并不必然导致空洞、意义的缺失或虚无主义。它往往引发创造新意义的过程，并或多或少带有人为色彩，即脱离现实，导致意义超载和产生意义过剩逻辑。某些经验证明，暴力依赖于某种意识形态，它在这种意识形态中产生，并在其中找到一种替代意义——我们将在下文中通过意大利极左派恐怖主义的例子进行阐述。而其他经验则证明，暴力的产生关乎某种"神话"，或者说某种话语的构建。最初它意在整合各种有意义的要

---

① 西奥多·阿多诺等：《权威性人格》，哈珀出版社（Theodor Adorno et al., *The Authoritarian Personality*, New York, Harper, 1960）。

素，却不料各要素之间的矛盾越来越激化。随着"神话"不断被解构，偏离预定路线，而构建者却竭尽全力地维系"神话"，在这一过程中产生了暴力。但在当今社会，宗教通常会给暴力行为覆上一层超政治的意义，而暴力行为则借此超越政治，甚至迅速地取而代之。

而暴力的其他方面则被传统认知方式所忽略。当出现暴行、无理由的暴力和以暴制暴的情况时即是如此；当行动者不仅毁灭他人，而且在危险行为中以殉道者的方式自毁、自我消灭时也是如此；或当他的行为只是服从某一合法权威而非出自本人意愿，看似没有责任时亦是如此——这便是汉娜·阿伦特笔下描述的耶路撒冷的艾希曼（Eichmann）"防线"①。

面对暴力的诸多不同方面，如果想要给出更为全面的定义，那么借助主体的概念便显得尤为重要。为此，我建议区分五种可能出现的情况，每种分别对应与暴力有关的一种主体性。②

①**浮动主体**（Sujet flottant）。指因为无法成为行动者转而使用暴力的人。例如在 2005 年 11—12 月的骚乱中，那些失控街区的青年移民焚烧了许多汽车，这是因为他们除了提一些具体的社会要求，没有其他途径来表达建构自身存在的愿望。

---

① 汉娜·阿伦特：《耶路撒冷的艾希曼：关于平庸之恶的报告》，伽利玛出版社（Hannah Arendt, *Eichmann à Jérusalem. Rapport sur la banalité du mal*, Paris, Gallimard, 1966）。

② 米歇尔·维沃尔卡：《暴力》，阿榭特—文学出版社（Michel Wieviorka, *La Violence*, Paris, Hachette-Littératures, 2005）。

②**超主体**（hyper-Sujet）。通过附加过多或额外的意义来补偿意义的缺损，比如赋予其一种崭新的、意识形态的、神秘的和宗教的意义。在此，暴力与信仰不可分割。它是一种承诺，其中包含的意义已经远远超越原本的表达范畴，指向了彼岸。以伊斯兰殉教者为例，暴力行为主体剥夺他人性命，自己也在该行为中丧生。他的行为中包含着一种巨大的绝望和一种超越了生命范畴的政治之上的观点（métapolitique）。

③**非主体**（non-Sujet）。出于服从而采用暴力的形式，但并没有，或者说至少表面上看来不具备主体性。例如斯坦利·米尔格兰姆的著名实验。[①] 在他的实验中，暴力不是为了表达个人观点，而仅仅只是服从合法权威的一种模式。

④**反主体**（anti-Sujet）。不承认他人作为主体的权利，只能在否定他人人性的情况下进行自我构建。该情况符合纯暴力的残酷性和它带来的快感，在此，暴力成为最终目的。受害者被非人性化，被物化或被动物化，成为主体的对立面，而残酷行为的行动者或快感获得者则与构成普遍主体概念的人道主义背道而驰——这就是我们将其称为"反主体"的原因。例如受虐狂就是这个类别的一种变态模式，在受虐过程中，受害人也从自身的非人化中获得了快感。

---

① 斯坦利·米尔格兰姆：《对权力的服从》，卡尔曼—列维出版社（Stanley Milgram, *Soumission à l'autorité*, Paris, Calmann-Lévy, 1974）。

⑤**生存主体**（Sujet en survie）。生存主体所对应的事实是任何攻击性行为产生的源头，都是由于个体感觉生存受到了威胁，并采用暴力方式求生，无论这种感觉是否有理。

上文中，我们简短地介绍了一种分类方法。当然，这种方法值得进行更明确的阐述，也许我们使用的词汇不是最贴切的，但需要指出的是，到目前为止，没有任何社会学类型能更好地帮助我们理解这些情况。而这一分类方法的优点是能让我们触碰到暴力中最神秘、最核心的东西：不是暴力行为中可能表现出来的挫败感，不是求助于暴力的人多少带着理智的考虑，更不是他的本源文化，而是关于意义缺损和意义超载的逻辑（在此过程中有可能会形成暴力），基于这样的逻辑建构的是实践这种逻辑的暴力，其中包括了超载或缺失部分，以及扭曲、堕落或变态的主体性。

暴力和全球化

今天，我们已不能像二三十年前那样来谈论暴力的问题。世界发生了翻天覆地的变化，其核心就是全球化的逻辑。我们可以通过全球化思维，用一种新的或者说更新的视角来审视暴力现象。

冷战结束

我们可以回想一下 20 世纪五六十年代的世界是什么模样。当时的世界格局主要由两个对立的超级大国——美国和苏联之间的核心矛盾造成。《雅尔塔协议》签订时第二次世界大战尚未完全结束，之后，世界分裂为两大势力范围。不久，冷战成为主要的对峙形式。冷战是意识形态、经济和地缘政治上的对峙，但并没有造成正面交战，也没有造成真正的局部战争。朝鲜战争及越南战争没有导致两个超级大国之间的直接交锋，它们仍然属于局部冲突，而非世界范围的大规模战争。核武器让两大阵营保持了一定的谨慎，它具有威慑作用。尽管冷战时期出现过极为紧张的时刻，尤其是 1962 年的古巴导弹危机，但使用核武器可能带来的后果避免了极端情况的发生。战争暴力得以在世界范围内受到限制，因为很多国家都或明或暗地处于两个超级大国的势力范围内，每个国家都知道局部战争可能导致全球冲突。

2005 年 10 月，温哥华人类安全中心（Human Security Center）发表的一份报告使我们不得不改变原有的看法。我们原本认为冷战减少了军事暴力，但这份报告通过数字证明，当时在第三世界国家发生了不少"代理人战争"，而且某些局部地区的冲突造成了大量伤亡。因此，我们不能对那个时代抱有田园牧歌式的幻想，但冷战至少避免了传统模式中的战争的狂热化、普及化或扩大化。同时，冷战也一定程度上限制了国际恐怖主义，尤其是以巴勒斯坦问题为借口的行动者，我们可以看到，他们从来没有像今天这么猖獗。

冷战的结束使世界变成了失去冲突构成原则的孤儿。在很长一段时间里，这一原则更多地是避免军事暴力，而非允许或为军事暴力提供方便。

随后，新的裂痕出现了。各国的内战呈现出了截然不同的另一种面貌，出现了大量的新型暴力现象。有组织的犯罪日益增多，并与全球化联系紧密。

根据人类安全中心的报告，国家间传统武装冲突的数量从1992 年起减少了40%，伤亡数量重大的冲突（每年在战场上导致死亡人数超过1000 人的冲突）减少了80%，政变或企图政变的次数也降低了——2004 年发生了10 起企图政变的事件，而1963 年有25 起，但其他暴力形式却在发展。全球恐怖主义反复滋事，平均每起恐怖袭击都会造成数十人伤亡。总体来说，与战争受害人相比，民事受害人的比例大大增加。野蛮行径出现在全球各个角落，其中也包括欧洲。我们曾认为，经历过纳粹主义后，欧洲不会再出现大规模的种族灭绝罪行，但南斯拉夫在解体时经历了一场暴力的"种族清洗"，而在冷战期间，这个国家还是构成世界稳定的因素之一。在非洲，大湖地区的种族屠杀造成了100 多万人死亡。今天，伊拉克战争还在延续，成为造成重大伤亡的日常暴力，并有可能导致爆发国内战争。

武装冲突呈现出一些新形式，提醒我们除了传统战争以外，还存在其他可能性：例如不对称战争，或者超国家环境或多边环境中的危机管理。因此，联合国增加了必要时多国部队武装介入的措施，理论上来讲，是为了结束局部地区的极端暴力，而不是赢得战争并给当地强加一个政权。南斯拉夫的解体伴随着暴力，贯穿了 20 世纪 90 年代；1994 年大湖地区的种族屠杀造成了巨大的恐怖；东帝汶岛独立后（1999 年全民公决），亲印尼的民兵发起一系列暴力行为；索马里的惨痛经历（1992—1993 年）；黎巴嫩战争（2006 年夏天）或达富尔危机都描绘出了新的战争形态：在这些战争中，冲突和地方暴力有可能被赋予民族主义、宗教或种族意义，来自外部的联合武力将它们终结，其目的是建立地区和平，唤醒国民重新回归平静，回到发展的道路上。此外，在冷战时期，核武器起到了牵制作用，甚至可以说是维系和平的要素。它成为重大风险的"要素"，或者至少可以说成为重大风险的象征，常常与不稳定局面、区域危机，尤其是中东和亚洲危机以及核武器扩散带来的众多问题联系在一起。

诚然，冷战的结束不能解释一切。从地缘政治的角度来看，如果想要进行更详细的分析必须引入对殖民主义、非殖民化进程以及拉美社会为摆脱从属地位而进行的斗争等方面的分析。但柏林墙的倒塌划出了一道分界线。在必要时，冷战也会披上暴力的外衣，尤其在那些"代理人战争"中——冷战的结束标志着这种暴力的结束。冷战曾经阻碍联合国（当然也包括其他行动者，尤其是非政府组织）的预防行动或维和行动。新纪元的到来成为进行新的调解、协商和干预的机会，也为学习通过协商和民主的方式来管理冲突提供了机会。但是，冷战在某种程度上保留了有组织犯罪，并影响了国际恐怖主义。因为这一暴力形式的主要行动者们需要"赞助国"的支持，而这些国家通常属于苏联的阵营：冷战之后，出现了大量的有组织犯罪和极端形式的恐怖主义。

事实上，冷战的结束并没有开启一个新的暴力时代。暴力有很多令人震惊的模式，我们在上文中已经论述过其中一部分。但冷战的结束极大地促进了暴力的演变。就像历史学家查尔斯·蒂利所说的那样，它意味着产生了一种新的暴力"目录"。①

离开工业时代

全球化同时也意味着资本主义的性质及其相应的统治方式发生了巨大变化。在传统工业时代，经济力量或多或少与在工厂或作坊中形成的社会关系直接对应，而在此后的一个阶段，生产问题似乎与经济力量之间出现了脱节。扮演统治者这一核心角色的人不再是工头，甚至也不是我们曾经以为的企业经理，而是全球金融资本主义。衡量企业财务收益的标准也换成了别的标准，而不再是生产标准。我们经常可以看到一些大型集团的股票在证券交易市场不断上涨，却宣布要进行大规模裁员和关闭工厂，仅仅因为在股东眼里，这些工厂的收益还不够。对于当代资本主义而言，短期收益比长期收益重要。例如理查德·塞内特曾指出："在

---

① 查尔斯·蒂利在《质疑法国：1600 年至今》（Charles Tilly, *La France conteste de 1600 à nos jours*, Paris, Fayard, 1986）中提出了该概念，并解释道，在某一时期的某一社会中，全体成员都拥有一个有限的集体行为的目录，即在共同利益的基础上一起行动的方式。当一种社会形态进入另一种社会形态时，这一目录也会发生相应的变化。

1960 年，我们以三年的预期收益来评估一个企业，而到 2000 年，这一时限平均缩短为三个月。"①

　　当然，传统的劳动组织方式并没有消失，例如保税工厂（maquiladoras）。这种类型的工厂最早出现于墨西哥，确切地说是出现在墨西哥与美国交界线附近。它们中的绝大部分依赖于大型跨国集团，并参与全球化经济。然而在这些工厂内似乎仍然保留着过去那些剥削工人的方式，它们是如此的坚固，以致工会运动或对工作权益的最基本保障行为根本无法渗透进去。②在那儿与在全世界任何一个地方一样，全球化不仅意味着工人行为能力的削弱、效率的降低，更意味着中心性和工人运动的丧失。从此以后，经济力量，或者说某位工人的社会敌人便远离生产场所。在泰勒制的巅峰时代，广大工人和工头之间是相互对立又相互联系的关系，而现在，在工人和经济力量之间也形成了一种类似的关系。资本以闪电般的速度流动，工人们原本计划成为工业社会的主人，这也是他们进行反击和质疑的基础，但这种身份认同失去了效力：如果工作缺乏稳定性，如果他们知道自己一生当中将从事多种不同的工作，如果企业将工人完全视为"一次性"的劳动力，用后

---

　　① 理查德·塞内特：《动荡时代的记述》，收录于米歇尔·维沃尔卡主编：《变革中的社会科学》，见前注〔Richard Sennett, Récits au temps de la précarité, in Michel Wieviorka（dir.）, *Les Sciences sociales en mutation*, op. cit., p. 437〕。

　　② 参见路易斯·埃内斯托·洛佩兹论文：《寻找身份：全球化、女性形象和墨美边境的社会冲突》，法国社会科学高等研究院（Ernesto Lapez, En quête d'identité. Mondialisation, figures de la féminité et conflits sociaux à la frontière Mexique/États-Unis, Paris, Ecole des hautes études en sciences sociales, 2007）。

即弃，那么应该如何在某一职位、某份工作、某个企业中认识自己？如果劳动组织不断被外迁或被重新安置，如果个人主义和普遍的灵活性表现为传统模式的工人团结精神的对立面，并且还在节节胜利，那么应该如何制定高水平的集体行为计划，并且有能力在远期进行结构化？

传统工业时代的结束并没有使劳动世界变得更加暴力。更确切地说，它象征着战斗力的丧失，没有能力指挥大规模斗争，无法将斗争与社会的"对立方案"（contre-projets）或乌托邦联系起来。但它的确改变了暴力的空间。一方面，在 1970—1980 年间，不少国家刚刚走出传统的工业时代，在这些国家里暴力表现为极左恐怖主义，尤其在意大利：学生、知识分子，有时还有工人们，变得非常激进，他们通过武装反抗的方式在工厂里不断进行毫无意义的不现实的斗争。另一方面，工人运动参与所带来的冲突性是核心原则，这个原则的削弱留下了一片空白地带，但是没有任何一个等量齐观的行动者能从社会阶级关系或从政治的角度弥补这个空白。全世界共产主义的式微并非仅仅源于苏联解体或其意识形态的枯竭，还应归咎于工人运动的衰落，而共产主义曾经是工人运动的代表之一，甚至是最重要的代表。如果说在旧工业社会中，社会民主模式看上去已经奄奄一息或者完全不适用，那也是因为它在工会力量或多或少被削弱的社会背景下，仍然提出要保持党和工会的高度一致性。

然而，社会冲突性（conflictualité sociale）的缺乏通常是导致社会混乱和暴力的原因。事实上，当社会期望没有转化为行动者之间的论战和冲突的时候，它要么变成犬儒主义或宿命论，要么变成危机和暴力行为。这也是导致 2005 年 10—11 月法国发生城市骚乱的原因之一：缺乏将平民区大部分青年移民的诉求冲突化（conflictualiser）的能力，无法通过政治途径解决问题。这些街区在三四十年前曾经是"红色郊区"，由共产党和一些活跃的社会组织来保障其社会冲突的形成和政治地位的提升，但是共产党失势了，这些社会组织也消失了。骚乱持续了三个星期，每晚都有数百辆汽车被焚毁，这种暴力表达了强烈的孤独感、被抛弃感以及极大的愤怒，但其中并没有表现出任何制度化的冲突性（conflictualité institutionnalisée）。

除了走出工业社会和工人运动衰落的经验之外，之前的几个要点将我们的思路引向一个一般性的假设，它可以作为分析的基础：随着围绕社会问题进行论战的可能性和将社会问题冲突化的可能性不断减少、缺失甚至消失，暴力的空间扩大了。而与之相反的是，即使在行动者之间的关系极度紧张时，如果制度化的冲突能将协商处理问题的方式变为可能，暴力的空间也会缩减。暴力不等于冲突，可以说暴力是冲突的对立面。当行动者找不到任何谈判对象来施加社会或政治压力时，**当行动者没有任何制度化的协商机会时，更容易产生暴力**。

这一命题应该被视为分析工具，而非绝对准则——在某些情况下，在某些经验中，在某些局势里，冲突和暴力如影随形。我们之所以将它与全球化联系起来，是因为全球化越猛烈，越遵循新自由主义，越失去界限，就越会削弱那些能够保证社会诉求以冲突形式得到解决的制度和代表机构。那么，为什么不等着法律和超国家的经济调节机构现出雏形，或者等待反全球化运动的到来，让它们能在未来给全球化及其后果换上另一张面孔？

走出暴力：受害者的角度

我们接下来要介绍的分析要素只适用于某些暴力形式或某些问题，不属于任何自称为全面研究的方法。我们此篇的目的与全书一致，与其说是为某一具体对象提供系统而资料翔实的知识，不如说是为了向大家介绍一种社会学的研究方法。这一方法不仅包括如何着手从某几个方面研究暴力等重要问题，而且还能通过研究当前所面临的形势让现象分析更为深入。读者必须接受该研究的片面性和局限性，因为我们不是为了给出系统、明确的答案，而是为了说明思考暴力问题的可能性。

让我们再次重申：受害者观点的重要性与日俱增。

三个领域

在受害者眼中，民主制度变得越来越敏感，痛苦、创伤、原谅或和解等主题在公共空间论战里占据了非常重要的位置。在民主制度下，如果我们就是暴力的受害者，或者是受害者的后代或幸存者，如何才能摆脱暴力呢？对于这些人、这些群体来说，大规模屠杀、种族灭绝、奴隶制、黑奴贩卖和其他反人类的罪行，这些沉重的过往并没有随着野蛮行为的结束而结束：确切地说，走出暴力就是直面由过去行为造成的痛苦的现实性。

在这一系列经历中，被摧毁或改变的东西不是单一维度的，而是根据完全不同的模式分属于三个不同的领域。**第一个领域是集体身份。** 大规模的破坏不仅消灭了人类，而且或多或少损害了某种文化、某种生活方式、某种语言或某种宗教——这就是为什么我们有时会使用种族灭绝（ethnocide）这一新词的原因。纳粹分子及其同党对欧洲犹太人的迫害根绝了中欧地区的意第绪文化，并使其语言几近消亡。当然，在卢巴维奇运动（le mouvement des Loubavitchs）的支持下，这种语言得以继续存在，但是已经与二战前波兰那些生机勃勃的犹太小村没有半点关系了。历史学家雅各布·卡茨（Jacob Katz）的研究证明，这些群体早在二战之前就已经被现代化摧垮，战前居住在那儿的人也早已走空。但纳粹主义仍然以一种令人难以置信的行动力几乎完全毁灭了这个已无法为人类带来新意、生命力和活力的身份。这是一种已经被毁灭了的身份，按照犹太历史学家萨罗·巴隆（Salo Baron）的说法，只有一些幸存者们还在冒着陷入"血泪史"（histoire lacrymale）的风险，试图保留一些痕迹。这一身份充斥在博物馆和人们的记忆里；它拥有记忆，但赋予它意义的东西已经不在了；它并不符合演化中的历史。在此，我们无法将它复原，被毁坏的永远不可能复活，它无法挽回地只属于过去。

第二个领域是个人对于现代生活的参与。 反人类罪行不仅仅打击置身于现代化以外的群体，它打击的对象也可能是在现代性中处于对立面或同一水平，或至少是与现代性有一定关系，或多或少能影响决策的群体。因此，受到质疑的还有每个人作为个体存在以及获得财产、消费品、工作、住房和健康的能力。所谓受害者或受害者的后代，并不仅仅意味着他们的文化存在或人身权利受到伤害，也意味着他们在自由的社会中被奴役，被剥夺财产和权利，被剥夺隶属于一个比本族群更强大的公民或民族整体的权利。我们仍然以纳粹主义为例：德裔犹太人在德国社会和德国民族中的融入度非常高，几乎已被完全同化。当纳粹分子宣布他们已被社会和民族所抛弃时，许多犹太人几乎完全不能相信这些亲耳所闻的事情。伟大的社会历史学家诺贝特·埃利亚斯（Norbert Elias）于 1935 年逃亡至英国。他曾在自传中讲述了当他建议父母逃离德国时，他们如何拒绝的经过。他的父母说："我们不会有事的，我们没有做任何坏事。"① 当个体参与现代化遭到极端暴力的否认时，它不仅仅关乎集体身份，或对某一团体的从属关系，也关乎对于普遍价值的认同度。我们曾影响过这些普遍价值，或

---

① 《诺贝特·埃利亚斯自选集》，法雅出版社（Norbert Elias par *lui-même*, Paris, Fayard, 1991 [1990]）。

者说它们曾经是放诸四海而皆准的判断标准，现在我们被抛弃，被无情地驱逐出了这个价值体系。

第三个领域与个体主体性以及个体作为主体的能力有关。极端暴力会摧毁，或者说会极大地损害主体。暴力让一个人失去人的属性，将人被当成物体或者动物对待，有时候甚至还将人妖魔化，将所有邪恶的能力都归咎于人——在历史上，女性经常被当成女巫。这就是为什么某一野蛮悲剧的幸存者有时会觉得无法再生存下去了，他们无法再相信个人主体的人性（l'humanité du Sujet），因为他们曾亲身经历过对人性的否定，并且亲眼见到刽子手的人性的泯灭。我们经常会追问，怎样才能从奥斯维辛集中营的阴影中走出来？

面对三重毁坏

考虑刚才区分的三个领域，我们可以说从极端暴力中走出来，就是指能够直面三重毁坏：第一，摧毁集体身份；第二，摧毁参与现代性的个体；第三，摧毁人性被否认的主体。

集体身份遭到毁坏的幸存者或者他们的后代能做些什么呢？如果他们只会借口受到了伤害，以及被剥夺了恢复旧群体的可能性，那么一旦有能力提出诉求，他们的行为很可能停留在要求承认旧群体所遭受的野蛮，或者要求物质赔偿的阶段。相反，如果他们能提出一条积极的原则，不论是什么样的原则，例如某一有望得到复兴的文化构成要素，为他们所生活的社会提出一条关于公正的构思、民主的需求等，那么该团体或该群体才能够展望未来。在此，走出暴力就是建立一种积极身份，一个不被消极身份所束缚的原则，因为消极身份已被摧毁，且被缩减为过去。

当涉及个体参与现代性的时候，应该如何自我重建呢？只有全盘承认过去的禁忌及其导致的伤害，才能给受害者及其代表一个满意的答复。答案掌握在有权力作出承认，但也能出于意识形态或政治的原因而不予承认的人手中。这也许是出于维护刽子手、避免撕裂还未结痂的伤口、建立或维护脆弱的和平以及遵守某种在避免激烈冲突的情况下从独裁过渡到民主的共识的需要。集体的最高利益往往给了沉默和遗忘以合法性，但毫无疑问，它们维护了刽子手和罪魁祸首的利益，损害了受害者利益。因此，西德的经验，尤其是1960年后的经验表明，一个刚刚结束极端暴力和大规模犯罪的国家如果决定反思和更好地了解自己，那么它会比拒绝这样做的国家更快地从阴影中走出来。只有像南非一样，在种族隔离之后不避讳讨论过去，并且发展真相政治和宽恕政治，才能更好地帮助原来的受害者们重新融入民族共同体。

最后，当受害者们作为个人主体被摧毁，被深度非人性化的时候，还有没有可能扭转这种否定呢？如果在受害者心里，无法生活下去，无法重新成为自身存在的主人的感受占了上风，那么他们唯一的出路就是疯狂或自杀。在最糟糕的情况中，有些受害者事后会觉得是自己的行为促成了对自身人性的否定，也否定了他人的人性，造成了自己的卑劣性。这可以延伸为一种倒错，将自我禁锢在一种令人厌恶的形象中。因此，受害者以一种令人讨厌的形象出现。相应地，以多年来对纳粹集中营的认识为例，事实证明在极端暴力的条件下，即使身处非人性化的环境中，信仰或先前的政治介入所提供的资源也有助于主体的保持和更好的自我重建。

对于这个分析的三个领域来说，摆脱暴力的核心是一致的：它存在于集体、个人或主体展望未来的能力中。事实上，不管哪种类型，都有可能出现三种主要的态度。第一种是封闭在过去，不论是曾经经历过的野蛮时代，还是在此之前的那个时代——必要时，灾难发生前的时代常常被回忆成黄金时代。用西格蒙德·弗洛伊德（Sigmund Freud）的话来说，这种态度来自"伤感"（mélancolie）。它可以导致赔偿诉求，却很难通向承认和宽恕的逻辑。

相反，第二种态度则是努力忘记过去，与已经过去的历史保持最大的距离——不论是极端暴力时代还是暴力发生之前的时代，以便完全融入当前的社会和民族。在此情况下，完全没有可能对过去展开讨论。

最后，第三种态度，我们再次用弗洛伊德的话来说，就是做"哀悼工作"（travail de deuil），表明自己能够展望未来，能够在社会和民族中充分生活，同时保留对以往经历和所遭受的毁灭的记忆。第三种态度将过去、现在和未来结合起来，倾向于展开论战和开启探寻"真相与和解方式"的程序。自从1993年南非为全世界做出了榜样之后，这样的程序在全球范围内，尤其是在拉美国家蓬勃发展。第三种态度要求提倡这么做的人拥有强大的意志力和政治力，就像纳尔逊·曼德拉（Nelson Mandela）一样。他曾多次解释过这件事情，比如他曾向比尔·克林顿（Bill Clinton）说起过。克林顿这样描述他们的会面：

我问他："马迪巴（他让我用这个名字来称呼他，这是他的部落对他的昵称），我非常尊敬您邀请狱卒来参加您的就职仪式，但是您从来没有恨过这些把你扔进监狱的人吗?"他回答道："当然，我恨了他们好多年。他们夺去了我最美好的岁月，他们损害了我的身体和精神，我因此不能亲眼看着我的孩子长大成人。是的，我恨他们。有一天，当我在采石场砸石头的时候，我意识到这些人夺走了我的一切——除了我的思想和心灵。没有我的允许，他们是夺不去这两样东西的。我决定不要放弃。"然后，他微笑地看着我，补充道："我建议您也这么做。"……我又问了他另外一个问题："当您永远离开监狱时，心中没有重新涌现出愤怒吗?""有的，确实有那么几秒钟，"他回答道，"然后我对自己说，这些人关了我27年，如果我继续恨他们，我仍然是他们的囚徒。但是，我想获得自由。这就是我放弃憎恨的原因。"①

---

① 比尔·克林顿：《我的生活》，奥迪勒·雅各布出版社（Bill Clinton, *Ma vie*, Paris, Odile Jacob, 2004, p. 825）。

全球范围的承认

无论过去还是现在，反人类罪行（我们在此只限于讨论这一特殊的暴力形式）并不一定在与当代国家和民族的范围相吻合的空间里发生。最直接的结果就是，反人类罪行所引发的论战以及法律、政治和制度的处理方式就不能局限在这些范围中。在"威斯特伐利亚"体系中，国家保障过去与将来之间的连续性，通常是在国家内部决定权利的分配，进行政治论战，启动和解或宽恕程序，投票表决赔偿事宜等。但是并不排除国际程序，例如二战后为了审判纳粹分子而设立的纽伦堡国际法庭，类似的司法机构建立在国家间协议的基础上。

从此以后，经常需要对极端暴力现象，包括过去已经发生过的极端暴力行为进行通盘分析和处理。例如，从受害者的角度来看待贩卖黑奴对现在造成的影响，需要考虑到该问题的历史厚重性。这一现象持续了将近 1500 年，需要考虑到非洲、亚洲、欧洲和美洲等全世界各个地区的行动者们在其中所扮演的角色。① 思考所谓的严重的"人道主义危机"，如大湖地区和南斯拉夫的种族清洗和达富尔地区的大屠杀，牵涉到卢旺达、南斯拉夫或苏丹等国家的内部逻辑，也必然要从区域性、全球性、地缘政治和经济

---

① 参见奥利维耶·佩特雷-格罗努约：《贩卖黑奴：通观历史评论》，伽利玛出版社（Olivier Pétré - Grenouilleau, *Les Traites négrières. Essai d'histoire globale*, Paris, Gallimard, 2004）。

的维度分析。如果幸存者和受害者的后代中的某些人已经成为难民和流放者，想要从类似的悲剧中走出来并进行自我重建的话，就需要多类行动者的介入，其中有不少是地区外的行动者，例如人道主义非政府组织、国际法庭、国际组织（如联合国或欧盟）等。

这些幸存者、受害者的后代，或者像迪内希·查卡拉巴提所说的那些带着"历史伤口"① 的人们所要求或希望的东西可能会让好几个国家受到质疑，但这些国家并不对所有事件都负有责任，并且有些国家已经不复存在，或者与暴力发生的时代相比，它们的边界已经发生了很大的变化。

今天的行动者与昨天的行动者已经不一样了，但人们常常以极端或过分的方式将过去的责任归咎于它们中的某一员，以致很多政治领导人都被要求进行"悔改"的请求弄得不胜其烦。后代的概念本身就有问题：对于延续了好几个世纪的事件，我们到底要将延续性追溯到哪个世纪，才能凭借我们是受害者后代这一事实，合法地以受害者的姿态自居？同样，幸存者的概念也需要重新审视：在极端暴力的情况下，为什么他们能够作为受害者全体的代表，好像受害者是一个完全同质的群体一样？

诸如此类的问题让人眩晕。雅克·德里达（Jacques Derrida）②

---

① 迪内希·查卡拉巴提，发表于米歇尔·维沃尔卡（主编）的《变革中的社会科学》，见前注〔Dinesh Chakrabarty, in Michel Wieviorka（dir.）, *Les Sciences sociales en mutation*, *op. cit.*〕。

② 选自《世纪和宽恕——与米歇尔·维沃尔卡的对话》，《辩论世界》（Le siècle et Je pardon, entretien avec Michel Wieviorka, *Le Mande des débats*, décembre, 1999）。

就曾在谈论宽恕问题时提出：如何回应伦理学的要求，去宽恕不能被宽恕的东西？组织宽恕行为本身就不是一件容易的事情。在受害者和刽子手属于同一个民族国家，在犯罪人和极端暴力的直接受害者仍然活着的情况下，如何让宽恕变得有意义也不是一件容易的事情。当要求获得宽恕的人不是犯罪人，而是拥有某种权利但自身在相关暴力行为中没有犯过任何错误的人该怎么办？当有权给予宽恕的人只是与受害者有着或近或远关系的后代时该怎么办？更有甚者，当国家已不再是回应这些问题的唯一或主要的组织机构时该怎么办？冷战时期的联邦德国就一定比民主德国更应该对纳粹主义负责？以色列就能代表大屠杀的受害者吗？如果是的话，在多大程度上能够代表他们？国家领导人就能够代表受害者们宽恕或者就能请求他们的宽恕吗？他们能代表所有的受害人，包括那些没有要求他们这么做的人吗？

面对暴力行为人：主体政策？

回应暴力最传统的做法就是采用抑制政策和预防政策，不论是在国内（动员警察、司法机构、教育等）还是在国外（外交、战争），或者将二者结合起来，在全球化模糊了各种界限的今天，这一点尤为必要。例如对抗有组织的犯罪和恐怖主义需要全球性的策略。暴力主体类型学也许可以帮助我们思考。

——如果说，至少在可建立的维度中，暴力对应的是浮动主体，即无法将期望或诉求转化为行动的主体，那么最紧要的事情就是建立或重建有利于转化的条件。这一主张能直接深化我们对暴力和制度化冲突之间的对立所作的分析。在此，它实际上意味着减少或消灭暴力最恰当的方式，就是形成和增强社会行动者或政治行动者的力量，让它们能够管理各方之间的关系，无论冲突有多激烈——这与决裂是截然相反的做法。在世界范围内，这意味着在超国家的空间里，各种各样的行动者和机构与日俱增。从国家的角度看，这涉及不同的民主形式，它们能拯救政治代表性的现代危机①，并且保证社会和文化行动者能得到认可和发展。

该观点同样适用于更小规模的组织。例如在企业，虽然强有力的有组织的工会常常被领导层视为问题的来源，但事实上它们也是防止混乱和解体的最好保障：这样的谈判对象可以将内部问题明朗化，展开协商，并且有一定的可预见性，避免由于避而不谈产生的危机。

拒绝承认冲突假设本身不能确保社会秩序与安全，而是会促进发生危机行为，首当其冲的就是暴力。

——如果暴力来源于超主体，来源于意义过剩，那么就需要作相应的努力。问题不在于意义的缺损或冲突性的缺失，而在于

---

① 在这一点上，请允许我参照我主编的《政治性的春天》（*Le Printemps du politique*, Paris, Robert Laffont, coll. *Le Monde comme il va*, 2007）一书中的分析。

意义超载，从而导致潜在冲突转化为战争和暴力。对于那些对形势有某种影响的人来说，他们要做的事情是让那些披着意识形态和宗教外衣的多种因素不再对行为起决定作用，不再阻碍任何论战、对话、政治的或社会的解决方案及协商的进行。他们通常会过早地介入，因此更可能通过施加影响的方式来干预，干预行为往往要赶在一个阶段之前，即行动者将自己完全封闭在自己的逻辑中，以避免作出任何让步，并赋予绝对性和极端性无差别的优先权。

浮动主体要求采取自下而上，从缺乏冲突和调节到建立或增强冲突关系的策略。超主体则需要采取相反的策略，自上而下，从超政治降为政治，从无限分裂，尤其是宗教分裂到论战和制度化的冲突。其中一种重要的干预方式是加重某些人的分量。在同一种意识形态或同一种宗教中，这些人能够接受节制和争论，接受本位主义与法律、理智的普遍价值之间的和解。在西方民主制度中，这样做就是尊重、承认和鼓励温和的伊斯兰文化，不让伊斯兰主义腐蚀和削弱它。

一旦落入极端纯粹主义的逻辑中，暴力行动者往往不会放弃他们的信仰，不会放弃"要么没有，要么全部"的思维方式，因为这已经成为他们的思考模式。从此，脱离暴力只能通过武力镇压，求助于军队和警察来实现。

——很难接受非主体的假设。非主体假设认为，暴力没有任何意义，它仅仅是服从合法权威的一种表现方式。事实上，这样的假设免去了暴力行动者的责任，将他们视为木偶人，服务于某个科层机器的无意识的底层人员，是没有信仰、没有热情的生物，当他们接到行动命令或指示时完全不会提出质疑。我们姑且相信这一假设，它确实能够解释某些个体的行为或某些情况。在此，要摆脱此种暴力，只能通过将相关的合法权威非法化，或者至少将它们的行为非法化来实现。例如，戏谑新人是比较轻微的暴力行为，在法国，很长一段时间里这是被接受的，在某些教育机构中，这已经变成了根深蒂固的"传统"。只有通过强有力的政治干预，才能将其非法化，并让继续这么做的人承担责任。通常来说，任何教育中能提高个人和集体责任感、责任意识以及个人应对其行为负责的观念，都有助于限制非主体暴力的空间。

——反主体的残酷性和反主体暴力只在某些特殊情况下出现。每当强烈的不会受罚的感觉和对敌人的恐惧感同时出现时，它们就会伴随着传统战争而产生。我们曾在太平洋战争中美军面对日军①及后来的越南战争中看到过，尤其是美莱村（My Lai）屠杀（1968 年 3 月 16 日，500 名手无寸铁的平民被一队美国士兵残忍杀害）。另外，还有最近在伊拉克阿布格莱布（Abou Ghraib）的监狱里发生的事件。阻止残酷行为意味着需要建立一定的防线，防止行动者深入以暴力为最终目的的纯粹暴力的中心。这一点适

---

① 参见约翰·德沃尔：《无情的战争——太平洋地区的竞赛和权力》，先贤祠图书出版社（John Dower, *War Without Mercy. Race and Power in the Pacific*, New York, Pantheon Books, 1986）。

用于军事当局。从战争权的理论和原则上来说，在战争时期，他们不应当让工具性意义以外的其他意义显现出来并超出他们的掌控和责任范围。这一点同样适用于组织武装斗争的领导者们。他们应当根据纯粹暴力所包含的政治目的来避免意义的稀释，除非他们将其作为威慑敌人的工具。如果是普通的残酷性，例如犯罪的残酷性，那么它们看上去离需要用传统政治手段来解决的问题很远，因此，需要通过其他办法来解决。当然，这里说的方法指镇压的方法，此外还有教育以及借助来自宗教、道德和人道主义的价值观等方法——类似纳尔逊·曼德拉在与比尔·克林顿谈话时所提到的那样。

——让·贝尔日莱解释道，生存主体的暴力是"具有支配性的、过时的"。它建立在一种原始的幻想中，只追问关乎个体生存的主要问题："他人还是自己？""他还是我？""生存还是死亡？""是否冒着杀死他人的危险生存下去？"① 在此，问题的关键并非摆脱暴力，或像贝尔日莱所说的"与暴力斗争"。要知道，那些起而行事的人，既缺乏个人资源，也没有想象的模式（modèles imaginaires）来帮助他们面对生存环境。对于贝尔日莱来说，法国"郊区青少年"的暴力、愤怒和憎恨就属于这种情况。这主要归咎于成年人的不负责任，没有能力向他们推荐适合的身份认同构成模式（modèles identificatoires adéquates）。

---

① 让·贝尔日莱（Jean Bergeret），节选自第 46 页。

今天，暴力成了一种禁忌，也许是最后一个禁忌。但情况并非一向如此，就在不久以前，它还具有一定的合法性，不论是激发革命，支持国家解放运动，表示对恐怖团伙的理解，或是将自己比作游击队。知识分子不分析暴力，而是根据自己的政治偏好支持或反对它。暴力越是被视为恶的典型代表，在它的决定性的经历中就越缺乏意义，以致看上去越发属于野蛮和狂热的范畴。社会科学不应向晕眩让步，不应该在还没有对它不人道的、不可理解的、荒谬的方面作出分析的情况下就摈弃它，不应该接受那些太过粗略的观点。但是，社会科学也应抵制另一种想法，即研究会赋予这些破坏行为、有时甚至是自我毁灭行为以意义。这也是为什么他们必须在艰难的道路上行走，并且承认无论多么微不足道的暴力，背后都与一定的意义有关联，但是，这是一种扭曲的、反常的关联，一种人为令其消失或形成的关联。在这个"威斯特伐利亚"体系已经终结的世界里，想要做到这一点就必须付出更艰巨的努力。对于社会科学来说，暴力是一种特别刺激的挑战，因为它能迫使研究者向前迈出一大步，产生从最个人、最私密、最主观到最普遍、最全球性、最总体的新知识。

| 第八讲 |

全球恐怖主义

对于社会科学来说，恐怖主义只是一个次要的研究对象，甚至在很长一段时间里，它都是被研究者们所忽略的"肮脏的"东西。解释多种多样，鉴于我在这方面有很多的研究经验，我将对此一一分析。[①]

"肮脏的"研究对象

一部分解释涉及各种相关学科的运行规律。恐怖主义不在通

[①] 请允许我参照我的几部著作：《社会和恐怖主义》，法雅出版社（Michel Wieviorka, *Sociétés et terrorisme*, Paris, Fayard, 1988）；《面对恐怖主义》，利亚纳·列维出版社（*Face au terrorisme*, Paris, Liana Lévi, 1995）；以及与多米尼克·沃尔顿合著：《恐怖主义上头条》，伽利玛出版社（Michel Wieviorka & Dominique Wolton, *Terrorisme à la Une*, Paris, Gallimard, 1987）。

常的重要主题的名单之列，它只在字典或其他传统的书籍中偶尔露露面，例如百科全书、指南或最新研究成果，并且完全不吸引人。如果哪个学生选它作为论文的主题，就需要冒风险，可能被该学科的学术团体边缘化以及在大学就业市场上排位较差。尤其是恐怖主义处于政治、历史、社会学乃至法律的交叉地带，很难确切地将其定位为某一学科的核心问题，因此，他所冒的风险就更大了。对于已经着手研究恐怖主义的学者，例如我，从20世纪80年代开始就研究恐怖主义，这一研究在职业环境中显得过于独特，得不到充足的研究经费，有成为各种被质疑和误解的对象的风险。他的同行们会猜想他是不是太过于沉浸在他的研究对象之中；政治势力则会质疑他与"恐怖分子"之间的具体关系，或者指望他化身为情报人员；而他所研究的对象，暴力行动者们则可能利用研究者试图与他们建立的联系。这就是为什么在20世纪80年代的著作中，我避免涉及这些领域的原因。我的法国人身份有可能加剧这些困难：我研究意大利的极左恐怖主义而非法国的"直接行动组织"，研究巴斯克的分裂主义组织埃塔而非科西嘉的民族主义。

其他的解释则触及现象本身。很长一段时间内，恐怖主义都被视为间歇性的，不属于社会的一般运转常态，至多也就是一种罕见的现象，即便个别恐怖主义的表现形态曾经给同时代的人留下了深刻印象，继而影响了一些伟大人物：让阿尔伯特·加缪深深着迷的俄罗斯的民粹主义者①，或者还有 19 世纪末 20 世纪初法国的无政府主义者，马其顿、亚美尼亚、波斯尼亚以及其他同时代的民族主义者，某些 20 世纪 70 年代起处于后工业主义时代的国家中出现的极左团体以及偶尔出现的极右团体，巴勒斯坦民族主义，同时代的巴斯克或爱尔兰民族主义，等等。这样的经历催生了无数的文学作品，但是鲜有人从恐怖主义的角度去看待它们，或用社会科学的工具进行分析。除了报纸上或多或少耸人听闻的文章以外，恐怖主义还导致了鉴定类文章、报告或书籍的繁荣——这是一桩非常好的生意，尤其是在美国的华盛顿特区，有无数相关的"智库"、专业杂志和顾问，更别提官方或半官方的反恐服务。有些可敬的研究者们有时也会写出一些关于恐怖主义的有用的文章，如历史学家沃尔特·拉克尔（Walter Laqueur）。但是总体来说，在很长一段时间里，最好的作品是那些真正新颖和有严肃观点的，那些涉及恐怖主义，但并不把它作为主要研究对象的作品。在它们着力研究的现象中，恐怖主义只是某一整体行为，如民族运动、政治斗争的分支，过激时刻或特殊维度。如果大家查看一下我的著作《社会和恐怖主义》（*Société et terrorisme*）的参考书目，很容易发现那些最重要的参考书目就属于这一类型。此外，由于缺乏大量的社会科学研究，也许我们只有在文学领域

---

① 阿尔伯特·加缪:《反抗者》，伽利玛出版社（Albert Camus, *L'Homme révolté*, Paris, Gallimard, 1951）。

才能找到对恐怖主义描述最精准的作品——只需要阅读陀思妥耶夫斯基的作品就能了解这一点。

最后，之所以说恐怖主义是"肮脏的"研究对象，是因为它通常采取"肮脏"的行为方式。此外，包括民主制度在内的对手回击恐怖主义的政治和镇压手段往往也不怎么让人有胃口。因此，"恐怖主义"一词是非常贬义的，没有任何高尚性可言。那些被冠以此称呼的人会名誉扫地，并被指责为犯罪。暴力行动者们毫无顾忌地用该词来称呼自己的时代是俄罗斯的民粹主义时代及社会革命时代。这就是为什么维拉·扎苏里奇（Véra Zassoulitch）在打伤了一位以虐待犯人著称的官员后，能够在陪审团前宣称（而且陪审团也赦免了她）："我不是罪犯，我是一名恐怖主义者。"20年后，20世纪初俄罗斯社会革命代表人鲍里斯·萨维科夫也将自己称为恐怖分子，就像我们在他一本很有意思的书《一位恐怖主义者的回忆》中所看到的那样。①

"恐怖主义"一词的使用逐渐被低格化（disqualification），这使它成为一种常识，并且很难转化为社会学范畴，尤其是当恐怖主义的形象通常与野蛮、疯狂、病态的人格联系起来时。时常会有许多披着科学外衣的研究徒劳地想证明这一点，这样的转化就更难实现。换句话说，如果想寻找隐藏在疯狂外表下的意义，就

---

① 鲍里斯·萨维科夫：《一位恐怖主义者的回忆》，帕约出版社（Boris Savinkov, *Souvenirs d'un terroriste*, Paris, Payot, 1931 [1909]）。

会立即遭遇到一种共识，那就是拒绝用任何体谅的方式来看待它——我们不是经常说试图理解和解释恐怖主义就是为它正名吗？

但是，在各种研讨会或专门的著作中，大家也常常承认，几乎不可能对它下一个定论，因为存在一个无法回避的难点，那就是在某些人眼中，恐怖分子也许是自由斗士或抵抗战士。事实上，这是另外一种看待问题的方式，即用非科学的观点来看待该现象，拒绝给出让人满意的定义。

从自发的词汇到科学的概念，这是一个非常微妙的过程，需要有保持距离的能力和自省能力，提高这种能力是很难的。事实上，至少到20世纪90年代为止，恐怖主义在这点上很特殊，它只以偶发的形式出现在新闻里。除了恐怖活动特别猖獗的时期，没有任何研究它的社会要求或政治要求，也不鼓励研究者们关心这一现象。而当炸弹爆炸，或者袭击、劫机、绑架等事件增多时，研究者们才在媒体甚至政治领导人的要求下立刻出面解释究竟发生了什么，并作出专家应有的反应，而不是建议保持一定的距离，分析导致该极端暴力的长期历程或思考"恐怖主义"一词的意义。此外，公共权力机构的反恐行动一般都被各种媒体包围着，多少促进了比较严肃的专门知识的发展，这导致一些具有学术价值的文章被湮没在大批平庸无奇的专业作品中——在这个领域中，劣币驱逐了良币。有追逐新闻泡沫的记者，有从情报机构、律师、法官和具有操纵欲的政客那里得到消息的顾问。反过来，他们又从记者和顾问那儿打探消息。还有出于意识形态的倾向而非关心自己是否能够写出证据确凿而且深刻的文章的评论家等。各种类型的行动者将"恐怖主义"变成了除社会科学研究者们之外的其他人的研究对象。让-保罗·布罗德尔曾经表示他更倾向于将这种类型的现象称为"戏剧式的"而非"肮脏的"研究对象。他解释说这类现象发生时能引起观众的强烈兴趣，同时能扩展到象征层面并引发情感宣泄的欲望而压制对知识的兴趣。①

　　这一切最终只能坚定一种观点：关于恐怖主义，懂的人不说话，说话的人不懂。而另一种与反恐言论的作用有关的观点能延伸上述观点，就如同 20 世纪 80 年代中期我在华盛顿特区作研究的时候所看到的那样。反恐主义其实只是各种行动者、压力集团、政府机构、媒体等之间博弈的产物，是它们提出各种主张的集合体，最起码我们可以说，其利益并不局限于与这种特殊形式的暴力进行斗争。要了解恐怖主义，就需要了解在某一特定社会中与恐怖主义斗争的方式，因此，应该努力了解这一社会的运作模式，而不仅仅是研究所谓的恐怖主义。②

---

　　① 让-保罗·布罗德尔：《关于警察我们还能说点什么?》，纪念多米尼克·孟加尔德研讨会上的演讲（Jean-Paul Brodeur, Que dire maintenant de la police?, conférence prononcée à l'occasion d'un hommage à la mémoire de Dominique Monjardet, Paris, 2006）。
　　② 米歇尔·维沃尔卡：《定义和贯彻外交政策：美国的反恐经验》，发表于尤纳·亚历山大和 H. 福克斯曼（主编）：《恐怖主义年鉴（1988—1989）》，克鲁维尔学术出版社〔Michel Wieviorka, Defining and Implementing Foreign Policy: the US Experience in Anti-Terrorism, in Yonah Alexander et H. Foxman（dir.），*The 1988-1989. Annual on Terrorism*, Dordrecht, Kluwer Academie Publishers, 1990, p. 71-201〕；同时参见《法国面临恐怖主义》，《恐怖主义》，泰勒 & 弗兰西斯出版社（France Faced with Terrorism, *Terrorism*, *Washington*, Taylor and Francis, vol. 14, no. 3, 1991, p. 157-170）。

恐怖主义的概念

今天，恐怖主义好像已经成为一种持续的威胁和现实，它如此重要，足以解释为什么社会科学应该坚守立场，对其进行系统性的思考。面对这样的挑战，我们不应当再把恐怖主义视为次要的和"肮脏的"研究对象。但是，只作一些严肃翔实的历史分析是不够的，必须深入妨碍我们理解恐怖主义的理论难点的中心，并阐述恐怖主义的概念。

这一概念应该能帮助我们战胜一个疑难问题，那就是事先将任何关于"恐怖主义"的经验论断相对化，并提醒我们有的人这样看待它，有的人正好相反，他们否认这种观念并提升暴力的价值。事实上，这个疑难问题混合了两个亟须通过分析来区分的因素，在"恐怖主义"经验的具体研究方式中需要将它们结合在一起。事实上，一方面我们应该从恐怖主义所凭借的手段的角度来看待它，另一方面，也应该从它所表达和歪曲的意义来看。

一方面，恐怖主义属于工具行为，可以定义为使用与预期效果相比代价微小的手段和资源来达到目的。例如，凭着几把手枪或几千克炸药，一伙恐怖分子就能撼动某个制度，终结某个权力机构，简而言之，就是获得与所使用的手段相比完全不成比例的结果，难道不是这样吗？作为恐怖主义定义的第一个部分，它的好处在于指出了恐怖主义高度理智的特征。在此，行动者具有制定战略、进行估算、在力所能及的范围内用工具装备自己以及必要时将比自身强大得多的国家拖入困境的能力。至少在这一点上，恐怖主义看上去比它的对手们聪明。多年以来，美国战略家们制定了各种复杂的策略，并且想象了各种精心设计的核恐怖、化学恐怖和细菌恐怖袭击的场景，而2001年9月11日的恐怖事件的制造者们只在学习了一些驾驶的基本知识，并且只有折刀和切刀等武器的情况下就登上了班机。面对拥有军事武装和警察力量的国家，恐怖主义在装备方面只有价格低廉、容易获得的工具，它们往往来自民间，并且范围极其有限：每个团体、每个组织都有自己特定的工具，专家通常视之为鉴定某一起袭击或劫机事件的制造者的标识。谈论恐怖主义的手段，不是为了罗列出一份恐怖技术清单，因为每个事件所使用的方法都不一样，而是为了强调在此之中存在着巨大的不平衡和不对称性，因为恐怖主义分子能用非常简陋的方法挑战或损害掌握着最强大资源的权力机构。

从很多方面来看，科技革命为现代恐怖分子提供了方便。例如有了互联网，他们能够获得关于制造杀伤性武器的信息，他们能互相交流，参与发展新教徒以及宣扬宗教的活动，以致出现了"维基—基地组织"（Wiki-Quaida）、"电子圣战"（E-Jihad）和"网络伊斯兰主义"（Cyber Islamism）的说法。在过去，国家占有技术资源①和科学资源，这些都是个人无法获得的，而今天，民间社会面对着一个巨大的商品和知识市场，这使得人们对"生化恐怖主义"袭击及其他类似的威胁产生了恐惧。②

在恐怖分子的世界里，工具理性并不陌生。在这里，还应当引入一个新的因素，它将使分析更为复杂：自杀性攻击行为的增加。当恐怖分子以自己的生命为代价，当他毫无保留地贡献自己的生命，而这一举动部分源自他的个人决定时，就很难说与预期结果相比他的投入不成比例或者微不足道了。在此，理性不属于计算付出/回报的类型，除非我们认为不是赴死者自己作出了自杀的选择或殉道的决定，而是恐怖组织负责人操纵了个人，将他们当作工具。但是，即使大部分的伊斯兰自杀袭击背后都是一个有组织的流程③，我们的研究还是不允许只将该情境假设为他律的情况或对于赴死者来说意义缺失的情况，我们会再回过头来讲这一点的。

这就直接把我们引向了恐怖主义的第二个构成维度，即它与

①　参见加利·R. 班特：《数字时代的伊斯兰教》，冥王星出版社（Gary R. Bunt, *Islam in the Digital Age*, Londres, Pluto Press, 2003）。

②　参见约翰·罗布：《勇敢的新战争：下一步或恐怖主义以及全球化的终结》，John Wiley and Sons 出版社（John Robb, *Brave New War: the Next Stage or Terrorism and the End of Globalization*, Hoboken, John Wiley and Sons, 2007）。

③　罗伯特·佩普的《自杀式恐怖主义的战略逻辑》一文将该比例提高到了95%，收录于《美国政治科学评论》（Robert Pape, *The Strategie Logic of Suicide Terrorism*, *The American Political Science Review*, 97, 3, p. 346-350）。同一作者经常被援引的著作《死中求胜：自杀式恐怖主义的战略逻辑》，兰登书屋出版社（*Dying to Win: The Strategie Logic of Suicide Terrorism*, New York, Random House, 2005）。

意义之间的关系。那些将该现象简化成为达到目的而使用工具性暴力或手段的单一维度的研究方法永远也不可能让我们忘记，从主要行动者的角度来看，恐怖行为是有意义的。不论这些行动者有没有表达出来，对他们来说，他们的行为都是包含着意义的。其特性就是，如果不是通过暴力的方式，这些行为可能表达的意义与它们实际表现出来的意义是不一样的。事实上，在恐怖主义中，求助于暴力经常伴随着意义的歪曲和偏移，同样的行为在不使用武器的情况下所表达的意义是不同的。

在某些情况下，某种意识形态能够补偿意义的缺失，恐怖分子会这么做，因为如果丧失了意义，他们就会用人为的方式加以维系。例如，1970—1980 年间意大利经历的那次大规模的极左恐怖主义风潮就是如此。这本来只是一场工人运动，但它走向了衰落，失去了历史中心性，导致工人们在这场暴力中完全无法认识自己。当参照形象（无产阶级工人）与声称在最高革命水平上代表该形象的言论之间的距离越来越远的时候，那些发表言论的人就越容易在无节制的暴力中采取冲动行为。这种意义的丧失可以导致"恶魔"的虚无主义，陀思妥耶夫斯基就曾对此作过很好的描述。在此，我们仍需要谨慎，不要过于匆忙地把这个模式套用在事件上：哲学家安德烈·格鲁克斯曼就犯过这样的错误。他用这个模式来诠释"9·11"事件，但在"9·11"事件中，暴力所承载的含义满溢，而不是缺乏。①

在另外一些情况中，暴力通常伴随着意义超载的逻辑，在这个逻辑中，行动者们给他们的政治期望和社会期望赋予了宗教的、超政治的意义。与极端伊斯兰运动相关的恐怖主义就是这种情况，我们会再讨论这一问题的。

在其他情况中，有一点很明显，那就是无法继续调和各种有意义的因素之间的关系，而以前它们是能共同协作的。巴斯克地区的分裂主义组织埃塔组织（ETA）出现于弗朗哥统治时期，曾背负着人们的各种希望，如将（巴斯克）民族从弗朗哥的压迫中解放出来，结束政治独裁以及表达人数众多但备受压制的工人阶级的期望等。因此，埃塔组织的暴力是有限的，主要是象征性的。随后民主制度建立，巴斯克民族获得了高度自治权，去工业化运动终结了工人斗争的中心性，但是从这时候开始，埃塔组织的暴力成为真正的恐怖主义，有时甚至没有任何节制。他们以被压迫的民族、被禁言的无产阶级以及动员起来反对只有在形式上民主的西班牙国家政权的人们的名义发表言论，而暴力是维系埃塔组织这一行为神话的唯一方式。

意识形态、宗教或神话，在这三种情况中，暴力来自超主体，我们在第七讲已经介绍过了。

---

① 安德烈·格鲁克斯曼：《陀思妥耶夫斯基在曼哈顿》，罗贝尔·拉封出版社（André Glucksman, *Dostoïevski à Manhattan*, Paris, Robert Laffont, 2002）。

有时候，恐怖主义行为包括或释放了无理由的暴力和暴虐等维度，它们与行为的意义没有任何关系，也不包含任何工具性的意义。例如，看守对被绑架但已交付赎金很快就要被释放的人质所采取的具有侮辱性的或残酷的行为。反主体在某些恐怖主义经验中占有一席之地，但是不处于核心位置。事实是，恐怖主义是一种特殊形式的政治暴力，它的政治利害关系一直都被意义缺失和意义超载的逻辑所承载，甚至所侵占。这些逻辑可能将它引向底层的政治行为——在这类行为中占优势的是经济的甚至是无耻的行为，比如有组织犯罪；也可能将它引向超政治的行为——超越政治的行为占优势，而与宗教结合时甚至能超越世俗生活。

　　意义的损失越少，或者说与不使用暴力的情况之间的差距越小，就越接近工具性，越没有理由将其称为恐怖主义。反之，当它与现实之间毫无关联，其行为与社会、民族、文化或政治参照物之间毫无参照关系的时候，它看上去就属于纯粹的观念。在极端情况和特殊情况下，只有恐怖活动的主角能够赋予行为以合法性，并且没有任何参照物。这时，恐怖主义才与它的概念相吻合。在其他情况中，它都是"不纯粹的"，有缺陷的，不完全的。当基地组织发动"9·11"事件时，它激起了全世界人民的强烈反感，但也得到了某些国家穆斯林群体的掌声。因此，我们不能说有"纯粹的"恐怖主义。当意大利红色旅以声称抛弃了暴力的无产阶级工人的名义杀害企业老板或政治领导人时，当它在团体外得不到任何象征性的或意识形态的承认时，它已经变成了实实在在的恐怖分子。也就是从这个时候起，它开始衰弱，面对压力时变得脆弱，最终外部压力终结了它的历史。

"纯粹的"恐怖主义的定义有可能导致一个悖论。因为在现实中，这一现象属于政治领域，然而我们却提出了"纯粹的"概念，这就背离了政治。事实上，这一概念是这种现象的极端结果，比如当意义缺失和意义超载逻辑到达最终阶段背离了现实时，当暴力围绕自己打转，当它只是一种由于缺乏社会、文化或政治合法性而只能自我合法化的个人或团体的手段时，即是如此。但在实践中，这一现象几乎总是"不纯粹"的。它几乎总是与某个参照人群、某种社会现实、某些同情或理解它的地区保持着一种关系，即使是非常有限的。正是这种"不纯粹性"使它仍然停留在政治范畴。

传统恐怖主义

作为历史现实，恐怖主义与其他许多社会或政治现象一样，从20世纪60年代到80年代，经历了巨大的变化。更确切地说，它从传统时代进入了全球化时代。有些观察家对恐怖主义产生了明显变化或与过去决裂的观点提出了异议。例如，汉斯·马格努斯·恩岑斯贝格尔在丝毫没有低估极端伊斯兰主义所进行的创新的情况下说道，"极端伊斯兰主义用灵活的网状组织取代了全知全能的中央委员会"，并提醒我们"现代恐怖主义是 20 世纪欧洲的一项发明……"他还明确说，"最近几十年来，它主要的灵感来自 20 世纪 60—70 年代的极左恐怖主义"。①他认为伊斯兰主义者的手段、象征、通告方式等大部分借用了以前的极左团体。关于这一点，我们还可以补充一个事实：自杀在恐怖主义中并非新发明。19 世纪末 20 世纪初的恐怖主义分子就会冒着几近自杀的风险带着炸弹、手枪或刀具接近目标。1981 年，鲍比·桑兹（Bobby Sands）及其他北爱尔兰共和军的成员在监狱中自杀；1976 年，乌尔丽克·迈因霍夫（Ulrike Meinhof）在监狱中自杀；1977 年，安德烈阿斯·巴德尔（Andreas Baader）及其他赤军派（德国）的成员在监狱中自杀。确实，他们的行为没有造成他人伤亡，只造成了自己的死亡。

然而，就在离刚才那段引文仅仅几行的下文中，恩岑斯贝格尔自己就削弱了恐怖主义历史延续性的论题。他说，伊斯兰恐怖主义分子"事实上，他们纯粹是其所斗争的全球化世界的产物"，并且"与他们的前人相比，他们不仅在手段方面有了进步，在媒体的使用上也有了进步"。②如果说绝对断裂的假设是荒谬的，那么看来更贴切的做法是着重分析从一个时代过渡到另一个时代的

---

① 汉斯·马格努斯·恩岑斯贝格尔：《激进的失败者：关于恐怖主义者的论文》，伽利玛出版社（Hans Magnus Enzensberger, *Le Perdant radical. Essai sur les hommes de la terreur*, Paris, Gallimard, 2006. p. 29-30）。

② 同上书，第 31 页。

因素，而不是那些表现出了一定连续性的因素。通过分析恐怖主义昨天的形式和意义，并与今天进行比较，我们能非常具体地观察到这一过程。我们用来思考该现象的范畴也发生了非常重要的变化。

从 20 世纪 60 到 80 年代，恐怖主义确实主要属于民族国家及其延伸的国际关系的分析范畴。在民族国家内部——至少在主权国家内部——它分属三种不同的类型。可以是极左、极右或民族主义、分裂主义。

最大规模的极左恐怖主义活动发生在意大利，同时波及了其他几个工业化的国家：西德有赤军派和革命支队，法国有直接行动组织，比利时有革命支队，此外，还有日本、希腊、葡萄牙等国家。这些现象源自我所称的"位置颠倒"（inversion），在极左派的"后 68 年"分支中，暴力的主要行动者擅自改变马克思列宁主义的性质，并以工人无产阶级的名义发表言论，但事实上他们根本无法代表它。尽管在某些情况下，这个组织企图国际化并扎根于国家以外的空间，尽管它强烈抨击美帝国主义，但是每次只要有机会，它都会质疑国家的权力。极右恐怖主义虽然没有这么大规模，但也有夺取国家政权的计划，它常常与相关国家机器中的与此计划相关的部门有联系。最后，在主权国家内部，恐怖主义的行为模式常常是企图争取某个民族独立的民族主义运动，对于他们来说，暴力能唤醒独立意识。在欧洲，巴斯克和爱尔兰的民族主义运动以武装斗争和相似的组织形式为特征，尤其是这些组织对待"军事"、战争逻辑和对协商持开放态度的"政治"逻辑，所持的紧张关系是相同的。

此外，国际恐怖主义的行动者大部分都是以巴勒斯坦问题为借口，无论是以中心方式（例如 1972 年慕尼黑奥运村发生的黑九月杀害以色列运动员事件）还是以外围方式［有些或多或少受"赞助国"（叙利亚、利比亚、伊拉克……）操纵的团体企图介入和弱化巴解组织的中心逻辑，并在巴以冲突中阻断任何形式的协商解决方式］。亚美尼亚秘密解放军（ASALA）的恐怖主义在某些方面与这些冲突地区的组织很像，并且很容易受这些组织启发，它将危机中的黎巴嫩视作自己获得短暂繁荣的风水宝地。

经典的恐怖主义，即 20 世纪 60—80 年代的恐怖主义，其明显特征是依托"威斯特伐利亚"体系。前文介绍过，这个体系的可能性与合法性来自乌尔里希·贝克称之为"方法论的民族主义"① 的范畴。恐怖主义产生于社会内部，而社会又存在于国家内部。恐怖主义反映的是政治和意识形态发生的偏移，这种偏移催生了以夺取国家政权或建立国家为目的的计划，由认同历史意义、工人阶级和民族身份的先锋队来执行。与之相应，与恐怖主义斗争是每个被涉及的国家为了自己利益所做的事情，但并不排除求助于国际援助的可能性。传统恐怖主义被视为并被描述为一种损害国家、扰乱秩序、破坏国土完整的威胁。

---

① 前文所引乌尔里希·贝克所著《什么是世界主义?》，见前注。

全球恐怖主义

其实"9·11"事件揭示了一个十年前就可以注意到的事实：恐怖主义进入了全球化时代。这个时代以极端伊斯兰主义所发动的一系列袭击为开端，尤其是1993年美国发生的第一起伊斯兰恐怖袭击，当时的目标就是世贸中心，或1994年12月在阿尔及尔发生的伊斯兰教徒劫持法航飞机并计划在巴黎制造坠机的事件。在此之后几个月，法国发生的一系列恐怖袭击都属于这种"全球化"逻辑，因为它结合了国际维度（阿尔及利亚伊斯兰主义的战斗超出了国家范围）和法国社会内部的维度（郊区危机、社会排斥、经受种族歧视转化为暴力）。

我们甚至可以追溯到更远的时代，找到全球恐怖主义的前身：摧毁美国驻贝鲁特使馆的自杀式卡车袭击（1983年4月）及不久后多国维和部队法军指挥部和美国海军指挥中心遭到爆炸袭击（1983年10月）。根据那些可能最接近事实的假设来推测，在这些事件中流露出了黎巴嫩真主党（Hezbollah）最初的迹象。真主党自称肩负着在整个地区进行伊斯兰革命的计划，打算一举了结与以色列的恩怨，从那时候起它就具有能力动员人们在行动中献身。

但是，恐怖主义的全球化是通过2001年9月11日的袭击以耸人听闻的方式表现出来的。事实上，这一现象已不能再用"方法论的民族主义"的类型来考虑，它完全模糊了主权国家内部逻辑与外部逻辑，即国际逻辑之间的传统界限。"9·11"事件的制造者在全球范围内往来流动，使他们能够从出生的国家，确切地说从沙特阿拉伯和埃及，跑到别的国家，如苏丹、巴基斯坦和阿富汗。在那里，他们相互结识、接受培训和训练，彼此之间建立起互助关系，以网状组织的形式在世界范围内重新铺展。在这个网状体系中，他们臣服于塔利班，但是塔利班给予他们完全的行动自由。他们在一些欧洲国家也过得很自在，如在德国，他们中的某些人能上大学；在英国"伦敦斯坦"的清真寺里，即使是最极端的言论也能自由表达；或者在法国的郊区。与通常的想法相反，这些行动者不是来自某个有活力的、比较传统的群体，他们不是从这样的群体中突然出现并直接代表它们的期望的。恰恰相反，他们背井离乡，远离这样的群体；他们来自"新跨国乌马公社"（néo-umma transnationale），就像法拉德·霍思罗哈瓦尔所说的那样，他们来自一个想象中的群体，这个群体更多地出现在现代世界大城市中的贫困街区，而不是传统的农村。[①] 在他们的行为中有类似最现代的资本主义的逻辑——有人证明基地组织的领导人本·拉登曾经犯过"知情投机罪"，因为他根据其组织

---

① 法拉德·霍思罗哈瓦尔：《安拉的新殉道者》，弗拉马里翁出版社（Farhad Khosrokhavar, *Les Nouveaux Martyrs d'Allah*, Paris, Flammarion, 2002）。

筹备的恐怖袭击的结果在证券市场上进行投机。

　　这些行动者们的运作具有很大的灵活性，并且采用网络协作的模式，他们知道如何联通、如何断联，毫无困难，在工具理性的驱使下，他们会使用最先进的社交技术，首先是互联网。之所以说他们的恐怖主义是全球性的，还因为他们虽然以夺取某个国家政权或实现分裂为目的，但其意义并不仅仅停留在国家层面。事实上，他们的目标是全球性的，甚至超越了我们所生活的世界，瞄向了彼岸。他们的伊斯兰主义与圣战（Djihad）的概念不可分割，但是与群体生活的传统模式之间出现了裂痕。它超越了国家的界限，企图通过殉道者或神圣的死亡来摧毁那个既令他们着迷，同时在他们看来排斥和鄙视伊斯兰教及穆斯林群体的西方世界。

　　2001年9月11日的恐怖袭击并不是非跨国恐怖主义初步的在未来可能会被超越的表现方式，而是一种阵发性模式，一种极端情况。因为随后发生的多起恐怖袭击都以基地组织的名义进行，或至少与该组织有联系，但却没有表现出纯粹的跨国性。换句话说，它们将全球维度与通常属于目标国的国家维度混合在了一起。此外，也只有这样混合了世界维度和超国家维度的表达方式才与恐怖主义全球化的观点最相符。无论是2003年在利雅得、卡萨布兰卡和伊斯坦布尔发生的恐怖袭击，还是在马德里（2004年3月）、伦敦（2005年7月）发生的恐怖事件，虽然行动者们根据不同的情况使用了不同的模式，但都将全球恐怖主义的这两个构成维度结合在了一起。他们中有一部分既是这些目标社会的移民，同时又是社会排斥和社会鄙视的产物，他们表达了一种无法在社会中找到自己位置的强烈感觉，或者更进一步说，他们一方面象征着对国际政治的否认，另一方面他们又是跨国逻辑和宗教逻辑的承载者，必要时可能还连接着全球网络。他们同时属于两个群体，一个是想象的信仰者群体，没有实际的基础；另一个是现实的群体，例如摩洛哥移民（西班牙）或巴基斯坦移民（英国），抑或生活在卡萨布兰卡或伊斯坦布尔最贫困区域的悲惨大众。他们的行为不仅仅是内部的、传统的，也非跨国界的，而是二者的结合。这也是为什么对全球恐怖主义的回应也包括两个维度，一方面是军事和防卫的维度，这是对外；另一方面则是警察和内部安全的维度。

在某些情况下，跨国的维度很弱，甚至不存在，而恐怖行动主要被限制在传统维度中。巴勒斯坦人对在以色列的目标实施的自杀性恐怖袭击就属于这种情况。在巴勒斯坦的行动中，殉道者行为是新生事物，直到最近才成为伊斯兰运动的行为。但是，这种暴力直接来源于一个具体的群体，即居住在巴勒斯坦权力机构控制区的人们，在那里，伊斯兰的名义从属于民族斗争。如果称之为恐怖主义，那么可以看到这种行为几乎没有跨国维度，它仍然属于传统范畴，而不是全球化范畴。

全球恐怖主义在由两个极端所限定的空间内展开。在一个极端，它纯粹是跨国性的——2001年"9·11"事件属于这种情况；在另一个极端，它是传统的，至少属于传统的参考范畴——巴勒斯坦人在以色列土地上发动的恐怖袭击就属于这种情况。

这种全球恐怖主义是全新事物吗？在过去，在传统时代，许多行动者都有在各个国家往返通行的经历，他们完全不能在所出生的社会中扎根。1972年5月30日，三个日本人在以色列卢德机场放火（造成26人死亡），他们臣服于巴勒斯坦。还有20世纪整个70年代，参与革命支部、6月2日运动或赤军派的德国人与巴勒斯坦恐怖组织或"赞助国"合作。一方面产生了去地域化（déterritorialisation），另一方面则产生了所有行动者的网状运作，但它更像对民族独立事业的国际支援而非全球化的行动。至于网络，不少专家将其简化为一根"红线"，它只能在某些国家的支持和容忍下才能存在。

全球恐怖主义是否是极端伊斯兰运动所独有的？确实，在世界其他地方还有除穆斯林以外的恐怖主义分子，许多民族主义的、种族的或其他宗教（例如印度教）发动的武装运动也采用这一形式。但极端伊斯兰运动是唯一能将全球目标和超政治目标以及在全世界各个地区某一主权国家内部扎根的可能性相结合的运动。因此，它给非伊斯兰运动拥护者留下的空间就缩小了，就像我们在西班牙所看到的那样：2004年3月11日在马德里发生的骇人的恐怖袭击（死亡人数达191人）最开始被归咎于埃塔组织，后来事实真相逐渐清晰，人们发现应该对此负责的是移居于此的马格里布人。为此，不仅何塞·玛利亚·阿斯纳尔（José Maria Aznar）的人民党由于错误地指责了埃塔组织而在几天之后丢掉了选举，而且巴斯克分裂组织在某种意义上也成了伊斯兰恐怖主义的受害者，因为它不得不与这种极端暴力划清界限，其使用武器或爆炸物的合法性被削弱了。这就是为什么我们说基地组织介入西班牙标志着埃塔组织的历史性衰落，即便这个组织继续存在着，并且还能对西班牙民主造成重大打击。

但是，我们必须补充一点，伊斯兰恐怖主义远非整齐划一或同质均匀的。以伊斯兰的名义使用极端暴力可以大大刺激那些加入冲突性极高的博弈中来的行动者们，就像我们今天在伊拉克所看到的那样，在那里，基地组织并没有垄断恐怖袭击。

一般来说，当我们想到 20 世纪 60—70 年代的传统恐怖主义，我们能观察到某种分裂的迹象。事实上，过去最重要的逻辑是政治逻辑，我们曾说到它主要为夺取权力或建立新国家的目标所困扰。而在当今社会，与传统时代相比，现在的恐怖主义行为要么更具政治性，这一点由它的维度（全球圣战、不留任何协商余地）所决定，极端伊斯兰运动在这种情况下占支配地位，具有超政治性；要么更缺乏政治性，它关心的是经济收益，但与政治保持着联系。例如哥伦比亚的革命武装力量（FARC）就属于这种情况，它变成了一股次政治力量（forces infrapolitiques）。这样，要么拉近了具体现象与"纯粹"恐怖主义之间的距离，要么正好相反，使暴力变得更加工具化和经济化，多少带有黑手党的性质，但这样的变化不能阻碍民族主义运动或类似运动的继续存在。这些运动照例有求于恐怖主义，但受到了必要的限定，仅限于地区利害关系上的冲突。

受害者及行动者的主体性

在传统时代，人们根本不关心受害者，除非是为了匆匆忙忙地举行悼念活动。他们计算死亡人数，却常常忽视伤者和心灵受到创伤的人。他们根本没有预先考虑到短期或长期对这些人负责的问题。恐怖袭击如劫机事件后，民众情绪平复，那些被极端暴力抛弃在痛苦、贫困和孤独中的人们完全得不到认可。恐怖主义首先是被损害国的问题，是该国的政治和外交问题，以致在恐怖主义尤其是国际恐怖主义领域，甚至在最先进的民主制国家都常常会出于国家利益的考虑无法将严肃调查进行到底，或无法真正完整地实现正义。"空客 300 被劫持 12 年后（1994 年 12 月发生在阿尔及尔，前文曾提到过），我们还不知道谁是主要行动者，谁是事件的资助者……我知道，并且每次我都确认，是出于国家利益的原因，才无法进行任何调查。甚至对于 1986 年发生的多起骇人听闻的袭击事件"，非政府组织"SOS 恐怖袭击—SOS 恐怖主义"（SOS Attentat-SOS Terrorisme）的创立者弗朗索瓦兹·叙德茨基解释道："我们审判了从犯和土耳其裔的执行者，然而下达命令的人，真正对此负有责任的伊朗人却从未被追究。"①

弗朗索瓦兹·叙德茨基曾在巴黎格朗维富餐厅（Le Grand Véfour）恐怖袭击中受重伤，于1983年创立了自己的社团。今天，在法国，多亏了像弗朗索瓦兹·叙德茨基这样的人动员，恐怖事件的受害人才开始从一个依法成立的保证基金那里得到赔偿，他们的精神痛苦才能及时得到治疗，正义的调查才能在舆论的压力下进行到底。弗朗索瓦兹·叙德茨基这样写道："正义的认可对于受害者的自我重建非常重要。诉讼是受害者们摆脱痛苦、困难甚至具有犯罪感的状态的最后阶段。"②

读者们要知道，这种变化是当今社会的某种倾向。当今社会开始关注在人身权和精神权方面受到暴力侵害，对现在或过去保留着痛苦记忆的人或群体。这是主体进入与恐怖主义有关的观点和分析的第一个方面。

第二个方面与恐怖主义分子自身有关。我们在进行分析时通常忽略他们的主体性，要么把它简化为恐怖主义分子的算计和工具理性，要么竭力表现恐怖分子的病态性格。我在20世纪80年代的研究中就强烈批评这种倾向，甚至建议推翻这种自发性的言论：恐怖分子可能具有的性格是由其秘密性、自我封闭的小团体

---

① 见她为扎伊达·卡卡奇和克里斯托夫·莫兰所写的序言：《从阿尔及尔到马赛的飞行：被劫持时期的日志》，Plon出版社（Zahida Kakachi & Christophe Morin, Le Vol Alger Marseille, Journal d'otages, Paris, Plon, 2006, p.14-15）。

② 同上书，第15页；弗朗索瓦兹·叙德茨基：《三重痛苦》，卡尔曼—列维出版社（Françoise Rudetzki, Triple peine, Paris, Calmann-Lévy, 2004）。

生活、武装斗争的方式和号称具有支配他人生命权的延伸经验所造成。恐怖分子的性格特征不是起点，不是暴力行为的解释性因素，而是终点，是由于偏差导致实施暴力的结果。但今天，自杀性袭击的普及迫使我们不得不更进一步思考恐怖分子的主体性，尽管不少专家仍尽力优先在工具化、预谋算计、战术性的范畴中去思考伊斯兰主义自杀袭击的问题①。当涉及相关组织时，这种方法可能很适合，但在涉及个体时，这种方法就不适用了，因为我们很难弄清楚他们究竟使用了哪种付出/回报的计算模式。

　　首先被抛弃的是浅薄的社会学至上论。因为与普遍看法相反，最极端、最能代表全球恐怖主义并准备献出生命的伊斯兰运动拥护者，并不一定是出身于社会最底层的人，不一定是贫苦大众。他们同样可能来自受过良好教育的中产阶级，就像英国人曾惊奇地发现，伦敦的恐怖袭击未遂事件（2007 年 6 月 29、30 日）是由一群医生策划的。他们是穆斯林，有些是中途皈依的穆斯林，他们非常了解西方，因为他们生活在或曾经生活在西方社会，至少亲身接触过西方社会，而不只是通过媒体了解。他们不是一个均质的整体，虽说他们具有某些重要的共同特征——强烈的被侮辱感，以及想要摆脱这种感觉的愿望；仇视犹太人；与西方斗争的

---

　　① "自杀性袭击是现代恐怖主义第四次现代化浪潮，或称为宗教浪潮的战略标识"，一本关于该主题的重要著作的编辑在序言中一开篇就这样写道："没有比这个现代恐怖主义的方法更值得理解的了。"阿米·佩达祖尔（主编）：《自杀性恐怖主义的根源：殉道者的全球化》，路特雷奇出版社〔Ami Pedahzur（dir.）, *Root Causes of Suicide Terrorisme: The Globalization of Martyrdom*, Londres, Routledge, 2006, p. XV〕。

信仰等，但在主体性的基础上，我们还是可以将他们分为几大类型。法拉德·霍思罗哈瓦尔是一位得天独厚的研究者，曾经研究过法国郊区的青年穆斯林、英国等欧洲国家监狱里的阿拉伯囚犯、革命运动中的伊朗以及中东各国的伊斯兰教徒。他建议把"圣战者"分为四种类型：伊斯兰虚无主义者、伊斯兰过剩主义者、伊斯兰个人主义者和伊斯兰宗教激进主义者。① 在他的上一部著作中，他自问："如何理解一些群体'戕己及人、一死方休'的冲动?"② 他的解释是：殉道者"全球化"主要发生在这样的情境下，即大城市的现代化、参照物的缺失造成了移民的自我丧失感和失落感，还有伊斯兰教的全球化计划的推行，其中包含无法参与现代化的无力感和伊斯兰教遭到强烈拒绝的感觉，形成了爆炸性的混合体，所有这一切都导致了反抗和仇恨。

一旦我们进入这种研究角度，就会认为恐怖主义分子根据自己的特殊经验和面对全球化世界的经历来形成自己的主体性。在全球化的世界中，他们感觉自己被暴露在毫无遮掩的状态下，尤

---

① 法拉德·霍思罗哈瓦尔：《当基地组织说话时——来自监狱的证词》，格拉塞出版社（Farhad Khosrokhavar, *Quand Al Qaida parle. Témoignages derrière les barreaux*, Paris, Grasset, 2006）。"伊斯兰虚无主义者"是背井离乡的人，"被一种不幸的感觉困扰，因此想寻找能带给这种感觉一个存在主义答案的伊斯兰教"（第332页）；"伊斯兰过剩主义者"的"宗教观念根深蒂固得多"，他受过教育，"并能赋予其存在的所有行为以宗教意义"（第334—335页）；"伊斯兰个人主义"希望作为信徒和个体实现自我，并且质疑西方社会，因为西方社会无法让他实现自我；最后，"伊斯兰宗教激进主义者"来自一个新型社区团体，该团体给了他"宗教人士般的坚定的观念"（第334页），他在宗教激进主义与恐怖主义之间摇摆。

② 法拉德·霍思罗哈瓦尔：《安拉的新殉道者》，见前注，p. 331。

其是在萨斯基娅·萨森曾经论述过的全球化城市中①——这增强了我们使用"全球化"这一形容词来描述恐怖主义的理由。马克·萨吉门曾经将394名宗教激进主义恐怖分子的相关资料汇集成册，他也强调这种经验的松散性（84%的人在出生地以外的国家加入基地组织）。他注意到，他们基本上都接受过教育，其中不少人接受过技术类的培训（医药、建筑、工程学、信息、商业）；四分之三的人是"专业人士"（物理学家、律师、工程师、教师）或"半专业人士"（商人、程序员等），只有极少数的人接受过真正的宗教教育。这位与中情局（CIA）保持过长期关系的心理学家说："就是这种拥有技术教育而缺乏宗教教育的组合使得他们在面对伊斯兰教的极端解读时变得脆弱。"② 萨吉门的研究与霍思罗哈瓦尔的研究非常相似，他提出一种将人引向圣战的路径分类法，并将它分为七种类型。同样，他也通过对行动者的主体性和他们为了成为行动者，为了使自己的经历有意义而作出的努力来定义他们。就像霍思罗哈瓦尔一样，萨吉门也问自己："他们怎么会变成这样，既想杀害平民同时又想杀死自己？"他强调圣战者小群体中存在的社会原动力，他们的精神优越感，他们对集体未来的信仰。他谈到了价值的改变——从世俗的变为宗教的，从当下的变为长期的，从

①　萨斯基娅·萨森：《全球化城市：纽约、伦敦、东京、巴黎》，笛卡尔出版社（Saskia Sassen, *La Ville globale*: *New York*, *Londres*, *Tokyo*, *Paris*, éditions Descartes, 1996 [1991]）。

②　马克·萨吉门：《伊斯兰教和基地组织》，发表于前文提到过的《自杀性恐怖主义的根源》〔Marc Sageman, Islam and Al Qaeda, *in Root Causes of Suicide Terrorisme*, op. cit., p. 122-131（p. 127）〕。

传统道德变为新道德，一直保持着对犹太人的强烈憎恨。

这样的研究方式触及了主性化和非主性化的问题，对于该问题的论证可导向恐怖主义和殉道主义。这样的研究方式可以让我们看到参与的根源、信仰所包含的存在意义、西方被妖魔化的广泛程度和反犹主义。在这里，恐怖主义者没有被简化为某种社会角色，甚至某种本体，也没有被简化为单纯的谋算，尽管这起着决定性的作用。它更没有被简化为将他推向死亡组织所进行的思想灌输或操控，就好像他没有行动的个人原因，不是主体一样。如果要理解他们的行为，我们就应该将他们当成主体，努力了解和读懂他们的意图、表现形式和宗教感情。

我们可以用与第七讲相同的结论来总结这一讲的观点。事实上，全球恐怖主义的社会学只是暴力社会学的一个特殊领域。它应当与暴力社会学一样，首先将表面上看来风马牛不相及的事物联系起来：一方面是世界的重大变革，跨国逻辑及其与更有限的逻辑相联系的方式，因为它们扎根于国家内部；另一方面是行动者的主体性，这一点能触及他们最隐秘、最私密的个人经验，他们的梦想和绝望。这样的关联尽管看上去差距巨大，但实际上是可能而且必要的，因为行动者的主体性，他们精神上自我构建的方式，他们形成个人和集体幻想的方式很大程度上归结于他们暴露在最全球性的现代化中这一事实，归结于他们同属于全球化的世界，但是又在这个世界中流浪的事实。这个世界让他们着迷，同时又毫不留情地抛弃了他们。

| 第九讲 |

种族主义的回归

我们所处的时代已不是 20 世纪五六十年代了，那时还充满着希望，眼看着种族主义衰落下去，民权运动和非殖民化运动不断发展。相反，目前的现代性与过去一样，包含着阴暗面。这一破坏性的现象不但没有从社会生活中消失的迹象，反而在当代变革中找到了重整旗鼓的源泉，其形式可能是传统的，也可能是新型的或经改良过的。新的种族主义者出现了，而老的还没有完全消失；新的种族言论和做法在最古老的种族主义旁开辟了一条新的道路。在发现纳粹罪行之后，我们本以为反犹主义没有任何存在的空间了，但这种憎恨他人的特殊形式又重新出现了，并从全世界到处充斥的与以色列和巴以冲突相关的狂热中汲取养分①。

这个问题是全球性的，但每个地区甚至每个国家都有自己独

---

① 关于法国方面，参见米歇尔·维沃尔卡：《反犹诱惑》，见前引，2005 年。

特的体会。这就是为什么比较研究法在这一领域表现出了极大的优势。① 面对种族主义的复兴，社会科学开始寻找新的分析工具，开辟新的类别，从恶的历史延续性以及复兴的角度来思考。

最初的改变：20 世纪 70—90 年代

20 世纪 60 年代末，在美国的民权运动与黑人运动的暴力极端化逐步衰落的背景下，尤其是在严酷镇压黑豹党（Black Panthers）以后，我们不禁对种族主义的顽固性产生了一个疑问：种族主义是如何存续下来并继续针对美国黑人的？尤其是在几乎没有人敢公开声称自己是种族主义者的地方？

制度性的种族主义

"黑色力量"的活动分子斯托克利·卡尔迈克（Stokely Carmichael）和查尔斯·汉密尔顿（Charles Hamilton）②是首批给出解释的人：种族主义是制度性的，换句话说它是体系固有的结构属性，即使行动者们并没有自称为种族主义者，甚至在别人指责他

---

① 请允许我在此参见我的调查报告：《种族主义的法国》，门坎出版社，以及它的比较性扩展研究《欧洲的种族主义》，发现出版社（*La France raciste*，Paris，Le Seuil，1991；*Le Racisme en Europe*，Paris，La Découverte，1993）。

② 他们著有《黑色力量》，Vintage Books 出版社（*Black Power*，New York，Vintage Books，1967）。

们是种族主义者时还常常感到惊讶。从这个观点来看，没有人是种族主义者，但黑人却常常成为各种歧视的受害者。

制度性的种族主义是当代民主制的结构性现实。在民主制度下没有人敢公开自称是种族主义者，并且在多数情况下没有人需要承受任何形式的种族主义，但只要我们稍加努力让其现出原形，就能证实确实存在各种歧视，难道不是这样吗？第一眼看上去，答案似乎是肯定的。菲利普·巴塔耶与法国民主工联（CFDT）联合进行的一次研究行动揭露，在一个经济状况非常糟糕的城市阿莱斯，一个600人的企业中居然没有一个移民，而阿莱斯的移民占人口总数的1/4。每次有职位空缺，总有工人推荐自己熟悉的人，如朋友或亲戚，但永远都不可能是移民。①

然而，制度性的种族主义这一概念必须被超越。事实上，它源于一种思考模式，这种模式深受 20 世纪 60—70 年代盛行的结构主义的影响。在结构主义看来，结构或体系是可以被分开的。在上述事例中，行动者——公司的人力资源部门和雇员——猛一看上去似乎与歧视没有任何关系。这种歧视好像是系统性的，它属于结构内部的问题，具有程序性，看上去与任何偏见或任何意识形态都没有关联，但制度性的种族主义可以为那些从歧视中得到象征性利益或至少对受害者所遭受的不公无动于衷的人开脱责

---

① 菲利普·巴塔耶：《工作中的种族主义》，发现出版社（Philippe Bataille, *Le Racisme au travail*, Paris, La Découverte, 1999）。

任，他们可能完全没有意识到这一点。事实上，制度性的种族主义表明无知的面纱可以掩饰歧视的事实，直到被撕破的那一天——或因为受害者亲自证明，或者以我们刚才列举的事情为例，因为工会成员和社会学家组成的团队决心全身心研究这个问题。一旦问题成立，这里提到的种族主义就不再是制度性的了，因为歧视的维系和消失不再仅仅取决于相关机构的行为，以及它们是否有愿望成为变革的行动者。明确一点说，这就是在巴塔耶和法国民主工联研究过的那个工厂里发生的事情。在这里我们也注意到，我们所谓的**社会学的参与**取得了很大成效：研究者的介入有助于将某个被忽略的问题，或者某种心照不宣、缺乏行动体系的东西变为论战和政治。学者揭露了种族主义存在于制度起点，并且由于他的揭露，使得种族主义成为体系内部行动的博弈点。

文化种族主义时代

在 20 世纪 80 年代初，首先在美国，不久后在英国，紧接着在法国或比利时，第二种观察结论开始形成：种族主义变成了对受害者的非难，其特征不再是体貌上的，而是文化上的。因此，一些心理学家和政治学家在美国提出了象征种族主义（symbolic racism）的概念。这个观点认为，黑人被指责为智力低下的原因不再是体貌差异，而是由于文化差异，他们无法适应美国社会的价值观，这是无法改变的。在里根时代的自由主义氛围中，黑人被描述为拒绝美国"信条"的人，他们宁愿获得社会救济也不愿通过工作提高自己的社会地位，并且没有家庭观念。

几乎在同一时代，在玛格丽特·撒切尔统治下的英国，政治学家马丁·巴克尔（Martin Barker）也发现了这种种族主义，他将其称为新种族主义（new racism），以便了解新移民的文化属性是如何妨碍他们适应英国价值观，从而使得他们被英国社会所抛弃的——似乎移民会将整个大英民族置于非常危险的境地。

不久以后，在法国，艾蒂安·巴里巴尔（Etienne Balibar）和伊曼纽尔·沃勒斯坦描述过相同类型的逻辑，而皮埃尔-安德烈·塔吉耶夫（Pierre-André Taguieff）也谈到过差别化种族主义（racisme différencialiste），并得出了类似的结论。此后，相关词汇不断丰富，我们称之为文化种族主义（racisme culturel）或新种族主义（néo-racisme），而新的论战也随之展开。它与侧重人种体貌和生理特征的传统、科学的种族主义之间的差别到底有多大呢？我们是否进入了一个新的时代，在这个时代里，种族主义的目的不再是贬低受害者，尤其是在工作上过度剥削他们，而是排斥，甚至毁灭他们？我们难道不应该承认种族主义并非任何时候都结合了区隔（排斥或毁灭）的维度和矮化（infériorisaiton）维度吗？①

① 关于这些问题，请允许我参照我的著作：《种族主义简介》，发现出版社（*Le Racisme. Une introduction*, Paris, La Découverte, 1998）。

还有，在许多社会里，20 世纪 80—90 年代不仅是人们注意到种族主义重新出现的时代，也是人们开始对其文化侧面感兴趣的时代，哪怕挑起论战也在所不惜。对于种族主义而言，如果说受害者的文化特征看上去无法磨灭，或与更大范围的社会文化显得格格不入的话，那么它实际上又将皮球踢回到了属性和体貌特征的观点，不是吗？

在相关社会发生深层变化的背景下，这种种族主义的文化逻辑被发现和分析。实际上，这些社会刚刚痛苦地走出了工业时代，发现许多新生的或重现的社会问题，如失业、边缘化、动荡，还有法国郊区的城市危机，或者威廉·J. 威尔逊谈到的美国"超级贫民窟"。① 我们有时还会说到底层社会（underclass）的产生，同时，就像我们看到的那样，这个底层社会进入了一个文化身份激增的阶段。这些社会在社会关系上变得冷漠，变得族群化，并开始分裂。种族主义成为这些变化过程中的黑暗面。例如，在出现社会和经济危机时，忧心自身的文化存在和民族身份的人，把种族主义作为一种回应方式。由于特殊文化身份蓬勃发展，并需要得到承认，有时到了一争高下的境地，它们自身也包含着极端

---

① 参见罗伊克·瓦康、威廉·J. 威尔逊：《贫民窟中种族排斥和社会排斥的代价》，收录于《美国政治社会科学院年鉴》。关于这些问题，同样可参见威廉·J. 威尔逊：《真正的穷人：内城——下层社会和公共政策》，芝加哥大学出版社（Loïc Wacquant & William Wilson, The Cost of Racial and Class Exclusion in the Inner City, *The Annals of the American Academy of Political and Social Science*, janvier 1989, p. 8-25; William J. Wilson, *The Truly Disadvantaged: The Inner City. the Underclass and Public Policy*, Chicago, University of Chicago Press, 1987)。

化的维度，在这样的维度里，种族主义很快就会找到自己的一席之地。

歧视和族群化

20 世纪 80—90 年代，当种族主义在欧洲被重新发现时，还被视为意识形态和政治现象，并且可以被刚刚诞生或重生的极右势力利用，如弗兰德地区的弗拉芒集团，意大利的北方联盟或法国的国民阵线。该现象的其他形式——暴力、偏见、歧视等并没有被忽略，但主要的战斗还是政治上的，并且很普及。渐渐地，有一种观念取得了进展：为了击退种族主义，对抗代表种族主义的政治力量，光在意识形态和政治领域开展正面行动是不够的，需要考虑它所有的表现形式。

面对歧视

关于歧视的主题（它并不局限于种族主义，例如还涉及性别歧视）就这样得以发展，人们越来越关注在各个领域反抗歧视的具体行动，包括职位、工作、上学、健康、住房、娱乐、少数民族代表在电视上露面等。越来越多的调查围绕这一现象展开，对其进行揭露和剖析，而论战也同时进行，以便了解哪些战略与它是对立的。例如，我们是否应该采用"正向歧视"（discrimination positive）的逻辑？我们能不能为了实施公正策略而放弃"多样性统计"（statistiques de la diversité）？在这里，新事物不是存在于歧视中，而是存在于歧视在公共生活中占据的显而易见的核心位置中，以致有时候看上去歧视似乎已经取代了种族主义。这就是为什么迪内希·德·索萨在一本反响巨大的书《种族主义的终结》中表示，在美国，白人对黑人的种族歧视是一种理性行为，与种族观念没有任何关系：拒绝黑人入店的商人、拒载黑人的出租车司机，他们觉得自己的行为是理智的，而不是种族主义的，他们的行为不是建立在成见或偏见的基础上。[①]

虽然并没有到不断为种族观点提供弹药的地步，但是歧视主题引发了各种论战，与初级种族主义意识形态和政治维度的争论相比，这些争论起着决定作用。它们不是反种族主义与在战略中利用种族主义的政治力量之间的冲突，而是一种关于双方利害关系的广泛共识：减少歧视。它伴随着触及政治哲学或政治文化的论战，远远超越了传统的党派分裂。

如果说在种族歧视令人难以忍受的特点方面存在一个相对共识，那也是由于我们的社会越来越重视个体主体性的缘故，这一点我们在第一讲就已经谈到过。当然，这一切都不是新鲜事，从前许多关于种族主义的重要著作都表达过这样的感受，更确切地

---

① 迪内希·德·索萨：《种族主义的终结》，自由出版社（Dinesh D'Souza, *The End of Racism*, New York, Free Press, 1995）。

说，是对种族主义受害者的亲身经历的强烈意识，艾伯特·梅米（Albert Memmi）的作品就在许多方面证实了这点。确实，自20世纪80年代以来，人们重新研究种族主义，尤其是在英国和美国。他们主要关注种族主义的经历如何以精神创伤的方式对个体产生长期影响，如何造成"隐性创伤"（hidden injuries），如何形成被焦虑所主导的后续行为——我们可以在乔·费金和梅尔文·赛克斯的著作①中找到一些相关的事例。例如，日常种族主义（everyday racism）、例行歧视，表面上看来微不足道，但是会伤害个体的精神和心理的完整性，甚至会对他们的性格产生沉重的压力。②

因此，社会科学对所有与主体相关的事物的开放度越来越高；对受害者观点的接受度越来越高，而且只要与暴力有关，绝不限于秩序范畴或国家的范畴；对既受压迫又被忽略，既弱小又没有能力自我重建的主体的关注，对本书第七讲所描述的"浮动主体"的关注，所有这些都属于种族主义及其研究最特殊的领域。也就是说，我们已不再满足于优先研究种族主义的产生或它的根源，我们还考虑它的后果，这又能帮助我们反过来更好地探索它

---

① 乔·费金、梅尔文·赛克斯：《与种族主义共生》，比肯出版社（Joe Feagin et Melvin Sikes, *Living with racism*, Boston, Beacon, 1994）。

② 参见亚历山德拉·波利：《法国亲历种族主义和种族歧视：从精神宣判到专注受害者的主体性》，社会学博士论文，法国社会科学高等研究院（Alexandra Poli, *L'expérience vécue du racisme et des discriminations raciales en France. D'une condamnation morale à la prise de charge de la subjectivité des victimes*, thèse pour le doctoral de sociologie, Paris, EHESS, 2006）。

的原因。

就像反种族主义斗争一样，这种改变将歧视置于种族主义分析的中心，它带来了一种重要的结果，那就是使得关于承认种族或人种差异的论战不可避免，且至关重要。

了解多样性

为了有效地反对歧视，是不是应当确立、了解并衡量它呢？从这一角度出发，我们很快就得出一个观点，那就是为了达到这个目的，必须确定存在受到歧视的群体，并衡量其人数。现代社会的"族群化"（ethnicisation）在其中找到了扩展的根源，并不仅仅局限于欧洲或北美。事实上，在世界各地，与反种族歧视斗争联系在一起的族群化逻辑正在发展，而持有这类逻辑的人是相关的群体或接受了这些群体观点的知识分子，我们发现，那些遥远的充满异国情调的东西与"族群性"（ethnicité）一起进入了西方社会。相应地，这是因为这样的群体确实存在而且不断发展，因为或多或少被同化了的文化差异成为集体生活的核心问题，也因为要求获得身份认同的呼声越来越高，有时还要求进行统计，包括质量和数量两个维度。这就产生了一种辩证关系，导致多样性、族群性和种族等词汇越来越常用。

这一现象首先是在国家层面产生的，在这一层面也发生了最激烈的论战。集体生活的族群化和反歧视的斗争之间的距离被拉近包含着令人担忧的东西，不仅仅是社会进步的表现。例如，我们将强调"多样性统计"（这一说法最近取得了成功，也许因为它比较宽泛，更能让双方接受，内涵没有"族群数据"那么沉重）也可能被用于诋毁某个群体的信誉。例如，统计美国监狱里黑人的数量，或者法国监狱里穆斯林的人数，这难道不会导致我们在违法犯罪人数与这两个人群的人数之间建立联系，并以此为出发点，以这些人为主要目标实施打击违法和犯罪的政策，从而变成对他们的公开侮辱吗？

这样的论战也在其他层面发生。其中有一个案例非常有意思，那就是"多样性管理"（diversity management，主要是在企业中雇用不同种族的员工）。想要知道这样的管理策略是只对企业领导层有利，还是也有助于减少种族主义和歧视，这既是个本地问题——它存在于机构层面，也是国家问题——对于某种规模以上的企业而言，还是全球问题——对于跨国公司而言。①

在政治文化向多元文化开放并认可少数民族的国家中，尤其是在盎格鲁-撒克逊国家，给这些人官方的和量化的可见度（visibilité）（包括在全国统计中）这一原则，往往会遭遇由问题性质带来的困境：谁能决定某个人属于哪个群体，是个人（自我定义）、该群体及其领导者，还是公共力量？或者有可能是这三者的结合？标准完全是有问题的，因为客观性的定义往往建立在体

---

① 参见约翰·伦奇为澄清这一点而写的《多样性、管理和歧视》，阿什盖特出版社（John Wrench, *Diversity: Management and Discrimination*, Ashgate, Aldershot, 2007）。

貌特征，如皮肤颜色的基础上，它会与建立在相关人群的选择之上的主观定义发生冲突，反之亦然。

个体能加入或者脱离某种身份这一事实，更宽泛地说，身份生产和发明逻辑的压力，导致这些身份不断地变化、分裂、解体和重组，很难将某个人群固定在一个稳定的、代表所有身份组成的形象之中，这几乎不可能做到。必须在相继进行的统计中不断引入其他类型，这就对分类原则的适当性产生了质疑。这一问题在与"种族"（race）概念最接近的类型中也存在。种族化（racialisation）是"多样性"激增的一个维度，它也能导致分裂和重组。例如在英国，从 20 世纪 80 年代起，来自印度次大陆的少数民族要求人们停止将他们指认为"黑人"，他们希望与来自非洲或加勒比的少数民族区别开来。这种文化、种族和社会分裂的进程意味着有许多群体各自拥有自己的身份、记忆、文化、种族和宗教归属，他们可能同时成为种族主义的受害者和罪魁祸首。种族主义自身也在分化和增强，甚至瞄准了那些没有任何归属群体的被极端化的个人——通过自我实现预言的机制，这可能导致形成新群体。①

在政治文化坚决否认公共空间中存在差异的国家，只有当这种顽强的抵制出现缺口时，问题才被提出来。以前，这个问题表

---

① 自我实现预言（self-fulfilling prophecy）这一社会科学观点由威廉·艾萨克·托马斯（William Isaac Thomas）提出，由罗伯特·莫顿（Robert Merton）普及。其观点是，对现实的错误表现产生的影响可以改变现实，让它朝着预计的方向发展。

现为普遍主义（universalisme）观点的拥护者坚决反对思考本位主义（particularisme），批判多元文化主义，并且认为这些支持多元文化的人头脑简单，更有可能是叛徒，或者像 80 年代一位记者说的，是些"打砸抢分子"。①在法国，共和国的准则是只愿意在法律上区分自由和平等的个体，因此在这一名义下，进行多样性统计几乎是不可想象的。这种不认可实际上伴随着某种虚伪，因为没有人会提出异议，例如人口研究机构就曾统计过这个国家的犹太人数量。② 2005 年 10—11 月发生的骚乱非常清楚地揭露了"共和融入模式"（modèle républicain d'intégration）的缺陷，此后，殖民主义及其影响的延续问题在种族主义和歧视中变成了中心问题，出现了名为"法国黑人协会代表委员会"（CRAN, Conseil représentatif des associations noires de France）的黑人运动。几个月后在一份发行量很大的报纸上（《巴黎人报》，2007 年 1 月 31 日）发表了一项调查结果，里面包括了法国的黑人人数以及他们所遭受的各种偏见的主要特征。尽管有许多争论，并且这些争议并不仅仅围绕这一调查，但那些最强硬的"共和主义者"的态度在最近几年还是被大大削弱了。法国发生的争论产生了变化，并且与

---

① 克里斯蒂安·热朗：《共和国的抢砸分子》，Plon 出版社（Christian Jelen, *Les Casseurs de la République*, Paris, Plon, 1997）。

② 参见德拉·佩尔格拉和多丽·邦西蒙：《法国犹太居民——社会人口学和身份》，CNRS 出版社（Della Pergola et Doris Bensimon, *La Population juive de France: socio-démographie et identité*, Paris, Editions du CNRS, 1984）或者埃里克·科恩：《法国犹太人，价值观和身份》，FSJU 出版社（Erik Cohen, *Les Juifs de France, valeurs et identités*, Paris, FSJU, 2002）。

盎格鲁-撒克逊国家的争论越来越接近。在这里，我们还要补充一点，即欧洲社会在这一方面的行动非常积极，为此制定了法律，发布了比较数据，并且对成员国施加影响，更加倾向于盎格鲁-撒克逊模式，而非法国式的共和普遍主义。

对歧视问题的敏感与日俱增，这引发了理论和政治的张力，这两种压力将公共空间里的普遍主义和接受差异两个概念对立起来。普遍主义可以用社会问题的语汇来介绍，歧视掩盖下的不公正、不公平难道不是社会方面的问题吗？如获得工作、消费、住房、教育、健康的机会，获得重要职位或在企业和媒体中的可见度等。而且，为了与不公正、不公平作斗争，这样做难道不更好吗？避免族群化，忘记文化差异和族群——人种差异，例如只以收入多少来划分社会类型？对于被种族化的群体来说，投身"阶级"社团，以社会统治或社会排斥的角度来表现自己，而不是先强调种族身份、肤色身份甚至文化身份，就像里维奥·桑索内研究过的非裔巴西人所做过的那样①，这样对他们来说难道不更有利吗？黑人不从族群的角度来表现自己，而是通过强调"作为黑人的属性和境遇"（Blackness），通过强调他们的肤色来揭露所遭受的不公和社会歧视，这样做难道不更好吗？

另一方面，今天的论战与 20 世纪 80—90 年代的论战相比已

---

① 里维奥·桑索内：《反种族主义在巴西》，NACLA 美洲报告（Livie Sansone, Anti-Racism in Brazil, *NACLA Report on the Americas*, vol. 38, n° 2, sept.–oct. 2004）。

经发生了变化，尤其是关系到政治、哲学和社会科学时，需要考虑"文化种族主义"和"差别化种族主义"这一新事物。因为今天，我们越来越清晰地看到，文化的本质强势回归，对自身文化的存在，尤其是对本民族受到威胁的忧虑挥之不去，这种烦忧由恐惧和抛弃的逻辑造成，在这些逻辑中，种族、生理或基因特征占有重要的位置，而肤色是首要的。旧种族主义大大衰落，无论是在意识形态方面，还是在解释个体优点，尤其是属于某个等级的人种带有缺点的伪科学理论方面。但是，只要一考虑到歧视这一现代民主社会中种族主义的主要模式，旧种族主义就又回来了，至少它延续下来了。

传统种族主义一般正面进行，处于意识形态和政治行动的最高层次，包括国家层面的，例如南非。而今天的种族主义则更加分散，"遮遮掩掩"，不太明显，但对于它所瞄准的个体和群体的体貌特征，它仍然保留着参照标准。出于种族主义的原因拒绝安排工作或住房等，这样的排斥可能包括文化方面的因素，也可能由于受害者外表的因素。

反歧视斗争的矛盾之处在于，斗争本身是一种进步，能够动员公共力量，动员社团、非政府组织、企业、大组织、知识分子和记者，但它同时又激发或至少揭露了社会的族群化和种族化倾向。这种倾向本身就是导致双重性的原因，因为一方面，它容许各种行动者进行集体的自我构建，并采取行动，包括减少种族主义的行动；另一方面，它会造成文化、社会甚至种族分裂，危害社会关系，使个人难以融入社会，导致某些少数群体封闭在社区主义的逻辑（logiques communautaristes）内，这样会带来各种各样的危险：个人从属于团体规章和团体的领导者，社区之间的紧张关系，以传统或宗教的名义拒绝普遍价值观等。

在这里，社会科学的角色当然不是尽快做出支持或反对族群化、种族化的决断，而是首先在重重矛盾和种种关联中分析这些倾向。例如，从国家的角度出发，争取社会经济平等是一回事，与种族偏见斗争又是另外一回事。从激进组织的角度来看，拒绝种族主义是一回事，而表现为种族的或民族的行动者又是另外一回事。从主体的角度来看，个体进行自我构建，努力获得与其他任何人拥有同等的权利是一回事，而作为属于某个集体身份的个人，努力获得他人承认又是另外一回事。在最后一种情况中，自我表现为单纯的受害者（例如过去的旧种族主义、殖民种族主义、贩卖黑奴制度的受害者，或现在的新种族主义的受害者）是一回事，而强调一种积极的文化甚至种族的身份，例如"黑人文化与精神价值"（négritude）①，又是另一回事。关于该问题的数据很繁杂，并且或多或少都是易变的、矛盾的或模糊的。未来可能最完善、最让人满意的答案是能最大限度地融合所有这些数据，尽可能地将那些看上去不和谐或模糊的东西组织起来。而最惊人的，

---

① "黑人精神"（négritude）一词由艾梅·色塞尔（Aimé Césaire）提出。第二次世界大战后，利奥波德·塞达·桑格尔（Léopold Sédar Senghor）使其含义明晰。

有可能导致意识形态上的激烈冲突并且无所创造的答案，就是将某一观点极端化。

全球种族主义

20世纪80—90年代的研究方法认为种族主义位于民族社会或民族国家内部。象征种族主义被认为是美国特有的，新种族主义是英国的，差别化种族主义是法国的……但对种族主义的分析要求我们不能再将思考封闭在民族国家的范畴里。事实上，这一现象正在变得越来越全球化，并且源自时间和空间的双重压缩。我们在前文援引过大卫·哈尔威的观点。他从具体经验的不同角度出发，将全球维度，至少是超国家的或跨国的维度和那些与特殊性相关或者立足于地方或国家的维度结合在一起。同时，他还将当代观点（例如歧视的机制）和历史维度联系在一起（例如奴隶制和殖民的沉重后果）。

在此，反犹主义具有范式的价值。如果我们允许全球范围的历史过错，反犹主义一直都是个跨国现象，从古希腊罗马时代开始——如果我们跟随彼得·谢弗①的研究就会发现，反犹主义

---

① 彼得·谢弗：《恐犹主义：古代世界对犹太人的态度》，雄鹿出版社（Peter Schäfer, *Judéophobie. Attitudes à l'égard des Juifs dans le monde antique*, Paris, Cerf, 2003 [1997]）。

（从19世纪80年代开始，反犹主义这个词也是从那时开始被使用）主要集中在埃及、利比亚—巴勒斯坦和罗马三个不同的地区。随后，反犹主义又被基督教大范围地"全球化"，基督教很早就使它具有了全球维度。然而，当代反犹主义的全球化也带有一些这个时代的特性。因为今天，如果我们不能将在相关的民族国家内部发生的事情，从犹太人生活的国家开始（主要是以色列、美国和欧洲几个国家，包括法国）与超越或超出这一范围的事情结合在一起的话，如果不将地方因素和跨国因素，尤其是涉及近东和中东地区的关键问题结合起来考虑，就无法严肃地分析这个问题。当然，还必须看到它是如何将别处的东西借为己用的，如古老的基督教反犹太主义指责犹太人犯有仪式罪、19世纪末克里姆林宫的主人们伪造的锡安长老会纪要、纳粹主义等。

思考其他的种族主义时也是如此。我们将从反对阿拉伯人和反穆斯林的种族主义的角度来看待法国最近发生的事情，它可以证明上述说法。今天，法国拥有的来自阿拉伯—穆斯林世界的移民人数有近50万，占人口总数的7%—8%，当然我们的统计方式还有待商榷。针对该群体的种族主义是一个被证实了的现象，包括人们对他们的看法或成见，他们在工作、住房，尤其是某些娱乐方面遭到各种歧视。一些社会学研究表明，这些人是公立学校实施的隔离制度的受害者。这种"学校里的种族隔离制度"[①] 并非像共和理想希望的那样消灭不平等，而是造成并加剧了移民儿童遭受的不平等，或者至少像 20 世纪 60—70 年代的社会学所认为的那样，满足于再生产出这种不平等现象。

但是这一类型的种族主义不仅仅随着法国社会自身的压力和危机而变化，很大程度上还受外部逻辑和民族国家范围以外的力量对比关系的影响。因此，众多事件或情节表明，来自外部的目光能对其变化施加压力。1990 年，当法国准备参加第一次海湾战争时，公共势力采取了各种措施以避免该行动在阿拉伯—穆斯林移民中产生纷争。这些措施本身并不带有种族主义色彩，但事实上它们却在许多方面实行了种族主义：这个人群的形象被刻板化，被怀疑或被指责为无法完全融入社会。警察执法具有种族主义倾向，他们根据"面相"来拘捕青年、禁止某些人群出行（例如，巴黎郊区的学校由于接收了大量移民儿童，所以在这段时间内，不能组织去巴黎参观展览或观看戏剧的活动）。国家的外政也加剧了这种内部种族主义。同时，在一些阿拉伯—伊斯兰国家看来，法国媒体处理这次冲突的方式尤其令人不快，这些国家大加抱怨。法国的种族主义成为国际争论和施加压力的对象，同时它的变化

[①] 乔治·费鲁奇、弗朗索瓦·里欧、若埃拉·佩罗东：《学校里的种族隔离制度：对中学里的种族分裂进行的调查》，门坎出版社（Georges Felouzis. Françoise Liat & Joëlle Perroton, *L'Apartheid scolaire*: *enquête sur la ségrégation ethnique dans les collèges*, Paris, Le Seuil, 2005）。

又受到国际政治领域多重选择的左右。

　　另一个例子：当法国投票通过一条禁止在公立学校使用"明显"宗教标志的法律（2004 年 3 月），阻止学生佩戴伊斯兰"面纱"时，有几个声音揭露这是一种带有种族主义性质的政治抉择，因为它只针对穆斯林青年，人们称之为恐伊斯兰主义（islamophobie）。从国外传来了强烈的批评，无论是穆斯林社会还是盎格鲁-撒克逊世界都指责这条法律具有种族主义的隐含意义。这些批评声在法国引发了论战，让一些人的立场僵化在"共和主义"（républicanisme）中，僵化在他们对共和理念的固化观念里，并借此表决通过了该法律，从而促使另外一些人以有种族主义之嫌为由抨击这部法律。

　　事实上，所有与伊斯兰有关的事情都可能将种族主义"全球化"，使之成为一个不能从单一、严格的民族国家范畴来考虑的问题。对于法国而言确实的东西，对于其他国家也一样。例如，马德里恐怖袭击（2004 年 3 月）或伦敦恐怖袭击（2005 年 7 月）的后果（或许也是部分原因）是将西班牙或英国社会独有的种族主义推上了前台。这两个国家的穆斯林感到受到了国民反应的威胁，国民们或多或少准备谴责穆斯林群体，甚至怀疑移民是恐怖主义的根源。同样，全世界穆斯林群体对兴起于丹麦，随后出现在多个欧洲国家的质疑先知穆罕默德的漫画刊物的强烈反应表明，他们从这些图画中看到了对宗教的亵渎，这种亵渎常常被解读为种族主义。这些抗议在某些国家表现强烈，在另一些国家却比较缓和，尤其是在欧洲。相应地，它们使某些群体包括极右派势力变得僵化，这些群体能从中找到滋长对阿拉伯人和伊斯兰教的种族仇恨的养分。由此，我们谈到在法国有这么一个假设，即种族主义政党国民阵线在舆论支持率上会有一次飞跃。

如果我们将分析局限在民族国家的范畴内，那么就无法更好地理解专门针对黑人的种族主义。因为今天，理解这一现象需要我们一方面考虑到导致隔离、成见和歧视的超国家的历史，另一方面要考虑到黑人在全球的迁移和移居情况。在某些情况下，黑人属于散居状态，例如保罗·吉尔罗伊（Paul Guilroy）口中的"黑色大西洋"（Black Atlantic），并且以他们在数个国家之间的迁移为特征。有时候又是另外一种情况，对于某些想要迁移的人来说，要离开一个非洲国家是很难的。接受国或中转国自身实施的移民政策也不排除使用暴力，就像我们所观察到的一样，如在摩洛哥和西班牙。在休达（Ceuta），在梅利利亚（Melilla），用来控制边境的暴力行为有时会深入沙漠地带，在那儿，摩洛哥当局驱赶从撒哈拉沙漠以南非洲过来的移民，其手段非常野蛮粗暴。北方国家的政治取决于遥远的南方国家的行为，尽管它们不想带有种族主义色彩，但很快就被赋予了种族主义的隐含意义。

在接收国，有时候，某些反黑人种族主义的受害者由于社会出身不同，又排斥新来的黑人。因此在美国，黑人奴隶的后代对来自撒哈拉沙漠以南非洲或安的列斯群岛的黑人的态度并不总是友好的；有时候在法国，来自安的列斯的黑人对撒哈拉沙漠以南的黑人移民持有相当敌视的态度。种族主义主要针对移居人群或者刚刚移民的人群，这使得"种族"问题和移民问题以及当今社会的迁徙现象交织在一起。从这一点出发，我们必须从整体上来理解种族主义，因为它涉及相关社会内部运作以及全球性的人口流通、文化和经济交流等多个方面。相应地，关于移民的论战常常被种族主义问题所玷污。就像其他许多社会问题一样，我们很难清楚地区分内部利益关系的冲突和外部利益关系的冲突，很难分清局内与局外，所有这些很快就会互相干扰。

我们可以通过对越来越重要的利害关系的思考，将全球性反对黑人种族主义的例子再深化一下：部分美国黑人要求就贩卖黑人和奴隶制度得到赔偿，而政府拒绝象征性或实质性地补偿他们，这具有种族主义的倾向。这种拒绝既是美国的内部问题（然而这个国家是世界上第一个承认屠杀犹太人，并承认在第二次世界大战期间对被拘禁的日裔美国人犯下了错误的国家），也是一个国际性的问题，因为它由美国的外交政策决定，反对全球性的赔偿运动——许多非政府组织和前殖民地国家施加的压力是对这一运动的支持。这一运动建立在"泛非洲主义"的散居的（diasporique）意识形态之上，因此也是"全球性的"。无论是与非洲、欧洲、美国有关的过去还是现在，反黑人种族主义这一问题不能简单地放在民族国家的范畴里来考虑，关于身份及人群的反应的问题也不能这样做。[①]

全球化使种族主义的分析空间发生了变化。在涉及这一问题时，我们应该自问为什么它越来越成为内部逻辑与超越国家的外部逻辑不断结合、变化的复杂利益关系的产物，而不是说这一现象包含着国家维度，而国际维度能够对它进行补充完善。

这一结论是否可以通过同一类型，与反种族主义有关的结论来深化呢？就像刚才提到的泛非洲主义运动？自 20 世纪 90 年代起就流行着一种观点，认为在"世界大国"（global power）、新自由主义经济霸权和反种族主义斗争的观念和手段之间存在某种联系。它通常并不质疑全球化本身，而是质疑全球化过程中美国的统治地位，并成为关于美国霸权主义的传统论题的化身。在这一观点看来，全球美国化通过强推自己的观念类别塑造了反种族主义的行动，无论是在定义种族、促进人类多样性理念方面，还是在制定政策方面，例如，它经常通过世界银行、全球货币基金组织这样的机构来干预并施加影响。这可能会导致世界的种族化。皮埃尔·布迪厄和罗伊克·瓦康就这一论题给出了一个极端的充

---

① 参见查尔斯·P. 亨利:《姗姗来迟——种族赔偿政策》，纽约大学出版社（Charles P. Henry, *Long overdue. The Politics of Racial Reparations*, New York, New York University Press, 2007），尤其是第五章《全球化的赔偿》（Reparations Go Global）。

满争议的提法。① 他们的研究方法将美国影响简化为将各种类型强加于人的逻辑，而这些逻辑本身又属于帝国主义的逻辑；他们没看到表现美国国内论战特征的多样化和批判因素；这种方法低估了反种族主义的内部维度，这是存在种族主义的国家社会和地域所特有的；它扭曲了美国与其他国家间的知识交流的关系。确实，现在这种族群化和种族化的倾向使得许多国家与美国之间的距离更近了，而不是更远了。从这一点出发到美帝国主义的结果，中间还有一大步的距离，在没有具体研究的情况下，跨出这一步纯属意识形态观点。看来，在这一领域里，应该与其他领域一样，从"全球化"的角度思考，应该同时把握两个极端的情况来思考反种族歧视的行为，其中一端是超国家力量或外部力量的影响，不能简单地简化为美国的霸权主义，而另一端是社会自身的努力。

种族主义和历史

在由联合国教科文组织资助，并于 1952 年发表的关于《种族

---

① 皮埃尔·布迪厄、罗伊克·瓦康：《帝国主义理智的诡计》，发表于《社会科学研究杂志》（Pierre Bourdieu et Loïc Wacquant, Sur les ruses de la raison impérialiste, Actes de la recherche en sciences sociales, 1998, nᵒ 121-2, p. 109-118）。巴西《亚非问题研究》杂志（Estudos Afro-Asialieos）和英国《理论、文化和社会》杂志（Theory, Culture and Society）也发表了这篇文章，并引发了争论。

和历史》的著名研究中，克洛德·列维-斯特劳斯认为人类已经进入了全球文明的阶段，为了承认组成这一文明的不同文化的多样性具有合理性，就必须承认这些文化与时间之间的关系本身就是不断变化的。[1] 他说，所有的社会都存在于历史之中。然而，就像我们在本书第六讲中指出的那样，半个世纪以来，一种颠覆该观点的现象产生并迅速发展：更多的是历史存在于现代社会中。弗朗索瓦·阿尔托格[2]曾经建议区分"历史性制度"（régimes d'historicité），以表明不同社会看待时间有不同的方式，然而现在涉及的关键问题是历史性本身的地位。

历史变成了一种重要的利害关系，变成了可以被各种群体动员起来的资源，这些群体要求承认先人曾遭受或可能遭受过的悲剧。因此，种族主义也包含历史性的主题，它借助于自己特有的关于"过去"的概念，而这些概念有可能受到某些群体的质疑。种族主义很快就有了历史负担，其中混合着对重大事件的遗忘和篡改过去的建议。

我们应该考量这个新生事物。过去，各种形式的种族主义都基于某些特定的群体或个体的生理或体貌特征，完全不牵涉历史。

---

① 克洛德·列维-斯特劳斯：《种族和历史》，教科文（Claude Lévi-Strauss, Race et histoire, Paris, Unesco, 1952），重新收入《结构人类学之二》，Plon 出版社（*Anthropologie structurale deux*, Paris, Plon, 1973, p. 377-431）。

② 参见弗朗索瓦·阿尔托格：《历史的证据》，伽利玛出版社（François Hartog, *Évidence de l'histoire*, Paris, Gallimard, 2007 [2005], p. 235），"这种对时间的重视，即对不同形式的时间性的重视：我最后将其命名为历史性制度"。

然而今天，记忆相互渗透、互相竞争，种族主义和反种族主义一样，将历史变成了一种重要的利害关系。法国的经验能帮助我们阐明这一结论。

在法国，反犹主义于 20 世纪 90 年代末重新兴起并不断调动历史，而反对该现象的斗争也一样。这一运动首先围绕着第二次世界大战，围绕着维希政府的角色展开。早在 20 世纪 80 年代，国民阵线的领导人让-马力·勒庞（Jean-Marie Le Pen）就表现出了对弗里森（Faurrisson）提出的"否定主义"论题（thèses négationnistes，即否定迫害犹太人历史的论调——译注）的兴趣。他的反犹主义有好几次借助了与这个时代相关的言论。以色列的存在以及一切与巴以冲突相关的事情都成为憎恨犹太人的原因或借口。在这里，历史也一直被动员，或一直存在着——这已不再是法国的历史，这个历史以中东为中心，尤其重要的是，对巴勒斯坦问题的合法支持演变成了具有明显反犹含义的态度。

最近，殖民、贩卖黑人和奴隶制在公共论战中居于中心位置，让人们对国家叙事产生了质疑。在国家叙事中，要么抹杀这些事件，要么夸耀其中的某些方面，就像我们看到的那样，2005 年 2 月一项法律居然被投票通过，其中包含了一项要求在历史课上教授殖民积极作用的条款（随后被废除）。许多人被动员起来，尤其是黑人运动，政治人物以及参与政治的知识分子以历史真相的名义，拒绝沉默或将曾经经历的殖民或奴役的悲剧极小化，因为他们从中看到了现代种族主义的一个源头，看到了对历史的否认，其中伴随着当代各种具体的歧视。认为殖民历史给被殖民的人们带来了巨大帮助的言论不仅让人们对这段不堪回首的过去的性质产生怀疑，而且从某种程度上来说，也是利用偏见、蔑视、歧视或隔离来使它永远延续或得到新生的手段。种族主义并不是在所有地方，在任何时候都要将过去和现在联系在一起，它并非一定要同时牵涉历史和社会学。但这种结合每一次都会加剧种族主义。

种族主义并非统治群体的专属权利。在最贫苦的人眼中，它是如此诱人，以致这些人经常被独裁、法西斯或极权体制工具化，被蛊惑人心的政客或在群众中扎根很深的极端党派工具化。随着文化和社会的分裂和族群—种族言论的出现，它有时会使用历史的片段，借用过去的素材，在碎片之间寻求发展。因此，在法国以及美国的黑人中间存在着反犹的迹象，相应地，犹太人则可能怀有反阿拉伯人，甚至反黑人的种族主义心理，这些迹象可以从所谓的历史言论中获得支持。有一个众所周知的具有讽刺意味的例子，是关于"喜剧演员"迪厄多内（Dieudonné）的。他对他所认为的犹太人在贩卖黑人中扮演的角色表示愤怒，他还认为犹太人想利用大屠杀事件来垄断痛苦历史（的书写），从而大大阻碍了黑人们经历过的奴隶制和贩卖黑人等悲剧（的痛苦历史）获得承认。

社会科学并不总是干劲十足地与种族主义斗争。在过去，社会科学甚至助长了种族主义意识形态的产生和传播。我们只需浏览前几期美国著名的社会学杂志《美国社会学评论》就能确定这一点。例如，我们能从中找到弗朗西斯·高尔顿（Francis Galton）的文章，或者传统种族主义之父之一瓦舍·德·拉普热（Vacher de Lapouge）的著作《雅利安人》的导言的译本，更不用说美国人自己在这一领域的作品了。

在这一现象所处的新背景下，我们在本书第三讲曾经讨论过社会学的参与能找到特别合适和重要的田野实践，并且能为对抗这一恶的象征做出特别的贡献。让我们反过头来重述一下本篇的要点。

种族主义会调动过去吗？在这里，历史或者说历史学家应该站在第一线推动历史领域的变革，而不仅仅是为了让人接受它们，为了将受害者和胜利者载入历史叙事，或者激起并启发公共论战。"否定主义"之所以能在70年代末的法国蓬勃发展，原因之一就是缺乏对纳粹集中营的历史研究，直到1982年雷蒙·阿隆（Raymond Aron）和弗朗索瓦·孚雷（François Furet）组织了一场大规模的研讨会才开始填补这个巨大的空缺。①

种族主义正在全球化吗？思考反种族主义也应该同时结合全球视角，并扎根于地方或国家的观点，如同另类全球化主义一样，在最适当的条件下进行斗争。在这里，社会科学带来的与其说是纸上论战和意识形态上的论战，还不如说是一种决定性的观点，

---

① 以《纳粹德国与犹太种族灭绝》为标题出版，伽利玛/门坎出版社（*L'Allemagne nazie et le génocide juif*, Paris, Gallimard /Le Seuil, 1982)。

它将不同经验进行对比，剖析它们的成功、失败和困难，用思考社会运动的方式来思考反种族主义，将它同时视为研究对象和一种行为，通过研究人员和行动者之间共同生产的知识，使这种行为具备升级为高层次计划的能力。

种族主义不仅仅是一种意识形态和政治现象，它通过各种具体形式，尤其是以歧视的形式出现，是这样吗？社会科学必须普及对这些不同形式的了解，致力于为与认知工具相关的各种论战提供启示。例如，问题不是需要很快地知道应该"赞同"还是"反对"多样性统计，而是构建它所需要的论战空间，向行动者、社会团体、领导者、政党和公务员等指出这样做可能产生的贡献，也包括局限性甚至危险，并且让他们负起该负的责任。

今天，由于受害者们有时倾向于躲避在社区主义和相对主义所窥伺的身份中，因此种族主义的危害就更大了。在进行了四十多年的"普遍主义"与"相对主义"、"自由派"与"共产主义者"、"民主派"与"共和派"之间的论战后，社会科学如果想得到很多收获，就应该鼓励社会、文化、政治行动者、公共舆论和媒体努力超越这些派别，创造出这两种价值之间的连接方式。事实上，种族主义既可以从身份归属感的封闭当中，也能从过分强调抽象普遍主义当中获得支持，它来源于这两种危害；为了拒绝在普遍价值与承认差异之间作出选择，或者恰恰相反，为了学习怎么协调二者之间的关系以击退种族主义，需要在不同的地方付出努力。

最后，种族主义可以表现为"制度性的"现象。在此，社会科学的角色就是揭露制度掩盖下的东西，让潜在的行动者在组织机构背后显现出来，并让他们担负自己的责任。因此，它的角色还包括指出可能改变组织运作方式的具体行动，使之朝着有利于减少种族主义的方向发展。这需要组织内外行动者的自愿参与以及创造有利的条件，例如修改法律。

　　如果研究者们希望击退种族主义，其实社会学有很多路径可循。不是通过给出建议、变成专家，也不是通过热衷于揭露各种现实，如美国的帝国主义或法国的共和主义，而是生产出与相关行动者有关的知识，但不是取代他们。

结论

　　社会学有自己的分析工具、研究模式，它生产出来的知识的积累性是很弱的。实际上，这些知识大部分已经过时，所对应的问题也随着时间而演变。当演变的速度加快、程度加深，社会学知识的类别就有可能会迅速老化，变得不适用，甚至会阻碍人们理解当代世界。因此，对 1968 年 5 月学潮以及 20 世纪 70 年代的新社会运动的诸多阐释，其中一些属于"马克思主义经文"（vulgate marxiste），无法解释事件的绝对新颖性，最终将造成左翼的极端化，碾轧了事件行动中的文化负载（如其中反技术官僚的维度），造成了越来越多的关于这些斗争及其意义的矫揉造作的话语的泛滥。

　　之前的公共辩论，有可能动员社会科学研究的主要议题显然是社会性的，而不是文化性的。比如涉及劳动、劳动的组织、劳动所产生的冲突、生产中的资本主义剥削、向上和向下的社会流动、社会分层、社会化、不平等。今后，议题的关注点转向了身份、文化以及对认可的诉求。尽管工人占据了几乎 1/4 的劳动人口，但是工人的形象却几乎从地平线上消失了，我们听不到人们谈论工人了。在电视上，我们几乎看不到工人，除了工厂倒闭、他们试图抵抗失业的时候。资本主义似乎成了纯粹的金融和商业，以至听到在今后全球化的中心——崛起的中国，还存在着劳动者和生产关系这个消息，竟令人感到耳目一新。更有甚者，无论好坏，对有工厂、有车间、有很多技术工人的中国相关产业的描述让人经常想起 19 世纪的英国——卡尔·马克思的实验室。有组织的社会，其形象是宏大的、稳定的整体，由各阶级所构成的社会，以资本家与工人阶级的冲突为核心结构。这个形象让位于社会群体的碎片化和不稳定性。我们不再认为社会是层级或者阶层的堆叠，如果我们继续谈论社会流动或者社会化，就要改变这些概念的内涵。流动并不只在民族社会内部进行，也并不一定是进步或者退步，上升或下降，正如我们研究自我与父辈的社会职业阶层（catégorie socio-professionnelle）比较时所看到的那样。它首先是一个复杂和多元的移民现象，可能带来的移动超越了民族国家的边境。昨天，社会化意味着一个个体——首先是孩子——在社会中找到自己的位置，学会社会礼仪和规则，融入社会，适应社会。今天，社会化首先是个体获得发展能力的过程，这个能力是掌握经验、成为自我存在的主体。不平等现象不仅是可测量的、客观的，也是主观的，变成了个人与群体所认为的那样，于是不平等充满了各种表征意义，其中被鄙视、被贬低、不被承认等的情感会带来沉重的影响。我们可以一一讨论这些最传统的社会科学学科分类，观察结论一般会落入三个主要结论中的一个：一些类别将要被放弃，另一些将深度更新，还有一些将被塑造出来——这就是本书在第一部分试图研究的。

事实在演变，有时非常迅速，由此问题变化了，公共辩论变化了，研究对象随之也变化了。这里同样会有三种可能的剧情：一些研究对象消失了，或凋敝了，变成了逝去时光的"遗老遗少"；另一些对象发生了深层次的变化；还有其他一些对象展示出全新的特点。这本书不敢称详尽无遗，我们清醒地意识到，在本书的第二和第三部分，只涉及了这些对象中最值得今天考察的几个。在社会科学领域中，一些不是新对象，如暴力、种族主义都是很古老的议题，但是我们看到了这些现象的变化，需要用新的理论工具来研究它们。而其他对象在社会科学中至今还没有研究，例如记忆，除了莫里斯·哈布瓦赫①的著作外，在过去的两个世纪，没有其他社会学家对这个对象感兴趣。我们看到，恐怖主义是一个"肮脏的"对象，直到近几年，也很少有研究者关注。如果我们深入研究了如社会、家庭、性别、儿童、年龄、教育等其他问题，我们应当以同样的方式指出正在发生的巨大变化——只要阅读或重读 20 世纪 60—70 年代的有关著作就会意识到我们与

---

① 莫里斯·哈布瓦赫：《记忆的社会框架》，《集体记忆》，阿尔班·米歇尔出版社（Maurice Halbwachs, *Les Cadres sociaux de la mémoire*, Paris, Albin Michel, 1994 [1925]; *La Mémoire collective*, Paris, Albin Michel, 1997 [1950]）。

当时的距离之大。该对宗教说什么呢! 根据最优秀的学者的研究,将近 30 年前, 西方社会还被世界性的现代 "去魔幻化" (désenchantement moderne) 所裹胁, 这是马克斯·韦伯的著名用语; 当时, 宗教到处都在衰落, 失去重要性, 世俗化风头正盛。今天, 不仅我们经历着 "上帝的回归" ——尽管从来没有离开, 而且这种回归经常充满了政治诉求, 甚至是极端的, 有时是暴力的政治诉求。然而, 正如查尔斯·泰勒或者法拉德·霍思罗哈瓦尔在最近的著作①中所展示的, 世俗化意味着信仰与现代生活的结合, 教士与制度形成新关系, 而绝对不是信仰不可避免的消失。自此, 现代性不能再被认为是理性和法律战胜了传统与宗教, 正相反, 现代性是由这两个领域之间的紧张关系构成的。

没有一个社会科学学科能够躲过这些变化, 它们的关系也因此在改变。人类学是一个极端的例子。因为一方面, 人类学长期以来都将文化作为优先分析的领域, 这为人类学研究当代现实带来了众多的优势, 但是另一方面, 人类学受到的来自现代化的质疑, 也远多于其他学科。在去殖民化时代, 人类学已然经历过这样的场面: 人类学青睐遥远的空间 (对非西方的社会与行动者感兴趣) 与时间 (在西方世界中, 描述抵抗现代性的、民俗的东

---

① 查尔斯·泰勒:《世俗年代》, 贝尔克纳普出版社; 法拉德·霍思罗哈瓦尔:《在阿亚图拉之国年方二十》, 罗贝尔·拉封出版社 (Charles Taylor, *A Secular Age*, Harvard, Belknap, 2007; Farhad Khosrokhavar, *Avoir vingt ans au pays des ayatollahs*, à paraître, Paris, Robert Laffont, 2009)。

西），它看到自己传统的"田野"从殖民统治中获得解放，至少某些田野是这样，以更加自主的方式参与到现代性当中，被现代性渗透。因为移民，人类学在西方社会中观察到了以前只能在遥远地方研究的人群。

在学科内部，在那些希望研究新课题的人［如后殖民主义或者跨民族主义（transnationalisme）］和那些希望维持经典研究方法的人之间产生了巨大的张力。社会学方面，主要应当学习走出民族国家构成的严谨框架，这也是诸多社会学家接受的挑战。在这两个学派之间，界限变得模糊：远的变得很近，它们的方法并非根本或者必然不同。我们还顺便要提及一个学习人类学的不二方法——参与式观察——的绝好文本，那就是在半个多世纪以前，社会学家威廉·福特·怀特（William Foot Whyte）所写的那篇附录①。

历史也在变化，它的社会地位同样在变化。因此，它构成了一般意义上的，而不仅仅是围绕着某几个主题的社会要点，正如法国大革命——当弗朗索瓦·孚雷宣称大革命"已经结束"时，它就不再是20世纪80年代以来一个引起激烈辩论的主题了。历史与记忆之间的区别使得过去其实能够通过对"记忆的动员"进入当下，我们可以假设这样的区别最终会失去力量，因为主张这

---

① 这篇文字是以他的名著《街角社会》的附录形式发表的。参见威廉·福特·怀特：《街角社会》，发现出版社（William F. White, *Street Corner Society*, Paris, La Découverte, 1995［1943］）。

种回忆的行动者比历史学家更有利益去确保表述的严谨性，而历史学家则只能够通过考察记忆承载者所提供的因素，来决定是否将这些记忆纳入他们的知识。历史与记忆之间的张力让各种行动者被动员起来，我们看到，当代社会学和人类学一样，迅速地被质询并牵扯进了那场激烈的辩论，而辩论的缘起则是要求承认过去所经受的集体痛苦。

很明显，社会科学并不是唯一被牵扯到本书试图描述和理解的这场重大变革当中的学科。今天我们难以想象，它们从其他知识领域汲取营养，不断实现交换经济。我们在本书中注意到，文化身份问题首先是由政治法律哲学提出的，这是一门重历新生的学科，转折点就是约翰·罗尔斯（John Rawls）的那本伟大著作《正义论》，以及"社区派"与"自由派"之间的争论，而社会科学在这方面的研究却举步维艰。

社会科学会越来越多地面对伦理问题，在对与疾病、生命、死亡相关的具体要点的思考上，我们期待社会科学做出贡献，也期待它在必要的时候澄清那些与法学家、哲学家相关，但同时也与医生、生物学家等人相关的决定。

今天自然科学所关注的问题也与社会科学直接相关，例如气候变暖。学科边界也在移动，特别是各学科界面之间的关系非常重要。比如所谓的自然灾害，其中只有一部分是自然的，海啸、地震、洪水、干旱或者雪崩在很大程度上应当归于社会和政治关系，这些关系作用于灾害之前，也作用于灾害之中，甚至之后。

比如要搞清楚 2005 年新奥尔良卡特里娜飓风的灾难后果，是美国行政部门的无能导致没能对密西西比河沿岸的防洪堤和排水泵进行适当的维护，又如种族主义导致美国黑人成为城市中首当其冲的为数最多的受害者，谁又敢对这些事情置之不理？所有涉及"可持续发展"的议题都是一张多学科交流与合作的邀请函，学者们只能在其中改变自我。

在某些情况下，学科之间的结合是不确定的，或者不稳定的。我们认识到，许多社会科学学者曾经一度抱以很大希望，特别是在认知科学领域，但是最终往往变为纯粹的医学，甚至是科技研究，比如对医疗影像学的研究。

以上是几个仓促的点评，但这个结论是开放的、面向未来愿景的，不是某个终点，也不是让本书自我封闭起来。这就是为什么我想用一句话来结束本书，这句话是说给代表了社会科学群体未来的一些人听的：学生们，更确切地说是我的学生们。当他们在学年之初问我，除了专业参考书籍之外，建议给他们一本什么教材，一本什么普通读物时，我建议他们去读其他的经典，甚至可以借助雷蒙·阿隆的那本非常实用的书——《社会学主要思潮》来开始自己的思考。虽然古典思想家通过经典著作给我们提供了研究方法、思考方式、研究范式，书中保留了他们的思想活力和真正具有启发性的价值，然而我们说这些作品只是部分地帮助我们认识了我们所生活的世界。这绝不是对古典思想家的诋毁，对于一个社会学家而言，通过研读经典作品与这些作者神交是必不可少的，却不是全部。

接下来，我开始了我的研讨班。几年来，我向他们介绍了本书中综述的那些思想与分析，并希望借此帮助他们完成各自的研究。我与他们讨论，借着他们的点评、批评、评论和问题来完善上述内容，再重新打磨。当然，这部著作也汇集了之前众多讲座的内容，以及在专业杂志上发表的文章，但是我可以说，这个成果首先是在我研讨班上思考的内容，而我的学生是这些思考的首批对话者，我要感谢他们。我也要感谢我所领导的社会学分析与实践中心（CADIS）的所有成员，超过 1/4 个世纪以来，CADIS 中心是我主要的辩论、交流和思想碰撞的场所。